农产品营销实务

NONGCHANPIN YINGXIAO SHIWU

姜建华　徐凌志　编著

内容介绍

本书以培养新型职业农民为目标，以掌握农产品营销的核心技能为出发点，理论紧密联系实际，突出实用性，强调实践性，可为农产品生产经营者解决营销实际中出现的问题提供一定的帮助。

本书共12个模块，包括认识农产品营销、农产品市场与营销环境、农产品消费者分析与市场调查、农产品目标细分与定位、农产品创新策略、农产品定价策略、农产品渠道策略、农产品促销策略、主要农产品分类营销、农产品国际营销、农产品物流，以及休闲农业营销。每个模块下有若干个任务，任务中包含案例导入、案例分析、能力转化等几部分，体现了教学做一体化的原则，注重实践性和操作性，有利于营销技能的培养。书中配有大量图表和阅读资料，同时介绍了营销实践的新成果。

本书既可作为涉农类职业学校市场营销专业核心课程的教材、农林牧渔大类专业必修课的教材，也可作为非涉农类职业学校财经商贸大类专业选修课或新型职业农民培训必修课程的教材。

图书在版编目(CIP)数据

农产品营销实务 / 姜建华，徐凌志编著. --西安 ：西安交通大学出版社，2024.4
ISBN 978-7-5693-3736-5

Ⅰ. ①农… Ⅱ. ①姜… ②徐… Ⅲ. ①农产品—市场营销学
Ⅳ. ①F762

中国国家版本馆CIP数据核字(2024)第081863号

书　　名　农产品营销实务
编　　著　姜建华　徐凌志
策划编辑　曹　昳
责任编辑　曹　昳　卢婧雅
责任校对　刘艺飞
封面设计　任加盟

出版发行　西安交通大学出版社
（西安市兴庆南路1号　邮政编码710048）
网　　址　http://www.xjtupress.com
电　　话　(029)82668357　82667874(市场营销中心)
(029)82668315(总编办)
传　　真　(029)82668280
印　　刷　陕西印科印务有限公司

开　　本　787 mm×1092 mm　1/16　**印张** 17.25　**字数** 375千字
版次印次　2024年4月第1版　2024年4月第1次印刷
书　　号　ISBN 978-7-5693-3736-5
定　　价　49.00元

如发现印装质量问题，请与本社市场营销中心联系。
订购热线：(029)82665248　(029)82667874
投稿热线：(029)82668502
读者信箱：phoe@qq.com

前言

新型职业农民是现代农业的从业者，开展新型职业农民培育工作，提高新型职业农民的综合素质、生产技能和经营能力，是加快现代农业发展、保障国家粮食安全、持续增加农民收入、建设社会主义新农村的重要举措。党中央、国务院高度重视农民教育培训工作，提出了“大力培育新型职业农民”的历史任务。实践证明，教育培训是提升农民生产经营水平，提高新型职业农民素质的最直接、最有效的途径，也是培育新型职业农民的关键环节和基础工作。管理大师彼得·德鲁克指出：“任何一个企业都有两种且仅有两种基本职能——市场营销与创新。”营销可助企业摆脱“红海”，开创“蓝海”，获得持续竞争优势。

民以食为天，人们的生活离不开农产品。随着人们对美好生活的向往，农产品市场商机无限，农产品营销将在乡村产业振兴中起到越来越重要的作用。“农产品营销实务”是涉农类职业学校市场营销专业的核心课程、农林牧渔大类专业的必修课，也是非涉农类职业学校财经商贸大类专业的选修课或新型职业农民培训的必修课程。

《农产品营销实务》重点介绍农产品市场营销知识及其应用，分别从认识农产品营销、农产品市场与营销环境、农产品消费者分析与市场调查、农产品目标细分与定位、农产品创新策略、农产品定价策略、农产品渠道策略、农产品促销策略、主要农产品分类营销、农产品国际营销、农产品物流，以及休闲农业营销等方面进行阐述。本书的编写做到了理论联系实际，在对理论进行阐述的同时，更加注重可读性与可操作性。编者将大量的典型案例引入教材，力求为从事农产品营销和农产品电子商务的人员提供有益指导。本教材主要特色有以下几点。

(1)内容新。本书很好地体现了农产品营销职业岗位(群)的任职要求。同时，我们力求介绍农产品营销实践中形成的最新研究成果，如国家地理标志产品、社群运营 KPI(key performance indicator，关键绩效指标)、新零售、农产品 IP(Intellectual property，知识产权)等。这些概念在同类教材中属首次出现。鉴于休闲农业的重要性，本书对休闲农业营销也予以重点介绍。

(2)模式新。本书的设计坚持以岗位要求和工作过程的分析为基础，体现"任务驱动，项目导向"的教学模式，融"教、学、做"于一体，强化学生能力的培养；教学内容与行业及职业标准相衔接，实现"课证融合"，能满足培养学生胜任工作的综合职业能力的需要。

(3)体例新。本书以农产品经营企业模块为载体，构建理论教学体系和实训教学体系，能满足学生自主学习的需要。全书有12个模块。每个模块都明确提出知识目标、能力目标和素养目标。任务采用案例导入方式，开篇案例配有分析提示，使学生带着相关问题及思考开始每个任务的学习。

(4)案例新。本教材尽可能选用近年来的案例，并力求与同类教材中出现的案例不重复。

本教材在选题上立足现代农业发展，选择国家重点支持、通用性强、覆盖面广、培训需求大的产业、工种和岗位开发教材；在内容上严格以新型职业农民培育规范为编写依据，针对不同类型职业农民的特点和需求，突出从种到收、从生产决策到产品营销全过程所需掌握的农业生产技术和经营管理理念；在体例上打破传统学科知识体系，以农业生产过程为导向构建编写体系，围绕生产过程和生产环节进行编写，实现教学过程与生产过程对接；在形式上采用模块化编写，图文并茂，通俗易懂，利于激发学习兴趣，具有较强的可读性。

本书由浙江省衢州市教育局教研室姜建华老师、浙江省衢州第二中等专业学校徐凌志老师编著。本书在编写过程中借鉴了国内外农产品营销学者和农产品电子商务学者的大量研究成果，书中有些数据和案例来自报刊、网络、专业著作和论文，由于时间关系难以一一核对和注明。在此，谨向学界同行、老师及有关作者致谢。由于水平有限，书中难免有不妥之处，敬请广大读者和同行批评指正，以便进一步修订和完善。

编著者

2024年3月

目录

CONTENTS

模块一

认识农产品营销

什么是农产品营销？营销就是推销吗？当前农产品滞销的主要原因是什么？农产品生产经营者应树立怎样的经营理念，以改变农产品难卖的局面？这些问题在本模块都可以找到答案。

学习目标

●知识目标

1. 理解农产品营销的内涵，理解农产品营销的相关概念。
2. 理解传统营销观念与现代营销观念的不同点，掌握现代营销观念的核心思想。

●能力目标

1. 能正确区分营销活动与推销活动的异同。
2. 能灵活运用营销的基本观念分析、评价营销中的现实问题。

●素养目标

1. 培养基本的市场营销意识。
2. 培养学生树立正确的农产品营销观念。

任务一　正确理解农产品营销

案例导入

辽宁省新民市农民张大民是一个敢于“吃螃蟹”的人。早在2002年春，“不安分”的张大民就到沈阳市内了解市场，原本想看看农贸市场上啥价格高就种啥，结果无意中当起了包工头，而且一干就是10年。10年间，他积累了百万元资产，2012年他又在房地产不景气时回到农村继续务农。实际上，当包工头的10年张大民并没有改变初衷——没有放下家里的农田不管，地仍然在种；在城里承包工程的同时也在调查，对市民消费农产品的情况有所了解。

2012年返乡后，张大民建起了规模为500头生猪的养殖场。他对自己的决策信心满满。

第一年,他的养殖场养了400多头生猪,生猪市场和猪肉价格还可以。2013年,张大民调整思路,开始养殖有机猪。他发现市民直接买有机猪肉的并不多,但到高端酒店吃有机猪肉的则不少;而且,既养有机生猪又养普通生猪使人们认为他的有机生猪不纯正,于是他决定不再养殖普通生猪。有机猪肉按照普通猪肉价格的2.5倍向高档酒店、超市销售,但并未如他所愿迅速打开市场,最后不得不把销不出去的15吨有机猪肉以低于普通猪肉的价格卖到了学校食堂。他说,如果继续在市场降价卖,肯定比卖到食堂的价格高,但那样消费者会认为他的有机猪肉是假的,不值原来的价格。2014年,张大民不敢再扩大有机猪养殖规模,他开始专心研究养好有机生猪和怎样销售有机猪肉。他听说在网络上卖东西不错,就用手机注册了微信,利用微信宣传有机猪肉。他的微信好友达两千多人,但买有机猪肉的不到100人。他举办了中秋节免费品尝有机猪肉促销活动,但有机猪肉销量还是没有快速增加,当年又有10吨有机猪肉被低价卖到了学校食堂。

连续两年开拓市场失利,张大民意识到自己的市场营销方法有问题。原计划在沈阳繁华地带开饭店,以售卖有机猪肉烧制的菜品为特色,但他不敢再贸然行动。他先后到沈阳、抚顺的高校找营销专家教授取经,又参加绿色经济和电子商务论坛会议。经过多方取经,张大民在沈阳市开了个有机猪肉专卖店,同时在微信上开了专卖店。他在专卖店、微店内以视频和图片的方式不断展示有机生猪养殖的真实场景,介绍养殖方法、有机猪肉的营养价值和猪肉食用安全知识等。同时他启动了有机食品认证程序,并聘请了养殖技术人员,他则把更多精力投入到营销和微商运营上。2015年,在地区猪肉价格走低的形势下,张大民的有机猪肉供不应求,自养殖有机猪以来第一年实现盈利,并弥补了前两年的亏损。

●启示:张大民的农产品营销理念转变过程。

一、农产品营销的相关内涵

(一)农产品营销的含义和特点

1.农产品营销的含义

与一般的市场营销相似,农产品营销是指农产品生产和经营的个人和组织在农产品从农户到消费者的流程中,实现个人和社会需求目标的各种农产品创造和农产品交易的一系列活动。农产品生产经营者不仅要调查掌握人们当前的需求,还应该分析人们对农产品的潜在需求,并能帮助人们发现需求和创造需求。

2.农产品营销的特点

农产品与工业品在自然属性及市场表现等方面都不一样,这就决定了农产品营销活动有其自身特点。

(1)农产品生产的生物性、自然性。农产品大多是生物性自然产品,如蔬菜、水果、鲜肉、牛奶、花卉等，具有鲜活性、易腐性，并容易失去其鲜活性。例如，花卉的鲜活性仅有几天。农产品一旦失去其鲜活性，其价值就会大打折扣，这给农产品营销带来了极大挑战。

(2)农产品供给有很强的季节性。农产品在供给时间上具有季节性且生产周期长。在东北地区，粮食作物 1 年只能收获 1 次，在华北地区 1 年可收获 2 次，在南方 1 年可收获 3 次。大田农作物收获期集中，上市时间也集中。随着农业科技的发展，农作物生长周期缩短，改变了农产品上市时间，出现了反季节农产品，但农产品供给的季节性仍是其主要特点。

(3)农产品需求的大量性、连续性、多样性。对农副产品的需求是人类对衣、食等最基本的需求，而且这种需求是长期连续存在的。不同的人对不同的农产品需求也不同，由于人们对营养需求要全面均衡，因此对农产品需求是多样的。

(4)政府宏观政策调控的特殊性。农业是国民经济的基础，农产品是关乎国计民生的重要产品，农业生产抵御风险能力弱，因而政府采取了特殊政策来扶持和调节农业生产经营。

（二）农产品营销的功能

农产品营销作为一种活动，有如下 4 项基本功能。

1. 发现和了解消费者的需求

现代市场营销观念强调市场营销应以消费者为中心，农产品生产和经营者只有通过满足消费者的需求，才可能实现企业的目标。因此，发现和了解消费者的需求是农产品营销的首要功能。

2. 指导企业决策

农产品生产经营者的决策正确与否是企业成败的关键。企业要谋得生存和发展，做好经营决策很重要。经营者应通过市场营销活动，分析外部环境的动向，了解消费者的需求和欲望，了解竞争者的现状和发展趋势，结合自身的资源条件，指导农业企业和合作社在产品、定价、分销、促销和服务等方面做出相应的、科学的决策。

3. 开拓市场

农产品营销活动的另一个功能就是通过对消费者现有需求和潜在需求的调查、了解与分析，充分把握和捕捉市场机会、积极开发产品、建立更多的分销渠道及采用更多的促销形式来开拓市场、增加销量。

4. 满足消费者的需要

满足消费者的需求与欲望是农产品市场营销的出发点和中心，也是市场营销的基本功能。企业通过市场营销活动，从消费者的需求出发，并根据不同目标市场的顾客，采取不同的市场营销策略，合理地组织农业企业和合作社的人力、财力、物力等资源，为消费者提供适销对路的农产品，搞好销售后的各种服务，让消费者满意。

二、农产品营销的研究对象、内容和方法

(一)农产品营销的研究对象

农产品营销是研究农产品从投入生产到进入消费领域所经历的全部商业性经营活动及其规律性的一门交叉性的应用经济学科。

1. 农产品营销解决现实经济问题

农产品营销是一门注重解决现实问题的应用经济学科。

(1)农产品营销学的创立是为农产品生产者和经营者销售农产品的实践活动服务的。在美国,这门学科就是为了解决当时面临在城市居民的购买力不足的情况下如何有效地降低农产品的营销成本问题而创立的。我国在 20 世纪 30 年代就在大学开设了农产品营销学的课程,50 年代以后一度取消,到 70 年代末 80 年代初又重新设立,这也是出于实践的需要。自改革开放以来,我国农业生产有了较快的发展,农产品的流通体制也逐步得到改革。在这样的情况下,如何有效地利用市场机制,更好地组织农产品的营销活动,加快农产品的流通,促进生产,满足消费等现实经济问题,日益成为人们关注的对象,农产品营销学也就重新回到了历史的舞台。

(2)农产品营销不同于一般的纯理论性经济学科。尽管农产品营销也研究经济理论,但它侧重于运用这些经济理论来分析、认识和解决农产品营销中的实际问题,即它不仅要探讨在农产品营销中会出现什么问题,为什么会出现这些问题,而且更为重要的是,要探讨如何解决这些问题,并提出一系列用于分析问题和解决问题的实用方法。

2. 农产品营销是一门交叉学科

(1)农产品营销是从农业经济学中分化出来的,是农业经济学的一个分支。农业经济学作为一门独立的学科已经有一百多年的历史。尽管如此,由于它主要是研究农业中的生产、交换、分配和消费领域里的一般经济规律的理论性学科,因此它不可能专门研究农产品营销问题。但是,正因为它揭示了农业再生产过程中的一般经济规律,也就为从中独立出来专门研究与农产品有关的商业性经济活动规律的农产品营销学奠定了理论基础。

(2)农产品营销是在市场学充分发展的基础上建立起来的,与市场学有着十分密切的关系。尽管农产品营销所研究的农产品是一种比较特殊的商品,具有自己相对独立的理论和方法体系,但市场学在研究一般商品时所建立的理论和采用的基本方法是农产品营销可以直接应用的,因此农产品营销也可以看成市场学或市场营销的一个分支。

(二)农产品营销的研究内容

农产品营销的内容是随着学科的发展及经营观念的发展而不断变化的。营销人员经常会被问到如下问题。

(1)我们如何发现并选择正确的细分市场?

(2)我们如何使自己的产品与众不同?

(3)我们对只关心价格的顾客应该作出什么样的反应?

(4)我们如何同低成本、低价格的竞争对手进行竞争?

(5)我们除了为每位顾客提供个性化产品之外还可以做什么?

(6)我们如何实现业务增长?

(7)我们如何建立更强大的品牌?

(8)我们如何减少获取顾客的成本?

(9)我们如何使顾客保持长久的忠诚?

(10)我们如何辨别哪个客户更重要?

(11)我们如何测量广告、促销和公共关系的投资回报率?

(12)我们如何提高销售人员的效率?

(13)我们如何建立多种渠道并有效地预防渠道冲突?

(14)我们如何以顾客为导向?

(15)农产品营销发展新趋势是什么?

这些问题就是农产品营销的研究内容。

任务二　树立现代营销观念

新版瓜皮荔卖得俏

南宁市邕宁区百济乡盛产荔枝。2011 年是荔枝丰收年,可当地的种植户却面临增产不增收的尴尬局面。原来,随着荔枝品种的不断发展,人们的口味越来越挑剔,而百济乡十多年如一日地种植黑叶荔,以致被市场冷落。但并非所有的荔枝种植户都发愁,南阳坡的村民罗启海脸上就带着微笑,他很庆幸自己在两年前主动更新了荔枝品种。

罗启海说,他种荔枝有近 20 年了,一开始也是种黑叶荔。可七八年前,黑叶荔越来越卖不起价钱。当时,他到广西一些荔枝种植地游览,发现大部分种植户种的是黑叶荔后,便觉得不能再种黑叶荔了。

罗启海去了出名的荔枝之乡——灵山,他在那儿发现当地种植户已经通过嫁接技术种植了一些新品种。可当时灵山更换荔枝品种的农户也是少数,都舍不得将新品种的荔枝枝条分给他。

无奈之下，罗启海找到百济乡的农业服务中心。他从技术人员展示的图片上认识了瓜皮荔，发现这一品种比黑叶荔好，便下定决心，剪掉自家10亩地的黑叶荔，嫁接新品种的枝条。当地的农业部门也很支持，为他提供了枝条、化肥等物料，并免费为他进行技术指导。

10亩地的黑叶荔，两年的产量至少也有八九吨，在等待新品种挂果的这两年多时间里，罗启海等于白白损失了几万元。但到了2011年，当那些死守着黑叶荔不肯换品种的种植户面临销售不畅的困局时，罗启海的瓜皮荔终于给了他回报——每千克达5元～6元的收购价，足足比黑叶荔翻了两番。

罗启海庆幸当初做了正确的选择，更坚定了他跟着市场搞种植的信心。他又通过农业服务中心引进了新品种——无核荔，这种荔枝在2010年的地头销售价达到了每千克20多元。他打算将另外10亩的黑叶荔全部嫁接上无核荔。

看着罗启海换品种赚了钱，南阳坡更多的种植户才如梦初醒，他们纷纷通过当地的农业部门学习嫁接技术，更换荔枝新品种。

●思考：同样种荔枝，为什么有人欢喜有人愁？

注："亩"为非法定计量单位，1亩≈667平方米。

一、农产品营销观念的演变

营销观念是指生产经营者进行市场营销活动的基本指导思想。生产经营者的营销观念恰当与否，取决于营销观念是否与当时的营销环境相适应。营销观念与营销环境、营销行为的关系如图1－1所示。

营销环境适应 ← 营销观念 → 指导营销行为

图1－1 营销观念与营销环境、营销行为的关系

随着市场环境的变化，营销观念经历了数次演变，如图1－2所示。

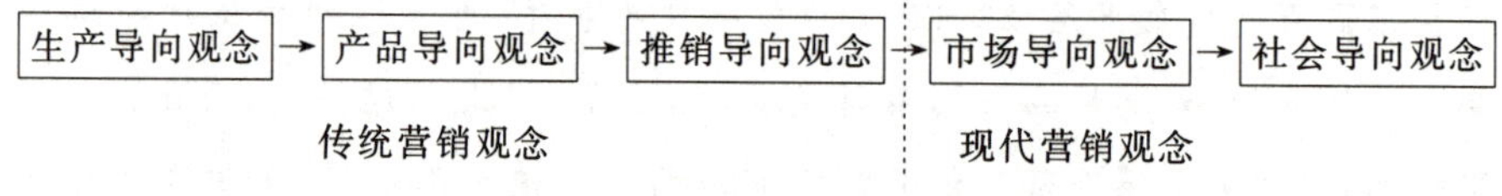

图1－2 营销观念的演变过程

1. 生产导向观念

(1)背景条件。卖方市场，产品供不应求，消费者购买力低。

(2)核心思想。自己会做什么就生产什么，以生产为中心。

(3)经营重点。致力于提高生产效率，增加产量、降低成本，生产出让消费者买得到的和买得起的产品。强调"以量取胜"。

生产导向观念在我国工业化初期、中华人民共和国成立以后至改革开放初期(短缺经济年代)盛行,如 20 世纪五六十年代的凭票供应及如今垄断行业的生产经营。

拓展阅读

20 世纪 20 年代福特的“黑色 T 型车”

美国福特汽车公司的创办人说过:“不管顾客需要什么颜色的汽车,我的车只有黑色的。因为当时福特汽车供不应求,清一色的黑色汽车照样卖得出去,畅销无阻,根本无须考虑消费者的需求特点和推销方法。福特公司的主要目标就是发展生产,这是一种典型的生产观念。

2. 产品导向观念

(1)背景条件。卖方市场,产品供应有所增加,部分消费者的购买力提高。

(2)核心思想。自己会做什么就努力做好什么,以产品质量为中心。

(3)经营重点。致力于生产优质产品,并不断精益求精,强调“以质取胜”。

●讨论:“酒香不怕巷子深”在竞争激烈的市场条件下还适用吗?

产品导向观念认为,只要产品质量好,有特色,自然就会顾客盈门。“酒香不怕巷子深”就是产品导向观念的生动写照。

产品导向观念和生产导向观念的异同见表 1-1。

表 1-1　产品导向观念和生产导向观念的异同

观念	相同点	不同点
生产导向观念	对顾客的需求视而不见,不重视销售工作,“以产定销”	侧重生产,以量取胜
产品导向观念		侧重品质,以质取胜

拓展阅读

王麻子剪刀老字号申请破产

在中国刀剪行业中,王麻子剪刀厂声名远播,是著名的中华老字号。从清顺治八年(1651 年)成立至 20 世纪 80 年代,数百年来,王麻子刀剪产品以刃口锋利、经久耐用享誉民间。它强调生产优质产品以赢得顾客。但从 1995 年开始,王麻子的好日子一去不复返,陷入连年亏损的地步,甚至落魄到借钱发工资的境地。其原因是王麻子剪刀厂一直延续传统的铁夹钢工艺,迷恋于生产耐磨好用的传统式样的产品,而没有注意到刀剪市场的需求变化。这是一种典型的产品导向观念。

3. 推销导向观念

(1)背景条件。卖方市场向买方市场过渡,部分产品供过于求,出现产品积压、销售困难。

(2)核心思想。自己会做什么就努力去推销什么,以推销为中心。

(3)经营重点。致力于产品的推销与促销活动,去说服和诱导消费者购买产品,以扩大产品销售。

与生产导向观念、产品导向观念相比,推销导向观念注重产品的推销,是经营指导思想的一大进步。但是,它只注重既定产品的推销,至于产品是否符合顾客的需要,是否能让顾客满意,顾客是否会重复购买等问题,并不关心。它仍是"以自己为出发点",属于"以产定销",三者本质上是相同的。

●讨论:在推销导向观念下,产品的积压、滞销现象能从根本上解决吗,为什么?如何做才能彻底解决产品滞销问题呢?

4. 市场导向观念

市场导向观念认为,在进行生产之前,必须先分析和研究消费者的需要,在满足消费者需要的基础上,自身才能生存和发展。

(1)背景条件。买方市场,供过于求加剧,竞争更加激烈。消费者的购买力增加,消费欲望不断变化。

(2)核心思想。顾客需要什么就生产和销售什么,以消费者需求为中心,强调"以销定产"。

(3)经营重点。发现和了解目标顾客的需要,并千方百计去满足它,使顾客满意,从而实现自身目标。不再是单纯追求销售量的短期增长,而是着眼于长久地占领市场阵地。

"哪里有消费者的需要,哪里就有我们的机会""一切为了顾客的需要"等口号就是在此观念下提出的。

市场导向观念是经营思想上一次根本性的变革。按照此观念,不是供给决定需求,而是需求引起供给。市场不是终点,而是起点。

5. 社会导向观念

(1)背景条件。能源危机、环境污染等社会问题日益突出,消费者权益保护盛行、环保法律出台。

(2)核心思想。以消费者和整个社会的长远利益为中心,消费者需求、经营者利润、社会整体利益三者要协调统一。

(3)经营重点。致力于资源的节约使用和保护环境,注重消费者的健康。

社会导向观念是对市场导向观念的补充与完善。

拓展阅读

汉堡快餐行业受到的批评

虽然汉堡快餐行业提供了美味可口的食品,却受到了食品专家、环保组织等的批评。原因是它的食品虽然可口却没有营养,不利健康。汉堡脂肪含量太高,油煎食品和肉馅饼有过多的淀粉和脂肪;且出售时采用方便包装,因而产生过多的包装废弃物,造成资源的浪费和环境的污染。

总结以上各营销观念的内容:传统营销观念的共同特点是以生产者为导向,以产定销。现代营销观念的共同特点是以市场(消费者)或社会为导向,以销定产。各营销观念的具体区别见表1-2。

表1-2　各种营销观念对比

营销观念		中心	出发点	产销关系	方法	目标
传统观念	生产导向	生产	生产经营者	以产定销	提高生产效率	低本量大
	产品导向	品质	生产经营者	以产定销	提高产品质量	高质优价
	推销导向	推销	生产经营者	以产定销	强力推销促销	加大销量
现代观念	市场导向	消费者	顾客需求	以销定产	整体市场营销	满足顾客
	社会导向	消费者、整个社会	顾客需求、社会福利	以销定产	整体市场营销	满足三方

二、农产品现代营销观念的新发展

(一)绿色营销

(1)背景条件。绿色营销观念是在环境污染加剧、资源严重短缺、生态环境恶化、自然灾害频发等威胁人类生存和发展的背景下提出来的新观念。

(2)核心思想。以保护生态环境为宗旨,谋求消费者利益、生产经营者利益与环境利益的协调,既要充分满足消费者的需求,实现自身的利润目标,也要充分注意自然生态平衡。

(3)经营重点。从搜集绿色信息开始,到开发绿色产品、获取绿色食品标志、制定绿色产品价格、选择绿色渠道、开展绿色促销、提供绿色服务等,在整个营销过程中都要强调"绿色"特征。

绿色营销观念是以可持续发展为指导,在人与自然和谐共处的前提下,实现消费者利益和生产经营者利益的双赢。它把人与自然的关系摆在首位。绿色营销观念是社会营销观念的进一步深化。

拓展阅读

绿色营销的实施过程

1.树立绿色营销观念

生产经营者要转变经营思想,走出"先污染再治理""先治穷、再治污"的认识误区,树立以生态为中心的绿色观念。

2.搜集绿色信息

调查研究消费者的绿色消费需求、竞争者的绿色产品情况、相关的绿色生产技术等,为绿色营销的具体实施提供行动依据。

3. 开发绿色产品

开发绿色产品，必须从产品的生产、包装、使用废弃物的处理等方面考虑对环境的影响。

例如，在产品生产中，尽量少用和不用有毒有害的原材料；采用低能耗、物耗的技术和生产工艺；选用少废、无废的工艺和高效的设备。在产品包装上，也要充分体现绿色产品的特点，选用纸质等可分解的、无毒性的材料来包装，采用组合型、复用型等节料包装物。生产的产品在使用过程中及使用后均不含危害人体健康和破坏生态环境的因素。产品使用后易回收处理、重复使用。最后要搞好废弃物的回收服务，变废为宝，促进资源的循环使用。

4. 获取绿色食品标志

绿色食品认证程序如图 1-3 所示。

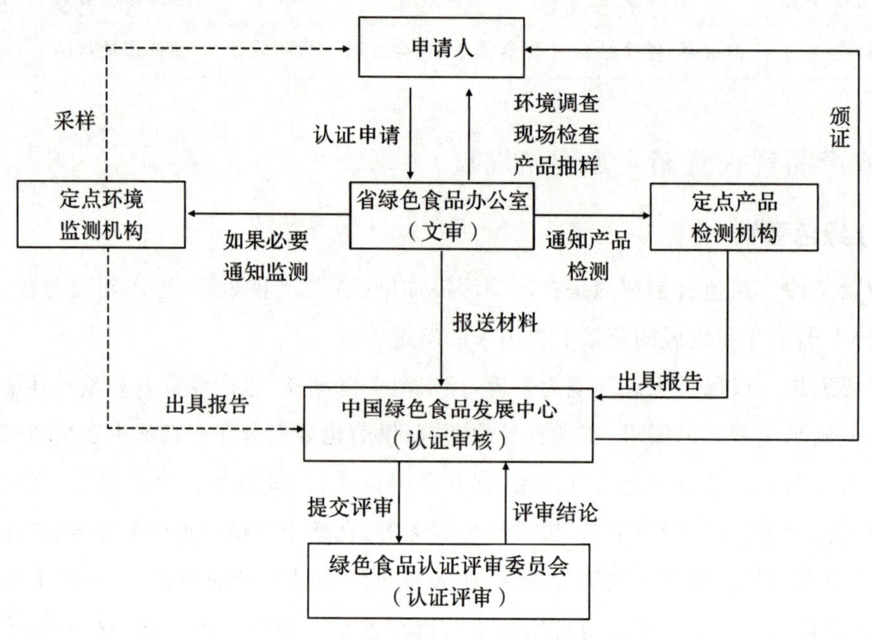

图 1-3 绿色食品认证程序图

5. 制定绿色产品价格

绿色产品在成本构成方面与一般产品有所不同，它除了包括生产经营过程中发生的一般成本外，还包括与保护环境及改善环境有关的成本支出。因而绿色产品的价格与同类产品价格相比应当定得高些。

除了要考虑成本，还必须根据消费者的消费心理、购买能力及竞争强度等因素来确定产品的价格。

6. 选择绿色渠道

生产经营者可采取设立绿色产品专卖店、绿色产品专柜等形式来分销产品，应尽量简化分销环节，以降低分销过程中的浪费，减少资源消耗，防止产品二次污染。在运送绿色产品时，应使用装有控制污染装置和节省燃料的无污染交通工具，以最少的费用将产品清洁、安全地送到目标顾客手中。

7. 开展绿色促销

促销起着诱导需求、创造需求的功能。绿色产品的生产者应担负起绿色信息的传播者、宣传者的责任，在人员推销、广告、公关等促销方式中体现“绿色”特征。

例如，通过推销人员直接向消费者宣传绿色产品的意义，回答消费者所关心的环保问题；通过一定的大众媒体广泛宣传绿色产品，宣传绿色产品保护环境、造福人类的内涵，正确引导绿色消费；通过举办绿色产品展销会、洽谈会等形式，扩大绿色产品与消费者的接触面；还可通过绿色赞助活动及慈善活动来宣传生产者在保护生态环境方面采取的实际行动，树立良好的绿色形象，扩大自身的影响面，促进绿色产品的销售。

8. 提供绿色服务

绿色服务是企业可持续发展的必由之路，也是未来服务业的发展方向之一。绿色服务观念不只局限于服务业，还渗透到农业、制造业。各行各业都需要充分重视绿色服务。为能有效推行和实施绿色服务，绿色服务发展策略主要涉及树立绿色服务观念、建立绿色服务制度、正确开发绿色商机、认真执行 ISO1400 环境管理体系标准、建立和完善绿色政策和法规等内容。

拓展阅读

发展立体种养，实现经济生态双赢

在天津市宝坻区黄庄洼，这里一年四季不缺水，甘甜的水和肥沃的土壤产出了本市 80%的稻米。然而，在这平静的稻穗下面，藏着当地农民创造的农业奇迹：通过发展稻鳅、稻蟹、稻鱼等多种立体种养模式，使一亩地的水稻产出了双倍甚至五六倍的经济效益，而且保护了一度曾想弃种的 20 万亩稻田，湿地面积有增无减，生态环境越来越好。

●立体模式带来高收益

发展立体种植养殖可谓一波三折。最初面对镇政府的宣传，大家心里都没底。村里先是建了几个示范点，后来又为村民免费提供种苗，年底一核算，真的盈利了，这才燃起星星之火。稻鱼、稻鳅、稻蟹都试过，数螃蟹最好养、最耐活。

“立体种养效益怎么样?”面对记者的提问，村民洪树德掰开手算了一笔账：“以前一亩地年利润也就四五百元，现在平均增产 5%左右。因为是绿色大米，市场价也高出一大截儿，加上螃蟹，一亩地还能多挣 900 元。现在一亩地收入能增收几倍。”

●绿色种养实现生态环保

宝坻区在探索水稻增收渠道的过程中，也使水稻实现了无公害生产，适应了目前市场上绿色农产品的需求。

从黄庄镇农技人员口里得知，稻蟹立体种养是根据生态学种间互补原则，实现以稻养蟹、以蟹养稻、稻蟹共生。在稻蟹立体种养的环境内，蟹能清除田中的杂草，吃掉害虫，排泄物可以肥田，促进水稻生长；水稻又为河蟹的生长提供丰富的天然饵料和良好的栖息条件，互惠互利，形成良性的生态循环，最终达到充分利用自然资源，增加单位面积产出效益的目的。

采用这种生态种养模式，除水稻种植之初的底肥外，整个生长期不再施用化肥，使产品更健康、更安全。同时，值得说明的是，由于螃蟹对农药非常敏感，有一点儿农药，蟹就死了，因此稻蟹生态米是在不使用农药的情况下种植和生长的，是天然又有营养的绿色食品。

可以说，稻蟹立体种养模式提高了农业生产效益，改善了农业生产环境，带动了该区的农业产业结构调整，有力促进了农业生产向优质、高效、低耗方向发展。立体种养实现了经济效益和生态效益的双赢。

（资料来源：天津日报，有删改）

●启示：农民朋友要解放思想，勇于创新，大胆打破传统农业生产常规的束缚，形成新的农业生产理念。

（二）服务营销

(1)背景条件。科技进步和社会生产力的显著提高让市场竞争达到白热化程度，消费者的需求层次不断提高，并向多元化发展。

(2)核心思想。以提升顾客满意度和忠诚度为宗旨，通过提高顾客的满意度和培养顾客的忠诚度来促进相互之间有利的交换，最终获取适当的利润和自身长远的发展。

(3)经营重点。不断增加产品的服务含量，为消费者提供优质、全面的个性化服务，以保留与维持现有顾客，使他们继续购买相关产品并向亲友推荐产品。

小贴士

“4PS＋3RS”新的营销组合

“4PS”指产品、价格、渠道、促销这四大因素的组合，这是传统的市场营销组合。在服务营销观念下，产生了新的营销组合理论，即在传统的“4PS”基础上，又增加了顾客保留、相关销售和顾客推荐三大要素(即“3RS”)。

(1)顾客保留。通过关注顾客，向顾客提供足够的承诺，高度重视顾客服务，与顾客建立长期的、互相信任的“双赢”关系，以保留顾客，取得稳定收入。据研究，吸引一位新的消费者所花的费用是保留一位老顾客的5倍以上。

(2)相关销售。当生产经营者销售新产品时，由于老顾客已对自己的产品建立了信心，因此广告与推销的费用会大大降低。

(3)顾客推荐。服务营销还特别重视老顾客向他们的亲朋好友推荐自己的产品。通过提高顾客满意度,获取顾客的忠诚度。

在新的营销组合中,生产经营者的营销努力更侧重于为消费者提供服务,依靠人际关系传播生产经营者的信息,以减少高额的广告、促销费用的投入。

(三)网络营销

(1)背景条件。网络营销观念是在全球网络技术迅速发展和广泛应用下出现的一种新的营销观念。

(2)核心思想。以互联网为基本手段,营造网上经营环境。网上经营环境,是指企业内部和外部与开展网上经营活动相关的环境,包括网站本身、顾客、网络服务商、合作伙伴、供应商、销售商、相关行业的网络环境等。网络营销的开展就是与这些环境建立关系的过程,这些关系处理好了,网络营销也就卓有成效了。

(3)经营重点。网上经营环境的营造主要通过建立一个以营销为主要目的的网站,并以此为基础,通过一些具体策略对网站进行推广,从而建立并扩大与其他网站之间及与用户之间的关系,其主要目的是提升品牌形象、增进顾客关系、提高顾客服务质量、开拓网上销售渠道并最终扩大销售。

网络营销正在一定范围内、一定程度上取代传统的营销方式,逐步成为营销发展的又一新趋势。

案例分析

啥样的农产品才能卖得好

随着农业高新技术的飞速发展和市场经济日趋活跃,普通的农产品越来越适应不了市场的需求。根据市场的变化不断调整农产品的品种结构,已成为各地提高农业种养效益的重要措施。

那么,当前农产品究竟以什么品种、哪种规格、何种形式进入市场,才能既卖得出,又能卖出好价钱呢?

(1)错开季节。由于消费市场发生变化,农产品生产的季节性与市场需求的均衡性矛盾日益突出,由此带来的季节性差价蕴藏着巨大的商机。因此,实施错开季节供给,效益会更加显著。其主要途径有三种:一是实行设施化种养,使农产品提前或延后上市;二是通过储藏保鲜,延长农副产品销售期,变生产旺季销售为生产淡季销售或消费旺季销售;三是开发适应不同季度生产的农副产品新品种,实行多品种错开季节上市。

(2)鲜嫩。近几年,人们的消费习惯正在悄悄地发生变化,玉米要吃嫩玉米,猪肉要吃乳猪,出现了崇尚鲜嫩食品的潮流。因此,农产品开发也可以适应这一潮流变化,适当开发如嫩玉米、嫩花生、乳鸽、仔鸡等鲜嫩农副品种。

(3)高品质。人们的生活已由温饱过渡到小康的新阶段，人们不再只满足于吃饱，而是更注重吃好，吃出营养和品位来。优质农产品的市场前景十分广阔，要实现农业高效，必须淘汰劣质品种和落后的生产技术，选育、引进和推广优质农产品，实现农产品优质化，才能抢占市场。

(4)多品种。如今，人们对农产品的消费需求越来越多，也越来越高。种农产品不仅要求有多个品种，而且要有多种规格。因此，农户应根据市场需求，引进、开发和推广一些名、优、稀、特新品种，以新品种来引导新需求，开拓新市场。例如，西瓜要生产大、中、小三种类型来适应和满足宾馆、家庭及旅游者等多层次、多方位的消费需求。

(5)求新、求异。近年来，人们对蔬菜、水果等农产品不仅要求其鲜活度高、营养丰富、美味可口，还要求其具备一定的观赏功能，以满足消费者日益增长的求新、求异的心理。为适应人们对农产品的这些需求，一些奇形、异色农产品相继问世，如香蕉形的小番茄、齿轮似的飞碟南瓜、黑色花生、黑色玉米等，这些农产品一上市就引起消费者的极大兴趣，蕴含广阔的市场前景。

分析讨论

1. 目前，消费者对农产品有哪些新的消费需求？

2. 结合当地农业实际，谈谈如何满足消资者的新需求。

能力转化

一、选择题

1. 买方市场是指(　　)的市场态势。

A. 供不应求　　B. 供大于求　　C. 供求平衡　　D. 产品不足

2. 产品观念是(　　)的营销观念。

A. 生产导向　　B. 市场导向　　C. 社会导向　　D. 科技导向

3. 把消费者利益、社会利益和企业利益结合起来的营销观念是(　　)。

A. 市场营销观念　　B. 绿色营销观念　　C. 社会营销观念　　D. 关系营销观念

4. 市场营销观念要求营销活动以(　　)为中心。

A. 生产　　B. 创新产品　　C. 消费者　　D. 促销宣传

5. 下列哪些观念属于现代营销观念？(　　)

A. 产品观念　　B. 市场营销观念　　C. 社会营销观念　　D. 绿色营销观念

6. 生产你能够出售的产品，而不是出售你能够生产的产品，这句话反映了(　　)营销观念。

A. 产品　　B. 市场营销　　C. 生产　　D. 推销

二、判断题

1. 生产观念注重的是生产，推销观念注重的是推销，因而两者的经营指导思想在本质上是

不同的。(　　)

2. 推销观念的形成是营销观念的一次质的飞跃。(　　)

3. 市场营销观念是从消费者需求满足中获利。(　　)

4. 传统营销观念与现代营销观念的本质区别之一就是市场由原来的终点变成从事经营活动的起点。(　　)

5. 产品观念、推销观念都属于以产定销的范畴。(　　)

6. 只要农产品质量好、技术新,自然会顾客盈门。(　　)

三、思考论述题

1. "庄稼活不用怕,人家干啥咱干啥",这体现了怎样的经营观念?

2. 在环境污染日益严重与消费者日益注重健康的情况下,农产品生产经营者应树立怎样的营销观念?

3. 长期以来,农产品难卖成为困扰农民的核心问题,请用营销的观念分析出现这种问题的主要原因,并提出解决的办法。

四、课外阅读

农产品营销,未来将向这五大方向发展

目前,消费者购买农产品最常见的几种渠道有菜市场、农产品超市、网购等,但是农产品营销的方式并不只局限于这几种,未来的农产品营销将会朝着五大方向发展。

1. 大单品品牌迈向全国

很多人可能会对"大单品"这个词有所误解,认为大单品就是品牌,其实并不是。大单品只是品牌底下的最为突出、最有优势的产品代表。在做品牌的时候,一定要有一个支柱型的产品,这样在推广的时候才会有侧重点,才会更好地把产品给推向全国,推广给大众。例如,褚时健的褚橙。褚时健是只有褚橙这一种产品吗?并不是,他还有别的产品,但最为出名的还是褚橙。因为他把褚橙打造成了大单品、重点产品,褚橙也已经被全国的消费者们所接受、认可。所以农户也要打造属于自己的大单品,让大单品迈向全国。

2. 在一线城市建立招牌店

在各个一线城市建立招牌店,是提升农产品定位的一大手段。招牌店出现在一线城市,就已经体现了销售水平,能够很好地提高产品的价值。所以,在第一步,一定要在一线的城市扎根,让各个一线城市都有我们农产品的身影。

3. 深加工农产品销往全国

深加工也是农产品营销很重要的一个方向。因为农产品具有很强的特殊性,如储存时间短、运输困难、收获期大都相同等,所以深加工会成为农产品营销的一个重要方向。现在最为常见的深加工产品有各类的罐头、干货等,这些被深加工过的产品,商品价值大大提升,既延长了产品的保质期,也错开了上市的高峰期。但是要注意,农产品深加工不只能做成吃的和喝的。

在日本，由柿子加工成的日用品类包括柿涩染织的纺织品、比较高级的染发美发产品、美容护肤产品、柿涩面膜、洗面香皂、杀菌、消毒、防虫、除臭产品。日本还研究出一款大米面膜，它的精华液是用日本原产优质大米做的，营养成分高，能够给肌肤补水提亮、收缩毛孔、增加弹力。

近年来，我国农产品精深加工发展迅速，有效推动了农产品加工转化增值；但总体上因发展时间短，创新发展能力不足，政策扶持不到位，工作机制不完善，产业链条短，上下游环节不匹配，增值空间有限，故迫切需要提高政策的指向性、精准性和可操作性，促进农产品精深加工增品种、提质量、创品牌，加快转型升级发展，提高质量效益和竞争力。

为了促进农产品精深加工高质量发展，2018 年 3 月，农业农村部印发通知，部署在全国开展农产品加工业提升行动，推动产业结构布局不断优化、创新能力显著增强、质量品牌明显提升。2018 年 12 月 25 日，农业农村部等 15 部门印发《关于促进农产品精深加工高质量发展若干政策措施的通知》(农产发〔2018〕3 号)。

4. 农产品餐饮化

农产品上餐桌，这似乎是一个很正常的事情。但是，未来这也是营销的一个方向，营销的方式与现在会有很大的不同。现在的农产品餐饮化，主要就是把各类农产品做成可口的饭菜。但是在未来，饭店可能也会成为农产品往外销售的渠道之一。饭店不仅售卖成品饭菜，还售卖成品饭菜的原材料。当消费者觉得这个菜比较好吃符合口味，就可以在吃完饭之后，直接在饭店里购买相关农产品。

5. 产品有专属的身份证

每个人都有属于自己的身份证和信息档案库。同样的，我们也可以给农产品建立一个属于它们的身份证和信息档案。目的是让消费者能够清晰明了地知道农产品从何而来、如何成长，对它们的生产过程与安全彻底放下疑虑。

随着时代的发展，科技的进步，农产品的营销方式会越来越多。以上 5 点只是在目前的背景下，未来最有可能会实现的。希望种植、养殖户与农产品销售者，能看准时机、抓住机会，把自己的农产品种好卖好！

模块二 农产品市场与营销环境

学习目标

●知识目标

1. 掌握农产品市场的概念、分类及特点。

2. 掌握农产品营销宏观、微观环境的构成要素。

3. 掌握农产品营销“SWOT”和“PEST”分析法的原理。

●能力目标

1. 能够对某个农产品市场识别。

2. 能够对某个农产品营销主体具体的营销宏观、微观环境进行分析。

3. 能够对某个农产品营销主体的具体营销环境进行“威胁—机会”和“PEST”分析。

●素养目标

形成对农产品的基本认识，树立重视市场信息的意识。

任务一 农产品市场概述

案例导入

老太太买李子

一条街上有三家水果店。

一天，有个老太太来到第一家水果店里，问：“有李子卖吗？”店主非常热情，边打招呼边自夸：“老太太，买李子啊？您看我这李子又大又甜，刚进的货，新鲜得很呢！”没想到老太太一听，竟扭头走了。店主非常纳闷儿：“奇怪，什么地方得罪老太太啦？”

老太太接着来到第二家水果店，同样问：“有李子卖吗？”第二位店主马上迎上前说：“我这里李子齐全，有酸的甜的，大的小的、国内的国外的，请问您想买哪一种？”“我想买一斤酸李子。”老太太说。于是，老太太买了一斤酸李子回去了。

第二天，老太太来到第三家水果店，同样问："有李子卖吗？"第三位店主像第二位店主一样，问了老太太需要什么样的李子，喜欢什么口味。老太太告诉他需要酸李子。店主在给老太太称酸李子时，继续问道："在我这买李子的人一般都喜欢甜的，可您为什么要买酸的呢？"

"最近我儿媳妇怀上孩子啦，特别喜欢吃酸李子。"老太太说。

"哎呀！那要特别恭喜您老人家快要抱孙子了！有您这样会照顾人的婆婆可真是您儿媳妇的福气啊！"店主说。

"哪里哪里，怀孕期间当然最要紧的是吃好，胃口好，营养好啊！"老太太说。

"是啊。怀孕期间的营养是非常关键的，不仅要多补充些高蛋白的食物，听说多吃些维生素丰富的水果，生下的宝宝会更聪明些！"店主说。

"是啊！那哪种水果含的维生素更丰富些呢？"老太太问。

"很多书上说猕猴桃含维生素最丰富！"店主说。

"那你这儿有猕猴桃卖吗？"老太太又问。

"有啊。您看我这儿进口的猕猴桃个大、汁多、含维生素高，您要不先买一斤回去给您儿媳妇尝尝？"店主说。

"好，那我就再来一斤猕猴桃。"老太太说。

"您人真好，谁遇到您这么个婆婆真是福气。我每天在这儿营业，水果都是当天从市场上批发来的，非常新鲜。您儿媳妇要是吃着喜欢，您再来，我给您优惠。"店主说。

这样，老太太不仅买了一斤李子，还买了一斤进口的猕猴桃，而且以后几乎每隔一两天就要来这家店里买水果。

●讨论：三家水果店的销售方式有什么不同？这个案例给了我们什么启示？

提示：第一家店主没有搞清楚老太太的需求，便试图向老太太推销；第二家店主了解并满足了老太太的需求，但是并没有进一步挖掘新的需求；第三家店主不但了解并满足了老太太的需求，还成功地挖掘了新的需求，并赢得了进一步销售的机会。

一、农产品市场的概念

农产品市场是农业商品经济发展的客观产物，它的含义有狭义和广义之分。

1. 狭义的农产品市场是指农产品集中和销售的场所

农产品是由众多分散农民在广袤的土地上从事农业生产的产品，而每一个农民的生产数量只占总体产量的很小份额，无法形成一个经济的运输单位，必须有地区性的市场，以便产品集中并销售，这种农产品集中和销售的场所便是农产品市场。在市场上，生产者出卖自己生产的农产品，消费者购买自己所需的农产品，正是这种供需双方的需求促进了农产品市场的不断产生和发展。

2. 广义的农产品市场是指农产品流通领域交换关系的总和

它不仅包括各种具体的农产品市场，还包括农产品交换中的各种经济关系，如农产品交换原则与交换方式，人们在交换中的地位、作用和相互联系，农产品流通渠道与流通环节，农产品供给和需求的宏观调控等。

二、农产品市场的分类

农产品市场可以依据农产品销售方式、交易场所的职能性质、交易形式、交易地区的不同范围等特点进行分类。

1. 按照农产品的销售方式分类

(1)农产品批发市场。指成批量地销售农产品的市场，每笔的交易量都比较大，可以说是商人之间的交易市场。商人在批发市场上购买农产品一般不是为了最终消费，而是用作转销。一般在农产品生产比较集中的地方、交通比较发达的中转集散地，以及消费者众多的大中城市都设有批发市场。

(2)农产品零售市场。指进行小量农产品交易的场所。农村的集市、城市的农贸市场和超级市场等都是农产品零售市场。农产品零售市场的最大特点就是购买者众多，而多数顾客的购买数量较少。

(3)农产品超级市场。超级市场，简称“超市”，其规模较大，是采取部门化经营、自我服务的大型农产品零售市场。由于其近几年发展速度很快，已经有逐步取代传统零售市场的趋势。

2. 按照农产品交易场所的职能性质分类

(1)农产品产地市场。指待销售的农产品起运的场所，即农民与商人交易的场所。产地市场的规模相对较小，其主要功能便是为分散的农户提供销售农产品和了解市场信息的场所。

(2)农产品销地市场。指设立在各大、中小城市的消费者集中地方的农产品市场，进一步可细分为销地批发市场、销地零售市场，其主要职能是把经过集中、初加工和储运的农产品销售给消费者。

(3)农产品集散与中转市场。农产品集散与中转市场首先将来自各个产地市场的农产品进一步集中起来，其次经过加工、储藏、包装等流程，最后通过批发商分散销往全国各地的批发市场。

3. 按照农产品交易形式不同分类

(1)农产品现货交易市场。指农产品物流和商流是同时进行的,即根据买卖双方达成的价格,在成交后即时或短期内交割,是一种"一手交钱,一手交货"的交易方式。

(2)农产品期货交易市场。期货交易是相对于现货交易而言的,指预先签订农产品买卖合同,而货款的支付和货物的交割可在买卖双方约定的时间内进行的一种交易。期货交易一般必须在有组织的市场内进行,即商品交易所,或称为"期货市场"。世界上著名的期货交易市场,如美国的芝加哥交易所,是世界上最早且农产品品种最多的交易所,是最成熟的期货交易市场。郑州期货交易所是经国务院批准的国内首家期货市场,上市交易的期货合约有小麦、棉花、菜籽油、早籼稻等农产品。

4. 按照农产品交易地区的不同范围分类

(1)世界性农产品市场。例如,美国芝加哥的小麦、玉米、大豆市场,泰国曼谷的大米市场,印度孟买的茶叶市场,荷兰鹿特丹的油脂市场,马来西亚吉隆坡的天然橡胶市场,等等。

(2)多国共同市场。例如,欧洲经济共同体内的农产品市场。

(3)全国性农产品市场。例如,中国的无锡、芜湖、九江、长沙四大米市,安徽省亳州市和河北省安国县的中药材市场,浙江省舟山群岛沈家门的海水鱼产品市场等。

(4)地区性农产品市场。例如,全国、全省、全市、全县的农产品集散地。

三、农产品市场特点

本书中提到的农产品市场是指狭义的农产品市场,即农产品集中与销售的场所。由于农产品与人们的生活息息相关,且农产品具有消费鲜活性、体积大、价值低等特点,因此农产品市场与一般市场相比具有其独自特点。

1. 交易的产品具有生活资料和生产资料双重性质

一方面,农产品市场上的农副产品可以供给生产单位做生产资料,如农业生产用的种子、饲料和工业生产用的各种原材料等;另一方面,农产品又是人们日常生活中离不开的必需品,是居民的"米袋子""菜篮子"。

2. 供给的季节性和周期性

农业生产具有季节性,农产品市场的货源随农业生产的季节而变动,不同季节对应着不同种类产品的采购和销售。同时,农业生产有周期性,其供给在一年之中有淡旺季,数年中有丰产、平产、欠产年份,不同产品在不同地区、不同年份的产量可能相差很大。当然,同一产品在同一地区、同一年份,因其生产技术的不同,其产量和质量也有可能不同。

3. 多为小型分散市场

农产品生产分散在亿万农户中。农产品在集中交易时具有地域性特点,通常小规模的产地市场分散于产区各地。农产品消费主要以家庭为单位，且有少量多次、零散购买等特点，消费地的农产品零售市场贴近消费者，多分散于各居民区。

4. 风险大

就农产品而言，由于农业生产是自然再生产和经济再生产的统一，因此农产品市场就必然面对自然风险和市场风险的双重压力。农产品自然风险是指由于受自然因素（气候条件、土壤肥力、病虫害等因素）的影响，而直接导致农产品质量和产量的降低、减少，甚至消失。农产品市场风险主要是指在生产和购销农产品的过程中，由于市场行情的变化、消费需求的转移、经济政策的改变等不确定因素所引起的实际收益与预期收益发生偏离的不确定性。农产品市场风险多数是投机风险，既存在损失的不确定性，又存在获利的不确定性。这一风险种类的管理主要靠管理水平，并且很难通过风险保险来化解，因而增加了农产品市场风险管理的难度。

任务二　农产品营销环境

陕西洛川苹果为啥不愁卖

陕西省洛川县是闻名世界的苹果之乡。洛川县牢牢抓住苹果这一优势产业，大力推进现代果业建设，基本搭建起了以国家级洛川苹果批发市场为中心，覆盖全县，连接全省、全国部分产区和市场，服务领域广泛，系统化的苹果信息网络体系。

(1)建立洛川“三级”信息采集发布系统，全面提高了果农获取信息的能力。洛川苹果信息中心拥有设备独立、硬件先进、软件自主开发的信息网络机房、信息发布大厅、生产监控大厅和办公场所。

(2)建立全国苹果生产基地县信息采集点，提高市场调控能力。信息平台为每个基地县开发了基地专页，为销售市场在产品上市前提供全国苹果产量的生产信息，包括生产状况、分布区域、产量质量、产地价格、产地储藏、营销队伍等。通过网络，使销售市场全面了解生产基地，建立“反应及时、调控有力、运转高效”的苹果市场调控体系，提高市场调控能力。

(3)建立全国苹果批发市场信息采集点，提高产销信息互通能力。在洛川苹果主销城市建立信息采集点，同时与中国果品流通协会和湖南省农业信息中心等组织实现信息互通，有效解决小生产与大市场、产地与市场脱节、信息拥有者与信息使用者不对称的矛盾，提高产销信息互通能力。

(4)按照“构筑信息共享平台、搭建产销信息桥梁”的思路，及时提供市场信息，研究分析市场，召开会商会、培训会，引导果农适价销售，适量储藏，反季节销售，组织部分果农进入市场直销，提高果农的销售能力。

●思考：洛川苹果为什么不愁卖？

任何一个营销主体都是在一定的外界环境条件下开展市场营销活动的，在农产品营销的微观和宏观环境中，又有哪些具体的因素会影响营销活动呢？

我们通过分析市场营销环境，可以把握市场环境变化的发展趋势，可以使企业更好地满足消费和指导消费，可以提高企业竞争的能力和规避风险的能力。

一、农产品营销环境概述

农产品营销环境泛指一切影响、制约农产品营销活动的最普遍因素，它是农产品营销活动的基础和条件。根据企业营销活动受制于营销环境的紧密程度来划分，营销环境可以分为两大类：宏观营销环境和微观营销环境。微观环境与宏观环境并不是并列关系，而是主从关系。从一定程度上来讲，微观环境受制于宏观环境，微观环境中的所有影响因素都要受宏观环境中各种力量的影响。农产品营销环境是一个多因素、多层次，且不断变化的综合体，具有以下特点。

1. 客观性

客观性是指农产品营销环境不以企业营销者的意志为转移，主观上对某些环境因素及其发展趋势进行分析，有时候往往会造成企业决策者的盲目决策，不利于在市场中的竞争。这就要求企业营销经营者必须根据外界的环境和条件变化不断调整营销策略。

2. 复杂性

从营销环境的构成因素可以看出，其构成要素多，涉及范围相对较广，各个要素之间可能还会相互影响，并且存在着一定的矛盾关系。例如，随着都市生活节奏的不断加快，人们对快餐和食品的要求与日俱增，各种中西快餐店也随之不断发展、壮大。然而，从另一个方面来讲，经科学研究证明，过多地依赖这些快餐食品并不利于身体健康，在相关营养学家和一些食品营养与健康组织的呼吁下，食品企业不得不开发出既健康又便捷的食品，以不断满足消费者的需求。

3. 动态性

社会经济的不断发展和变化让营销环境不可能始终处于如一的状态，而是不断地发展和变化，正所谓“市场竞争状况可能瞬息万变”。尤其近年来，随着消费者对各种农产品不仅有量的需求，更专注产品的质，这就使得营销环境的变化速度呈不断加快的趋势。因此，企业营销活动必须与营销环境保持动态平衡，一旦营销环境发生变化，企业营销就必须积极地反映和适应这种变化。

二、农产品营销宏观环境分析

农产品营销宏观环境实质上是指关系到农产品经营、销售企业的生存和发展，制约和影响农产品经营、销售企业营销策略制定和实施的外部因素的总称。这些因素主要包含以下六个方面:人口环境因素、经济环境因素、社会文化环境因素、政治法律环境因素、科技环境因素,以及自然环境因素。这些因素是影响农产品营销的主要力量,是企业不可控制的变量。

1. 人口环境因素

市场是由买卖双方,即由那些想购买商品同时又具有购买能力的人构成的,所以说人口是构成市场的第一要素。也可以说,人口的多少直接影响着市场的潜在容量,人口数量越多,市场规模也就越大。与此同时,人口的年龄结构、地理分布、婚姻状况、出生率、死亡率、密度、流动性及其文化教育等特性都会对市场格局产生深刻的影响,并直接影响企业的市场营销活动和企业的经营管理活动。为此,企业必须加强对人口环境因素的研究。

首先,人口数量是决定市场规模和潜力的一个基本要素。如果收入水平不变,人口越多,则对食物、衣着、日用品的需要量也就越多,市场也就越大。因此,按人口数目可大概推算出市场规模。我国人口众多,针对哪种产品来说无疑都是一个巨大的市场。当然,人口的迅速增长也会促进市场规模的扩大。很明显,随着人口的不断增加,相对应的消费需求也会随之增长,那么市场的潜力就会很大。

其次,人口结构对农产品营销也有一定的影响。不同年龄的消费者对商品的需求肯定不一样。现阶段,我国呈现出了人口老龄化现象,反映到市场上,便是老年人的需求越来越多。比如,老年人保健品、营养品、老年人生活必需品等的市场越来越旺;同时,性别结构对农产品营销的影响也较为显著,营销人员对生鲜蔬菜水果市场的调查中发现,女性是生鲜蔬菜(尤其是水果)的购买主力,女性消费者占整体的 2/3 以上;民族结构对农产品营销的影响主要表现在各个不同的民族对市场的需求存在很大的差别,如在回族居民聚集生活的街区以销售牛羊肉为主。因此,企业营销者在营销时一定要注意不同结构市场的营销,重视开发适合各结构特性并受其欢迎的食品。

2. 经济环境因素

经济环境是指农产品经营企业营销活动所面临的外部社会条件,其运行状况及发展趋势将会直接或者间接地对企业营销活动产生一定的影响。经济环境因素包括直接影响营销活动和间接影响营销活动的因素。

直接影响营销活动的经济环境因素包括消费者收入水平的变化、消费者消费结构的变化、消费者的储蓄和信贷情况。消费者收入是指消费者个人从各种来源中所得的全部收入,其购买力水平来自消费者的收入水平,收入水平高自然对产品的市场需求也相对较高。消费结构是指消费过程中人们所消耗的各种消费资料(包括劳务、服务)的构成,即各种消费支出占总支出的比例关系。恩格尔定律表明,在一定的经济条件下,当家庭收入呈现增长趋势时,收入中用于食物支出的增长速度要小于家庭中用于教育、医疗卫生、娱乐等方面的增长速度。也就是说,生活水平越低，消费者用于食物的开支比重越大；生活水平越高，食物开支所占的比重也就越小；当然，消费者的个人收入一般情况下不可能全部花掉，总有一部分会以其他形式储蓄起来，这便是一种推迟了的、潜在的购买力。所以，农产品经营企业营销人员一定要全面了解消费者的储蓄情况，尤其是要了解消费者储蓄目的的区别。因为不同的储蓄目的对消费者的需求量、消费模式、消费内容、消费方向及消费发展都有一定的影响。

间接影响消费者活动的经济环境因素包括经济发展水平、经济体制、地区与行业发展状况、城市化程度。农产品经营企业的市场营销活动必然要受到一个国家或地区整个经济发展水平的限制和影响。不同的经济发展阶段相对应的居民收入水平肯定也完全不同，因此顾客对产品的需求也不一样，从而在一定程度上影响着企业营销。例如，在经济发展水平较高的地区，对于同一种产品，消费者可能追求的是产品款式、产品品质及特性，甚至是颜色等；而在经济发展水平低的地区，消费者侧重的则可能是产品的功能及实用性、价格因素等。从生产者方面来讲，经济发展水平高的地区会倾向于把资金投入到那些能够节省劳动力的先进、精密、自动化程度高、性能好的生产设备上；相对应地，在经济发展水平较低的地区，其机器设备大多是一些投入资金相对较少，耗劳动力多、简单易操作、较为落后的设备。城市化是影响营销的一个非常重要的因素，表现尤为明显的是城乡居民之间在某种程度上的经济和文化的差别，直接导致城乡居民之间不同的消费行为。当前阶段，我国一部分农村居民都是自给自足的小农消费，如自己种植粮食、蔬菜，养殖家禽牲畜，而城市居民则通过货币交换直接从当地的农产品市场上购买。除此之外，相对于城市而言，农村相对闭塞，农民的消费观念也比较保守，对一些新产品、新技术都较之城市接受得慢。

3. 社会文化环境因素

社会文化环境是指企业所处的社会结构、社会风俗和习惯信仰、价值观念、行为规范、生活方式、文化传统、人口规模与地理分布等因素的形成与变动。

社会文化环境因素是影响农产品经营销售企业在营销众多因素中最复杂的变量，因为它不像其他影响因素那样看得到，且易于理解，却始终在不断地影响着企业的市场营销活动。以饮食为例，因饮食文化有中西餐的不同，中餐又有众多地方菜系和风俗；由于不同的价值观念，对于同一款式的商品，A 民族认为它是漂亮的，可能 B 民族就会认为它是丑陋的；同一种色彩的商品，农村居民可能十分喜欢，城市居民就有可能认为其“土”。所以说，企业在进行营销活动前，一定要对当地的社会文化环境进行全方位的分析和了解，并针对不同的社会文化环境实施不同的营销策略方案。

小案例

嘉禾农产品市场创建以来，所取得的成绩不仅源于其完善的市场内配套功能、独特的市场区位优势、交通优势，也源于其和谐的企业文化。就说说嘉禾农产品市场在国际中港城举办的“2022虎年迎春酒会”吧。

整场酒会由市场部精心策划的“百张笑脸迎虎年”开场，在热闹非凡的鼓乐歌声中，市场全体经营户和公司全体员工400多人欢聚一堂，以市场经营户和员工的笑脸照片编辑成形象展示片，宴会厅大屏幕上一张张带着浓浓喜庆的笑脸，融合成了一个“大家庭”。它不仅让嘉禾农产品市场全体员工共同感受到了“2021年丰收的喜悦”和“2022年新的希望”，更重要的是展示和体现了嘉禾农产品市场全体经营户和员工良好的精神面貌和百倍的干劲与信心。

为了鼓励先进，在酒会上还进行了“文明经营户”“销售前十强”“十佳员工”的表彰和颁奖仪式，不仅让过去取得成绩的员工得到了嘉奖和表彰，感受到了集体对其付出的认可和肯定，更激发了其继续努力，再创辉煌的信心和决心。

晚会现场，节目丰富多彩、形式多样：令人惊叹的沙画表演描绘了市场新的“希望“，出神入化的魔术变幻莫测，搞笑且别具一格的东北二人转获得了大家阵阵掌声。其中，市场员工自己排演的节目最受关注，市场经营户的男女声二重唱绝不输于专业演员；市场员工四人表演的“三句半”，话语风趣，赢得了阵阵叫好声和欢笑声，成为全场反应最热烈的节目。晚会期间还穿插了抽奖、游戏互动等活动，更添了不少喜气。

整个酒会始终伴随着欢声笑语，大家把酒言欢，相互送去祝福，分享过去一年的成绩的同时，对新的一年充满了期待和美好！

(4)政治法律环境。政治法律环境是一个国家或地区的政治制度、体制、方针政策、法律、法规等方面，即政治环境和法律环境。

政治环境是指一个企业进行市场营销活动的外部政治形势，企业营销活动的顺畅与否，很大程度上受国家政局稳定与否的影响。如果政局稳定，人民生活安居乐业，那么便会给企业的营销活动营造出良好的环境；相反，政局动荡，社会秩序混乱，社会矛盾尖锐，甚至人民流离失所，无疑不利于企业的市场营销，更不利于企业的生产。

法律环境是指一个国家或地区所颁布的各项政策法规、法令和条例等，它是任何农产品经营企业必须遵守的准则，也只有企业在进行市场营销活动时依法遵守，才能受到该国法律的有效保护。近年来，随着经济的快速发展，为适应经济体制改革，保护消费者合法权益等，我国相继制定和颁布了《中华人民共和国农业法》《中华人民共和国农产品质量安全法》《中华人民共和国食品安全法》等法律。

小案例

新加坡靠近赤道，气候炎热，全年平均气温在30℃，所以食物非常容易腐烂变质。为了保证食品安全，新加坡以严密的法律体系、严格的执法检查和诚信的商业环境，来保证消费者吃得放心。

(1)新加坡规定所有食品进口商都须在食品管制局注册，所有进口的食品都必须接受检查，从而确保它们符合卫生条例。不符合标准的食品(包括库存)都一律销毁，进口商也将被起诉。

(2)新加坡颁布的有关食品安全的法律主要有《环境公共卫生(食物卫生)条例》和《食品出售条例》。例如，根据新加坡法律，售卖不适于食用食品者，将被课以最高5000新加坡元的罚款；再犯者最高罚款1万新加坡元，或监禁3年，或两者兼施。而食物中毒的罚款则根据中毒的后果而定。

(3)执法部门较多，包括环境部、国家发展部下属的农粮食品和兽医局。

(4)新加坡食品卫生执法部门的权力很大，法律授权执法部门可在任何时间对任何贩卖和生产的食品进行检查，并查扣任何违法生产和销售的食品及任何被认定危害公众健康的食品。

(5)科技环境。科技是第一生产力，是社会生产力中最活跃的因素，并始终影响着人类社会的历史进程及社会生活的方方面面。科技在农业生产方面取得的成绩对农产品经营企业营销活动的影响更是十分明显。例如，杂交水稻的成功栽培使水稻产量得到了大幅度的提升；转基因食品又在一定程度上促进了农产品品质及外观的改变，转基因大豆的含油率就比较高；当前阶段，农业生产力水平不断提高，相继出现了设施农业、无土栽培等技术，成为农业生产力水平不断进步发展的主要动力；相应地，农业科技的发展对企业营销管理者也提出了要求，对改善农产品经营企业营销管理也起到了促进作用，比如这就促使如计算机、传真机、电子扫描装置、光纤通信等设备的广泛运用。与此同时，科技的发展对农产品经营企业营销管理人员也提出了更高的要求，促使其更新观念，掌握现代化管理理论和方法，不断提高营销管理水平。

(6)自然环境。自然环境是指能够从自然界中获取的各种形式的物质资料，如阳光、空气、水、土地、森林等。从一定程度上来讲，自然环境也被认为是一种资源，如东北地区的蔬菜大棚、西北地区的绿洲农业等。自然环境对农产品营销的影响主要表现在自然环境会影响农产品质量上，如受过工业污染的农产品种植基地生产出的农产品所含的有害物质肯定会超标，自然会降低农产品的质量，直接导致农产品销售的价格降低，甚至导致农产品无销售市场。

三、农产品营销微观环境分析

农产品营销微观环境是指那些对农产品经营企业在营销活动过程中影响更为频繁、更为直接的环境因素。它是与某一具体的营销决策、活动过程中直接相关联的各种特殊力量，一定程度上与农产品经营、营销企业目标的制定与实施有着直接关系，包括农户、企业、营销中介、顾客、竞争者、社会公众。

1. 农户

农户一直以来都是社会中最基本的经济组织。当前，我国农户存在规模小、分散经营的显著特点。从农产品商品率方面来看，可以把农户区分为商业性农户和自给性农户。商业性农户生产农产品向农业经营企业提供初级农产品，成为了农业经营企业的上游供给者，与此同时也有可能直接为市场提供可直接消费的农产品；自给性农户自产自销，并未加入农业经营企业的产业链条中。当前，由于我国农村人多地少，农民仅仅依靠农业生产满足不了生活需求，一部分农民便同时从事农业和非农业生产，以弥补单纯经营农业收入不足的弊端，我们把这种行为称之为农户的“兼业”行为。现阶段，我国很多兼业程度高的农户退出了之前从事的某一种农产品的生产，一定程度上给农业经营企业带来了不确定性和风险性。

2. 企业

现代经济的飞速发展和生产力水平的日益更新让企业内部的分工越来越细，随之而来的便是企业内部不同层次之间、不同活动之间、不同部门之间的矛盾。因此，企业在制定营销计划时，很有可能会受到其他活动或其他部门的影响，如受到最高管理层、财务、研发、采购、生产等部门的影响。因为营销战略的制定本身也是企业最高管理层的决策内容，营销部门提交的方案必须要获得最高管理层的批准，与此同时营销部门也要得到其他部门的通力合作以向顾客提供有效的服务。

3. 营销中介

营销中介是协助农产品经营企业进行促销、销售和经销其产品给最终购买者的那些企业，主要包括中间商、物流配送公司、营销服务机构，以及金融服务机构等。

中间商是指帮助企业找到顾客并把产品卖给顾客的销售渠道公司。中间商分为代理中间商和经销中间商，代理中间商不拥有商品的持有权，其专门介绍客户或与客户进行磋商促进交易合同的签订；经销中间商拥有商品持有权，如批发商、零售商等，其先是购买产品，拥有商品持有权后再销售产品。可以说，中间商的销售效率的高低将直接影响农产品的生产效率。为此，企业应该与中间商保持良好的合作关系，随时了解和掌握其经营活动，可适当采取一些激励性合作措施，以推动其产品短时间内的顺利开展。

物流配送公司是帮助企业存储货物或将货物从原产地配送到目的地的公司，包括仓储公司和货运公司。仓储公司是在货物运往下一个目的地之前专门用来储存和保管商品的机构；货运公司负责把货物从一地运往另一地，包括从铁路运输、汽车运输、航空运输、船舶运输及其他搬运货物的公司。当前，由于对生鲜农产品的市场需求越来越多，冷链运输、冷藏运输发展形势大好。

营销服务机构是协助企业选择最恰当的市场，并帮助企业向选定的市场推销一定产品的各种机构，包括市场调查公司、广告公司、传媒公司、营销咨询服务公司等。当农产品企业决定委托这种专业服务公司来进行营销业务的办理时，需要谨慎选择，对各个公司的特色、服务内容、服务质量及水平、服务价格等进行全方位的斟酌考虑；反过来，企业也会定期对这些委托机构的工作进行检查。当然，当农产品企业发展到一定规模时，可以设立自己的营销服务机构，以方便促进本企业的营销工作。

金融服务机构主要是指各种商业银行、信贷机构、保险公司及其他金融机构。这些机构会为农业企业的发展、农产品交易的顺利进行等提供金融支持，与此同时还会对产品买卖中的风险进行专业的评估并保险。很多公司的营销活动都会因为贷款成本的提高或资金来源的限制而受到严重的影响。

4. 顾客

顾客是对所有购买者的总称，是所有营销活动的出发点和落脚点，没有顾客任何营销活动都不可能成功，所以说企业的一切营销活动都应当以顾客为中心。秉持“顾客是上帝”的理念，企业的所有营销策略都要以顾客的消费观念、消费结构、支出结构的变化和发展为最重要的依据。为此，农产品经营企业应该全面分析各个目标市场的需求特点及购买行为，及时有效地为变化着的目标顾客需求制定相应的营销策略。

5. 竞争者

农产品经营企业的营销活动会受到各类竞争者的威胁，包括现实竞争者、直接竞争者、间接竞争者、国内竞争者、国际竞争者等。一个企业要想获得成功，就必须加强对竞争者的了解，尤其是对本企业形成严重威胁的竞争者。一定要比竞争者更快、更好、更有效地满足消费者的价值需求，这样才能有更大的机会和优势实现商品的使用价值和价值交换。

6. 社会公众

社会公众是指对企业完成其营销目标存在实际的或潜在影响的个人和各种群体，包括金融界公众、媒体公众、政府机构、农民行动团体、地方公众、内部公众和一般公众。各个公众群体的态度、行为等活动都有可能会促进、协助甚至是妨碍企业的营销活动。因此，企业在进行农产品营销活动时，一定要处理好本企业与外界的公共事务关系，在有需要的情况下甚至要专门筹划与建设同各类公众的建设性关系，以防止不利于公司营销的反面消息得到宣传。

任务三　农产品营销环境分析

影响农产品出口的因素

从近期农产品的出口统计数据看，影响农产品出口的因素有：

(1)各类贸易壁垒[如实施卫生与植物卫生(SPs)的措施]导致中国农产品出口难度加大；

(2)企业各类相关成本上升，人民币汇率上升；

(3)中国加入世界贸易组织及各项承诺的逐步兑现,中国农产品市场进一步对外开放,国外大量优质低价农产品涌入国门;

(4)谷物、油料作物、糖料作物等土地密集型农产品的出口相对萎缩,而水产、畜禽、果蔬等劳动密集型产品出口的竞争优势明显,出口农产品的加工程度有所提高;

(5)中国农产品对亚洲出口过度集中的现象有所改善,其他市场的成长性较好,如俄罗斯以及东南亚、非洲等地区可能成为中国农产品出口新的增长点;

(6)虽然东部仍然是中国农产品出口的主要地区,但西部和中部地区的出口有了明显的改善。

●思考:诸多因素为中国的农产品出口带来了那些机遇与挑战?

一、SWOT 分析法

1. SWOT 分析方法介绍

基于内外部竞争环境和竞争条件下的态势分析,是将与研究对象密切相关的各种主要内部优势、劣势,以及外部的机会、威胁等,通过调查列举出来,并依照矩阵形式排列,然后用系统分析的思想把各种因素相互匹配起来,加以分析,从中得出一系列相应的结论,而结论通常带有一定的决策性。

SWOT 这 4 个英文字母分别为 Strength、Weakness、Opportunity、Threat 的首写字母。

S(strength):优势,指企业在竞争中拥有相对于其他企业明显优势的方面,如产品质量优势、产品品牌优势、产品市场优势、产品成本优势等。

W(weakness):劣势,指在市场竞争中不得不拥有的相对劣势。一个企业具有很多优势的同时并不意味着它不具有劣势,所以说企业要客观评价和分析自己的劣势。

O(opportunity):机会,企业在外部环境中,相对于竞争对手而言,更容易获得的能给企业发展带来优势的机会,而且这种机会和优势往往能比较轻松地给企业带来利益。

T(threat):风险,主要是指那些不利于企业健康、顺利发展甚至会带来挑战的力量,如信贷危机等。

从整体上看,SWOT 分析可以分为两部分:第一部分为 SW,主要用来分析企业的微观环境;第二部分为 OT,主要用来分析企业的宏观外部环境。

2. SWOT 分析法的运用

运用 SWOT 分析方法时,要正确识别出企业所具有的和面临的优势、劣势、机会与威胁等因素。面对所评价的因素优劣与否,是否还预示着一定的机会或者威胁,主要取决于企业的生存环境,即企业所面临的行业背景与主要竞争对手。

行业背景的优劣至关重要，因为营销工作的成功开展离不开企业在本行业中要获得的良好效益、声望及市场表现，这就决定了企业拥有某项资源的优劣性。同时，行业背景一定程度上也会揭示出企业当前和未来一段时间内存在的或者可能出现的问题，或者是对企业和竞争对手都可能产生显著影响的外界因素。

所以，在对企业进行 SWOT 分析后，制定应对策略的基本思路是大力发挥优势条件，克服劣势因素，巧妙利用机会因素，化解威胁因素。

3. 具体实例分析

天津滨海新区是一个多功能的综合型经济区。它位于天津市东部沿海，面积 2270 平方千米，农村部分辖塘沽、汉沽、大港 3 个区 10 个乡镇，以及东丽区的 6 个乡镇和津南区的 1 个镇。2005 年，全区农业人口有 37.6 万人，占全市农业人口的 10%，农业用地总面积 1.2 万平方千米，占全市农业用地的 8%，农业总产值 18 亿元，占全市农业总产值的 9%。在其 12 年的发展中，地区生产总值年均增长 20.6%，综合经济实力不断增长。作为我国综合配套改革试验区，在新区的开发与开放被纳入国家宏观经济发展战略的背景下，加快发展现代农业，对实现城乡统筹发展、服务于现代化国际港口城市建设需要，具有重要的现实意义。运用 SWOT 分析法，对天津滨海新区现代农业发展的优势(S)、劣势(W)、机会(O)与风险(T)进行综合分析，有利于发挥滨海新区自身优势，抓住机遇，扬长避短，明确目标定位，制定相应措施，促进区域现代农业稳定、协调、健康发展。

(一) 现代农业发展的优势和劣势分析

1. 优势分析

(1)区位优势。滨海新区位于环渤海经济区的中心地带，是东北亚大陆桥的起点和我国“三北”地区重要的出海口之一。区内海港、空港发达，高速公路、铁路和航运四通八达。优越的地理位置和便捷的交通为现代农业发展提供了有利的条件。

(2)农业资源优势。滨海新区气温适中，日照充足，降水主要集中在夏季，利于农作物生长；除了有 28 万公顷耕地外，滨海新区还有 3.3 万公顷盐碱荒地和滩涂湿地，河流湖泊密布，海、湖、河自然景观齐全，农渔资源、农业观光资源丰富，具有较大的开发潜力。

(3)产业基础优势。近年来，滨海新区发挥农业比较优势，产业结构不断变化，效益显著提高。农业总产值逐年增加；水产养殖业形成规模，其产值超过种植业，初步形成了一批优势产业和拳头产品，产品优质率达 90%以上。

(4)科技优势。天津市科研院所集中，具有较强的科技实力和较高的科研水平。依托天津市的科技优势，滨海新区聚集了众多科技研发机构和高科技人才，拥有较为完善的贸易、加工、物流企业和信息服务平台，为农业科技开发、成果转让、农产品加工贸易提供了有利条件。

2. 劣势分析

(1)农业生产条件约束。滨海新区农业用地质量不高，土壤质地黏重，耕地有机质含量低，并长期受盐碱和干旱影响，中低产田面积占耕地面积的70%，农业综合生产力不强；此外，区域水资源严重短缺，农田水利设施年久失修、严重老化，防灾减灾能力差。

(2)农业产业化、组织化程度不高。滨海新区农业生产仍以小规模农户经营为主，农业产业化、组织化程度不高，进入生产化体系的农民结成紧密性关系的仅占1/3。虽然有36家龙头企业，但在全国有影响力的品牌较少，技术创新能力不强，影响了产业整体竞争力的提升；农产品综合利用深度不够，附加值不高，关联产业不发达，对农业的带动作用较弱。

(3)现代农业发展的配套机制尚不健全。"工业反哺农业"的长效机制尚未形成，农业投入不足。此外，科技创新和推广体系不健全，农业对外开放程度不高，农民科技文化素质较低，以及农业社会化服务体系建设不完善，都在一定程度上制约着现代农业的发展。

(二)现代农业发展面临的机遇和挑战

1. 面临的机遇

(1)政策机遇。国务院把推进天津滨海新区开发开放纳入国家宏观经济发展战略布局。2006年5月下发的《国务院关于推进天津滨海新区开发开放有关问题的意见》，批准天津滨海新区为全国综合配套改革试验区。国家大政方针和天津市出台的一系列农业发展政策措施，为滨海新区现代农业发展提供了难得的发展机遇。

(2)经济社会发展环境。经济实力的不断增强，使滨海新区已具备"工业反哺农业，城市带动农村，城乡互动，协调发展"的能力和条件。随着生活水平的提高，城市居民的生活方式、休闲方式正发生着变化，人们对品质好、有利于健康、无公害的绿色食品越来越青睐，对可以休闲娱乐、劳动体验、缓解精神压力的现代农业观光旅游需求也越来越多，为现代农业全方位发展提供了广阔的市场前景。

2. 面临的挑战

(1)资源环境条件的约束。农业发展空间被压缩，水环境污染较重。随着工业化、城镇化进程的加快，建设用地需求量不断扩大，导致农业发展空间进一步压缩；受农业污染和工业"三废"污染影响，区域水环境，尤其是近海水域环境污染较为严重，给沿海渔业生产带来了较大影响。

(2)城乡居民收入和文化差距的约束。目前，滨海新区农业对农民的收入贡献率比较低，农民收入水平不高，城乡居民收入比为2∶1，限制了农民从事农业的积极性；另外，农民科技文化素质不高，高新技术应用能力不强，难以适应现代化农业发展的要求。

(3)农村、农业管理制度和体制的约束。目前，农村、农业管理制度和体制改革滞后，特别是集体土地流转制度、农村社会保障制度、城乡户籍制度、农业税收及金融信贷政策、农产品流通体制、城乡协调发展等制度和政策还不能完全适应农业现代化发展的要求。

二、PEST 分析法

PEST 分析是指对农产品营销宏观环境的分析，P 是政治(politics)，E 是经济(economy)，S 是社会(society)，T 是技术(technology)。在分析一个企业所处的背景时，通常是按照这 4 个因素来进行分析的。

典型的 PEST 分析见表 2-1。

表 2-1 PEST 分析列表

政治(包括法律)	经济	社会	技术
环保制度	经济增长	收入分布	政府研究开支
税收政策	利率与货币政策	人口统计、人口增长率与年龄分布	产业技术关注
国际贸易章程与限制	政府开支	劳动力与社会流动性	新型发明与技术发展
合同执行法/消费者保护法	失业政策	生活方式变革	技术转让率
雇佣法律	征税	职业与休闲态度/企业家精神	技术更新速度与生命周期
政府组织/态度	汇率	教育	能源利用与成本
竞争规则	通货膨胀率	潮流与风尚	信息技术与革命
政治稳定性	商业周期的所处阶段	健康意识、社会福利及安全感	互联网的革命
安全规定	消费者信心	生活条件	移动技术变革

【案例】 保健品行业的 PEST 分析是指通过分析政治法律、经济、社会和技术等因素，来确定这些因素的变化对保健品行业发展战略管理过程的影响。

能力转化

一、选择题

1. 下列不是按照农产品的销售方式分类的是(　　)。

A. 农产品批发市场　　B. 农产品零售市场

C. 农产品产地市场　　D. 农产品超级市场

2. 下列不属于农产品市场特点的是(　　)。

A. 风险小　　B. 供给的周期性　　C. 多为小型分散市场　　D. 供给的季节性

3. 农产品营销环境是一个多因素、多层次，且不断变化的综合体，以下不属于其特点的是（　　）。

A. 客观性　　B. 复杂性　　C. 动态性　　D. 辅助性

二、判断题

1. 农产品营销的微观环境与宏观环境并不是并列关系，而是主从关系。（　　）

2. 农产品经营企业的市场营销活动可以不受到一个国家或地区整个经济发展水平的限制和影响。（　　）

3. 在对企业进行SWOT分析后，制定应对策略的基本思路是大力发挥优势条件，克服劣势因素，巧妙利用机会因素，化解威胁因素。（　　）

模块三 农产品消费者分析与市场调查

学习目标

●知识目标

1. 掌握农产品消费需求的特点，熟悉农产品的购买行为模式。

2. 了解消费者购买决策过程特点。

3. 掌握农产品市场调查的内容、程序和方法。

●能力目标

1. 学会农产品营销心理策略。

2. 学会农产品市场预测内容、程序和方法。

●素养目标

1. 培养发掘满足市场机会的意识。

2. 培养稳定起步的经营意识。

任务一　农产品消费者分析

案例导入

近年来，生猪市场风云变幻，不少农户出现“养猪亏本卖猪难”的问题。然而，江西省峡江县马埠镇养猪专业户涂兵生却年年养猪年年发，他除了科学养猪外，还巧用时间差，实行“反季节养猪法”。在江苏省沭阳县塘向镇也有一个精明的养猪人，用“反季养猪法”轻松获得了较高收入。他在多年实践中摸索出了生猪生产、销售的规律，即每年农历正月以后到六月前，生猪价格下跌，仔猪也随之降价。七月以后，猪肉价格回升，仔猪又随之涨价。究其原因，是不少人沿袭“养猪过年”的传统经营方式，赶在了捉小猪卖大猪的热潮上。涂兵生没有随大流跟着转，而是在农历正月到六月间，大部分农户出售生猪时，他大批量购进小猪，每批五六十头左右，一般四五个月出栏，又赶上八月以后市场上捉猪卖猪两个高潮，钻了两个价格方面的空档，净赚了两笔市场差价，因而养猪规模越来越大。目前，他家除了自建的36间共520平方米猪栏外，又租赁了60间共1000平方米的猪场养猪，反季节带来了丰厚的养殖效益。

●启示：由于农产品受到生长周期的限制，有淡旺季之分，但是消费者对农产品的需求是没有淡旺季之分的，因此涂兵生巧用时间差，反季节养猪，实现了年年养猪年年发，效益明显。

一、农产品消费需求的特点

农产品消费需求是指农产品消费者在某一时期内，在各种可能的价格水平上愿意购买并且能够购买的某种农产品数量。这一概念实际上包含了形成农产品消费需求的两个必备条件：一是消费者具有购买意愿，二是消费者在现行价格条件下具有支付能力。

农产品消费需求与其他市场需求相比，有其特殊的要求和规律性，主要体现在以下几个方面。

1. 普遍性

民以食为本，毫无疑问，农产品是每一个消费者的需求对象。不论何时、何地，消费者对农产品的需求都不会大幅度变动，因此，农产品，尤其是粮食、蔬菜等，作为基本生产、生活资料，被所有消费者广泛需求。

2. 稳定性

农产品属于生活必需品，消费者每天购买农产品的数量是一定的，需求量不会发生明显变化，即农产品需求弹性很小，尤其是粮食、蔬菜、食用油等，无论价格高低，每天的消费量几乎都是稳定的。

3. 零散性

零散性是指农产品购买个体的分散性及单次购买数量的少量性。

4. 多样性

由于地域、生活习惯、收入水平的差异，使农产品消费呈现多样性。在各种条件一定的情况下，消费者对农产品的需要及满足需要的方式等方面存在着高、中、低档等层次的需求，呈现因人而异的现象。这就要求生产经营者区别服务对象，根据自己的生产经营能力，提供不同层次的农产品和服务，更好地满足不同层次消费者的需求。

5. 可诱导性

可诱导性是指消费者对农产品的需求受外界因素影响而产生的购买欲望的特征。商家往往利用广告、促销、营养成分以及营养价值介绍等活动引导消费者的需求。

6. 季节性

由于每种作物的生长周期、季节不同，使农产品的生产具有明显的季节性，因此农产品需求也呈现季节性的特点。

7. 地区性

农产品需求的地区性是由消费习俗、生活习惯、营养保健观念及便利程度决定的。同一地区消费者的消费需求有较大的相似性,而不同地区消费者的消费需求则表现出较大的差异。

二、农产品需求的发展趋势

我国农产品需求的发展趋势概括起来主要有三个方面。

(1)公众对农产品的品质要求越来越高。在农产品数量已经能够满足消费者需要的前提下,随着人们生活水平的日益提高,消费者往往追求更高品质的农产品。特别是近年来食品安全事件和农产品质量安全事件频发,人们更加追求高品质农产品。高品质的农产品一般体现在营养成分含量、纯度、水分含量、口感、外观新鲜程度等多个指标上。

(2)农业科技创新和现代信息技术的发展对农产品消费需求的影响越来越大。

(3)外部市场要求越来越高。

三、农产品的购买行为

与农产品的需求行为类似,作为最主要的生活资料,消费者对农产品的购买行为也受文化因素、社会因素、个人因素和心理因素等影响。尤其是随着市场经济的不断发展、社会结构和文化特征的不断改变,消费者对于农产品的购买行为也将呈现出许多新的特点和发展趋势。

1. 农产品的购买行为模式

农产品购买行为是指消费者购买农产品的一系列活动及相关的决策过程。由于不同的消费者需求动机和个性特点不同,在购买过程中的行为表现也不同。研究消费者的购买行为必然要涉及“5W2H”问题,即谁参与购买活动(Who)、买什么(What)、为什么购买(Why)、什么时间购买(When)、什么地方购买(Where)、准备购买多少(How much),以及如何购买(How)。

(1)谁参与购买活动(Who)。在农产品生产和经营过程中,必须明确谁是主要的消费者,他们有什么特征,以便采取有针对性的营销策略。由于农产品消费通常是以家庭为单位进行的,因而购买决策也由家庭中某一个或某几个成员决定。一般情况下,在涉及高价值、高品质的农产品购买中,家庭成员往往共同决定,但对于简单、多次购买的农产品,一般是由负责采买的家庭成员自己决定。分不同类别、有针对性地对购买角色进行研究,有利于农产品经营者在产品设计、宣传、服务等方面采取不同的策略,以便争取更多的顾客。

(2)买什么(What)。在购买过程中,消费者一般是从好几个品牌中选择出适合不同需求的品牌。在选择过程中一定会涉及价值判断与比较,这些消费者用于判定品牌优劣的评判标准正是农产品经营者不能放过的信息。

(3)为什么购买(Why)。为什么购买,即消费者购买的动机和原因。消费者购买动机是驱使消费者产生购买行为的内在原因。消费者为什么买某种特定的农产品?为什么买这个品牌,而不买那个品牌?这是需要农产品企业研究的问题。

(4)什么时间购买(When)。消费者购买农产品有一定的时间规律,一天中总有某个时间段购买者较多,如一周中周六、周日购买较多,一年中节假日购买较多。正是由于消费者购买农产品存在时间上的规律性,因此农产品经营者要充分利用这一规律,在购买者较多的时间段采取适合的营销策略。

(5)什么地方购买(Where)。农产品销售市场有早市、集贸市场、批发市场、超市等。不同消费者的购买地点也有一定的差异。有些消费者可能在集贸市场购买或在超市购买,也可能去专业的批零市场购买。有的消费者选择在离家近的市场购买,也有消费者选择在离工作单位近的市场购买。分析消费者在何处购买的目的就是要使农产品销售网点的布局尽可能适应消费者的需要,以便消费者购买。

(6)准备购买多少(How much)。准备购买多少,即消费者在购买农产品时的购买频率和购买数量。了解购买频率和购买数量,可以估计和预测市场总量,既可以作为细分市场的依据,也可以当作促销时间长短与所用方式的参与。

(7)如何购买(How)。对农产品购买方式的了解和研究可以帮助农产品经营者进行产品设计、价格及其他经营方式的决策。

2.影响农产品购买行为的因素

农产品购买行为是一个比较复杂的过程,整个过程受到多个因素的作用和相互影响。随着消费者收入水平的不断提高和消费品种的日益丰富,消费者的购买行为表现得更加复杂多样。虽然消费者的购买行为千差万别,但通过形形色色的购买行为,也不难发现农产品的购买行为受到一些共同因素的影响。综合来看,消费者在做出购买决策时,一般受文化、社会、个人及心理等因素的影响。这些因素不被经营者和营销者所控制,但作为经营者和营销者必须考虑。

3.消费者购买决策过程

在复杂的购买过程中,消费者购买决策由引起需要、搜集信息、评价方案、购买决策和购后行为5个阶段构成。其中,引起需要阶段需要确认需求并将之与特定的产品或服务联系起来;信息搜集阶段将通过多种来源获得产品或服务信息,以提高决策理性;评价方案阶段将根据产品或服务的属性、利益和价值组合,形成各种购买方案,并确认购买态度;购买决策阶段,将会在不同方案之间形成购买意图和偏好;购后行为阶段,将会评估购买获得的价值,并通过行动表达满意或不满意等。

许多学者对于消费者购买决策有不同的描述过程,为了指导读者对消费者购买决策模式有一个较好的认识,通过查阅文献总结出消费者购买决策的一些特点,为消费者购买决策模型的分析与构建提供评价参照系和理论依据。

(1)消费者购买决策的目的性。消费者进行决策,就是要促进一个或若干个消费目标的实现,这本身就带有目的性。在决策过程中,要围绕目标进行筹划、选择、安排,就是实现活动的目的性。

(2)消费者购买决策的过程性。消费者购买决策是指消费者在受到内、外部因素刺激,产生需求,形成购买动机,选择和实施购买方案,购后经验又会反馈回去影响下一次的消费者购买决策,从而形成一个完整的循环过程。

(3)消费者购买决策主体的个性需求。购买商品行为是消费者主观需求和意愿的外在体现,受许多客观因素的影响。除集体消费之外,个体消费者的购买决策一般都是由消费者个人单独进行的。随着消费者支付水平的提高,购买行为中独立决策特点将越来越明显。

(4)消费者购买决策的复杂性。决策是人大脑复杂思维活动的产物。消费者在做决策时不仅要开展感觉、知觉、注意、记忆等一系列心理活动,还必须进行分析、推理、判断等一系列思维活动,并且要计算费用支出与可能带来的各种利益。因此,消费者的购买决策过程一般是比较复杂的。决策内容的复杂性。消费者通过分析,确定在何时、何地、以何种方式、何种价格购买何种品牌商品等一系列复杂的购买决策内容。购买决策影响因素的复杂性。消费者的购买决策受到多方面因素的影响和制约,具体包括消费者个人的性格、气质、兴趣、生活习惯与收入水平等主体相关因素;消费者所处的空间环境、社会文化环境和经济环境等各种刺激因素,如产品本身的属性、价格、企业的信誉和服务水平,以及各种促销形式等。这些因素之间存在着复杂的交互作用,它们会对消费者的决策内容、方式及结果有不确定的影响。

(5)消费者购买决策的情景性。由于影响决策的各种因素不是一成不变的,而是随着时间、地点、环境的变化不断发生变化,因此对于同一个消费者的消费决策具有明显的情景性,其具体决策方式因所处情景不同而不同。由于不同消费者的收入水平、购买传统、消费心理、家庭环境等影响因素存在着差异性,因此不同的消费者对同一种商品的购买决策也可能存在着差异。

四、农产品营销心理策略

做好农产品营销,实现农产品利润最大化,必须了解消费者的需要和购买动机。需要是指人们在个体生活和社会生活中感到某种欠缺而力求获得满足的一种心理状态。也就是说,消费者某种生理或心理的缺乏状态,就是消费者的需要。基于消费者这样的购买动机构建农产品营销策略被实践证明具有可行性。

与传统产品购买心理动机相区别,对于农产品消费者而言,主要有以下几个方面的购买心理动机。一是求安心理动机。农产品消费关系到每个人的生存和健康,随着人们生活消费水平的提高,人们对农产品的需求由追求温饱型向健康、安全、营养方面转变。二是休闲心理动机。

社会经济的发展让人们开始认识"慢生活",增强了对休闲生活的渴望,期望获得休闲农产品的消费。三是体验心理动机。城市化造成了环境污染、生活紧张、缺乏绿意的生活环境,使人们产生了"逃离压力"和"亲近大自然"的体验消费动机。四是求便心理动机。消费者把农产品使用方便和购买方便与否,作为是否选择农产品消费和购买方式的第一标准。基于消费者这样的购买动机构建农产品营销策略被实践证明具有可行性。

(一)利用求安心理,开发绿色农产品

绿色食品是遵循可持续发展原则,按照特定生产方式生产,经专门机构认证,许可使用绿色食品标志的无污染的安全、优质、营养类食品。一是增强消费者对绿色食品的认知。消费者对绿色农产品了解越多,越有助于激发他们内心对安全和健康的需要,进而提高对绿色农产品的消费。千万不能将绿色食品标志仅仅印在包装上了事,要经常对消费者进行有效宣传,增强消费者对农产品安全问题的认识,对绿色食品标志的辨识。二是合理定价。要充分考虑生产成本、认证成本、目标市场消费群体的接受程度。例如,日本有机食品比普通农产品价格高10%以上,欧洲国家也比一般农产品高20%~50%,我国消费者愿意接受的绿色农产品价格比普通农产品一般高15%~25%。三是选择合适目标人群。消费者的年龄、经济状况、对健康和安全的忧虑意识,以及家庭中是否有未成年人都会影响其对绿色农产品的消费。我国绿色农产品消费群体主要有:机关事业单位集团、以高级知识分子为主的白领阶层、部分老年人、孕妇、产妇、婴幼儿等。

(二)利用休闲心理,开发休闲农产品

休闲农产品是指人们在闲暇、休息时消费的食用、把玩、观赏用的农产品,其主要功能为愉悦消费者的心情。例如,海苔为休闲食品、多肉植物为观赏植物。这类农产品主要消费群体是中、青年人,学生和儿童。一是吸引顾客的味蕾和眼球,推出美味、新颖的产品,让消费者难以抗拒产品美味、亮丽的诱惑。二是体现健康消费的理念,确保产品无毒无害。特别是休闲食品要保证质量和良好风味,以低热量、低脂肪、低糖为产品开发的主流。三是借助文化娱乐元素。借助文化娱乐元素表达温馨、健康、纪念的信息,以期引起消费者对品牌的共鸣,如"吉祥三宝"等。四是包装玲珑方便购买。休闲农产品往往是旅途消费品或礼品,体积小包装美不仅携带方便,而且购买者以同样体格获得多份产品,可以低成本实现让更多亲朋好友分享。

(三)利用体验心理,开发观光农业园

观光农业园是以生产农作物、园艺作物、花卉、茶等为主营项目,让城市游客参与生产、管理及收获等活动,享受田园乐趣,并可进行欣赏、品尝、购买的农业园。一是因地制宜发展。观光农业园选址要符合"三边"条件,即城市周边、旅游景区周边、交通干线周边。二是适度规模经营,农业特色明显。具有鲜明的独特性和区域性,具有别人难以模仿的内涵和价值。三是突出新特性,不断改造园区景观。观光农业园要充分利用农业自然景观、农业田园景观和农业生产

景观，做好生产、生活环境整治。移步换景，处处是景，能够满足消费者摄影取景需要，同时利用自媒体传播。四是注重体验。让游客视觉体验，看到红花绿果、稻田画幅等；让游客听觉体验，听到潺潺流水、虫鸣鸟语等；让游客味觉体验，品尝农家豆腐、果菜茶饮等；让游客有嗅觉体验，闻到花草芳香，体验清香迎面扑等；让游客有触觉体验，动手采摘、制作、加工等。

（四）利用求便心理，开发数字化营销

数字化营销是以网络技术为基础，通过电子商务来实现市场营销。它具有时间上的全天候特性、空间上的跨区域特性、结算的便捷性、物流的快捷性等优势。一是目标市场定位。目标人群定位是农产品电商平台的首要考虑问题，如果目标人群定位在基本不会上网的老年人或消费能力低下的人群，那显然要面临亏损。二是选择品牌物流。由于农产品的特殊性，配送须有冷藏冷冻的混合配送车辆，以及冷藏周转箱及恒温设备，否则产品原质量再好，客户收到的也将是有质量问题的商品。所以，物流配送及其成本将成为考验农产品电商平台的最大问题。三是提高农产品品质和标准化程度。同一批次及不同批次农产品，外在规格、内在品质力求基本一致。四是注重网络宣传。电商平台既是一个交易平台，也是一个宣传窗口，要及时通过新闻播报、看图片说故事等形式，展开对消费者群体的宣传，从而抓住消费者的心。

任务二　农产品市场调查与预测

一个网络“农贸市场”

韦寨村是地处贵州毕节市黔西县的一个较为边远贫困的村子，这里因盛产的优质冬桃、樱桃、大蒜等农产品而远近闻名。为促进农产品销售，韦寨村建起了一个网络“农贸市场”，小山村里的绿色农产品开始热销山外。

打开韦寨村的网站，不仅有详细的村情介绍，更可随时了解农产品供求信息。村民王某通过远程教育系统，学习了养鸡育雏技术，而后筹集资金发展特色养殖。有一次，她养殖的小鸡染病，她立即去村里的信息室通过网络向专家请教，很快就解决了问题。以前，销售家禽需要到7千米远的县城去卖，而现在不少商贩通过网络了解村里特色农产品销售信息，打个电话就会进村上门收购。网络农贸市场让边远山寨的农民群众踏上了致富的信息高速公路。农民随时都可以来到村信息室，通过网络学习实用技术，查看或发布农产品供求信息。农忙时，农民们白天下地干农活，晚上上网看信息。网络把小村寨和外面的大世界联系了起来。

●启示：农产品市场信息是农产品营销活动的依据。搜集农产品信息，做好农产品市场调

查,在此基础上对农产品进行预测,是农产品营销前后衔接、密不可分的两个环节。市场调查是市场预测的基础,市场预测是市场调查的延伸和发展。

一、农产品市场信息的内容

1. 农产品市场信息的含义

市场信息是在一定的市场状态下,反映市场活动特征及其发展变化情况的各种消息、情况、数据、资料等的总称,是对市场各种经济关系和营销活动的客观描述和真实反映。农产品市场信息是信息的一个类别,是反映农产品市场营销环境及其发展变化情况的各种数据、指令、消息和情报、资料等的总称。

一般把农产品市场信息分为两大部分,外部环境的信息(外部资料)和内部管理的信息(内部资料),详见表 3-1。

表 3-1 农产品市场营销信息

内部资料	外部资料
产品供求信息	顾客数据
价格信息	市场行情
营销人员信息	竞争者情况

一般市场信息的特征为可储存、可扩散、可共享、可转换、可扩充,以及时效性。

农产品市场信息是进行营销决策和编制计划的基础,也是监督和控制农产品营销活动的依据。农产品市场信息把各地区、各行业的营销组织联结在一起,形成了一个多结构、多层次的统一的大市场。

2. 农产品市场信息的内容

农产品市场信息主要包括 4 个方面:农产品供求信息、农产品价格信息、市场竞争信息和整体市场环境信息。

(1)农产品供求信息。它是指在农产品市场营销活动中直接反映农产品供给和需求状况的信息。农产品供给信息侧重于与本行业有关的社会商品资源及其构成情况,有关农产品生产企业的生产规模和技术进步情况,产品的质量、数量、品种、规格的发展情况,原材料、零备件的供应变化趋势等情况,并且从中推测出对市场需求和企业经营的影响,以及时调整产品结构,减少竞争压力。同时,任何成功的产品定位都必须建立在对消费者需求的深刻理解与把握上。因此,在产品研发、定位的各个阶段都要深入调查,把握消费者需求特征及需求的变化,并积极主动地将消费者的意见与建议纳入产品研发中来。一般来说,对消费者的调研包括目标消费者的类别、身份、购买能力、购买意愿、购买动机、购买习惯、心理特征、文化背景等方面。根据消费者的需求设计、开发产品，并进行准确的市场定位，满足消费者的需求，以便更好地开拓市场，稳定客户群。

(2)农产品价格信息。农产品价格信息是市场信息的核心，是农产品经营的指示器。市场价格信息直接决定了农产品是否盈利，是否具有价格竞争优势。农产品价格信息包括农产品售价、农产品的批发和零售价格、优惠价格、产品的定价标准、消费者对产品价格变动的反应，以及不同产品之间的比价、地区差价、季节差价等。农产品市场价格波动大，特别是蔬菜等保鲜性强的农产品价格随季节、节日而变动。了解农产品价格信息，合理分销农产品，可以保证农产品销售的利润，这是农产品营销的最终目标。

(3)市场竞争信息。竞争信息是任何产品定位都需要掌握的关键信息。只有全面而深刻地了解竞争对手的信息，才能在洞悉竞争对手竞争战略、竞争策略、营销方式、产品特点的基础上，运用综合的定位技术，与竞争对手进行有效的区别，从而在消费者心目中建立清晰的品牌形象，准确切入市场。

(4)整体市场环境信息。农产品目标市场的整体环境对农产品营销的影响非常大，必须有基础性了解。整体市场环境信息主要包括整体经济发展对农产品市场的影响、政府的农业产业政策、金融形势、消费者收入增长情况、农产品需求的变化等。

二、农产品市场调查

1.农产品市场调查的概念

农产品市场调查是农业企业以营销管理和决策为目的，运用科学的方法，有计划地搜集、整理、传递、存储和利用农产品市场有关信息的过程。通过市场调查，可以利用有关农产品市场营销中的历史、现状及发展趋势等方面的信息资料，提出解决问题的建议，为农业企业营销管理者制定有效的市场营销决策提供客观依据。

2.农产品市场调查的内容

(1)农产品市场环境调查。调查影响农产品营销的政治环境、经济环境和社会文化环境。政治环境包括政府颁布的与农产品营销有关的方针、政策、法规等；经济环境包括该地区的人口及其增长情况，国民生产总值和国民收入，各阶层居民的人均收入水平、消费水平、消费结构，以及交通运输条件等；社会文化环境包括消费者受教育程度和文化水平、职业构成、民族分布、宗教信仰和风俗习惯等。

(2)消费者需求调查。包括消费人口总数、人口结构、消费者类型、消费者购买力、购买习惯、消费结构及其变化趋势、消费者的潜在需求，以及消费者对农产品质量、包装等方面的意见要求等。

(3)农产品供给调查。包括农产品生产量、库存量、调出与调入量、进出口数量等方面的历史与现状，农业生产规模及技术进步状况，农用生产资料供应及使用情况及影响农业生产的气候条件等。

(4)农产品营销渠道调查。主要调查农产品营销渠道的利用情况，包括农产品价值运动和实体运动流经的各个环节，需要利用的中间商数目，各个中间商的资金实力、商业信誉及人员结构等。

(5)农产品市场竞争状况调查。主要调查竞争对手的数量，各个竞争对手的生产能力、生产方式、技术水平、销售区域，以及所运用的营销策略和手段，竞争对手的商品质量、规格、包装、定价及盈利情况。

3. 农产品市场调查的程序

市场调查是一项十分复杂的工作，要顺利地完成调研任务，必须有计划、有组织、有步骤地进行。根据调查活动中各项工作的自然顺序和逻辑关系，市场调查可分为确定调查主题、制订调查计划、组织实施计划、分析信息报告结果 4 个阶段。

(1)确定调查主题。确定调查主题，即确定调查所要解决的生产经营中的具体问题和调查目标。它回答的是通过市场调查要解决什么问题，并把要解决的问题准确地传达给市场调查者。

调查切实可行，即能够有具体的调查方法进行调查，可以在短期内完成调查。调查的时间如果过长，调查的结果也会失去意义，调查必须获得客观资料，并能依据这些调查资料解决提出的问题。

(2)制订调查计划。市场调查的第二阶段是制订出最有效地收集所需信息的计划。调查设计是指导调查工作顺利执行的详细蓝图，主要内容包括确定资料的来源和收集方法、调查手段、抽样方案，以及调查经费预算、时间进度安排和联系方法等，详见表 3-2。

表 3-2　市场调查计划的主要构成

资料来源	一手资料、二手资料
调查方法	观察、专题讨论、问卷调查、实验
调查手段	问卷、仪器
抽样方案	抽样单位、样本规模、抽样程序
联系方法	电话、邮寄、面访

(3)组织实施计划。在调查设计完成之后，执行阶段就是把调查计划付诸实施，这是调查工作中非常重要的阶段。此阶段主要包括实地调查(搜集资料)。搜集资料是成本最高也是最易出错的阶段，但现代计算机和通信技术使资料搜集方法迅速发展。组织调查主要包括调查准

备、调查人员培训、调查作业管理、调查复核等几个部分。

(4)分析信息报告结果。市场调查的最后一步是对数据进行审核，从数据中提炼出与调查目标相关的信息，对主要变量计算平均值等。调查人员还可以通过对某些高级统计技术和决策模型的应用来发现更多的信息，随后把与营销管理者进行关键的市场营销决策有关的主要调查结果报告出来，见表3-3。

表3-3 市场调查报告结果内容

封面	报告题目；作者；执行单位；委托单位；日期
目录	内容目录；表目录；图片目录；附件目录
执行总结	主要结果；结论；建议
正文	调研问题；背景；问题的陈述 调研方法 调研设计：设计类型，原始或二手数据搜集；问卷设计；样本设计；现场实施控制 数据分析：数据分析方法；数据分析方案 调研结果 结论与建议
附件	问卷与图表；统计分析结果

4. 农产品市场调查的方法

在市场调查的设计和执行阶段，要根据调查的目的和目标选择合适的调查对象，采用适当的调查方法和技术获取完整可靠的信息。这些在实践中发展起来的方法和技术，既包含一些基本的操作程序，又涉及市场调查者的技巧运用，各自都有其适用的范围和优缺点。调查方法一般分为4类，即观察法、访问法、试验法和专题讨论法。

(1)观察法。观察法是由调查人员直接或通过仪器在现场观察调查对象的行为动态与背景并加以记录而获取信息的一种方法。观察法分为人员观察和机器观察，其在市场调查中用途很广。观察法可以观察到消费者的真实行为特征，但只能观察到外部现象，无法观察到调查对象内在的动机及态度等。

(2)访问法。访问法是市场调查中最普遍使用的一种调查方法。将事先拟定的调查项目或问题以某种方式向被调查者提出，要求给予答复，由此获取被调查者或消费者的看法、认识、喜好和满意等方面的信息，再从总体上加以衡量。

访问法的分类：按照调查人员与被调查者接触方式的不同，访问法又分为个人访谈、电话访问、邮寄访问和网上询问；按照访问问卷是否标准可分为标准式访问和非标准式访问。标准式访问是按照调查人员事先设计好的、有固定格式的标准化问卷；按顺序依次提问，并由受访者做出回答。其优点是能够对调查过程加以控制，从而获得比较可靠的调查结果。非标准式访问事先不制作统一的问卷或表格，没有统一的提问顺序，调查人员只是给一个题目或提纲，由调查人员和受访者自由交谈，以获得所需的资料。

(3)试验法。实验法来源于自然科学的实验求证，是最科学的调查方法。它是指在控制的条件下对所调查对象的一个或多个因素进行操纵，以测定这些因素之间的关系，适用于因果性调查。试验法现在广泛应用于市场调查，主要包括实验室试验和现场试验两种。现场试验的优点是方法科学，能够获得较真实的资料，缺点是大规模的现场试验往往很难控制市场变量，影响试验结果的内部有效性。实验室试验正好相反，内部有效度易于保持但难于维持外部有效度。实验室试验的不足是周期较长，研究费用昂贵，严重影响了试验方法的广泛使用。

(4)专题讨论法。根据调查目的，邀请 6～10 人，在一个有经验的主持人的引导下共同讨论一种农产品、一项服务、一个组织或其他市场营销话题。专题讨论法属于定性调查方法，一般要求主持人对讨论的话题非常了解，具备客观性，并了解消费者，懂得群体激励；在讨论环境上要求轻松，畅所欲言。这是设计大规模调查问卷前的一个试探性阶段，对正规调查很有帮助。

综合上述分析，市场调查方法选择的优劣直接影响到调研结果的质量与效果，而每一种市场调查的方法都有其自己的优势与局限性。探索性的调查多选取访问法、专题讨论法等定性调查方法；而要进行因果关系调查，实验法是最好的。若要测试一个农产品的概念、广告文案等最好选用专题讨论法；而要进行一项关于市场占有率的调查，访问法中的电话调查法和入户调查法是最好的。另外，调查必须要考虑经费问题。一般而言，电话调查、街头拦截调查和邮寄调查的费用较低，而入户调查的费用相对较高。在实际调查中，一般以 1 种方法为主，同时辅以其他方法，以取得更好的效果。

三、农产品市场预测

1. 农产品市场预测的概念

农产品市场预测是在市场调查和市场分析的基础上，运用逻辑和数学方法，对农产品市场调查的各种信息资料进行分析研究，测算未来一定时期内农产品市场供求的发展变化趋势，为农产品营销决策提供依据。

2. 农产品市场预测的内容

(1)宏观农产品市场预测与微观农产品市场预测。宏观农产品市场预测是对整个农产品市场供求状况的预测，微观农产品市场预测是对单个农产品市场或单个农产品供给和需求主体的预测。这两种预测相互依存，相互影响。

(2)定性预测与定量预测。定性预测主要依靠对经验、实施的分析判断得出结论;定量预测须建立在对历史数据资料和调查数据资料的基础上,结论是否正确取决于数据资料的真实性与完整性。定性分析与定量分析各有利弊,应结合使用。

(3)短期预测与长期预测。短期预测是一年内的预测,目的是安排生产和销售计划;一年以上的预测就是长期预测,目的是为未来的战略性决策提供依据。

3. 农产品市场预测的程序

(1)确定预测目标,拟订预测计划。由于预测的目标、对象和期限不同,因此预测所采用的分析方法、资料数据搜集的要求也就不同。市场预测首先要明确预测的目标,即预测要达到什么要求,解决什么问题,预测的对象是什么,预测的范围、时间等等。预测计划是预测目标的具体化,它具体地规定了预测的精度要求、工作日程、参加人员及分工等。

(2)搜集和分析资料。预测时要广泛搜集与预测目标有关的一切资料,所搜集的资料必须满足针对性、真实性和可比性的要求。同时,对资料要进行整理和分析,剔除一些随机事件造成的资料不真实,对不具备可比性的资料要进行调整,以避免因资料本身的原因对预测结果所带来的误差。

(3)选择预测方法,建立预测模型。预测方法的选择要依据预测目的、占有资料的数量和可靠程度、精确度要求,以及预测费用价预算。在定量预测方法的选择中,可通过对数据变化趋势的分析建立起与历史资料相吻合的预测模型。

(4)确定预测值,提出预测报告。预测误差是不可避免的。为了避免预测误差过大,要对预测值的可信度进行估计,即分析各种因素的变化对预测可能产生的影响,并对预测结果进行必要的修订和调整,最后确定出预测值,写出预测报告和策略性建议。

4. 农产品市场预测的方法

市场预测的方法很多,一些复杂的方法涉及许多专门的技术。对于企业营销管理人员来说,应该了解和掌握的企业预测方法主要有以下两种。

(1)定性预测法。定性预测法也称“直观判断法”,是市场预测中经常使用的方法。它是指由预测者根据已有的历史资料和现实资料,依靠个人的经验和知识,凭借个人的主观判断来预测市场未来的变化发展趋势。这类预测方法的特点是简单易行、成本低、费时少、不需要经过复杂的运算过程,特别适用于那些难以获取全面的资料进行统计分析的问题。不足之处在于,受预测者的主观因素影响较大,往往不能提供以精确数据为依据的市场预测值,而只能提供市场未来发展的大致趋势。常用的定性预测法主要有专家意见法、经验判断法和顾客意见法。

专家意见法是依靠专家的知识、经验和分析判断能力,在对过去发生的事件和历史信息资料进行综合分析的基础上,对市场的未来发展趋势做出判断的一种预测方法。它包括专家会议法和专家小组法。

经验判断法是农业企业相关人员根据自己的经验知识对未来情况做出判断的方法。这种方法在营销预测实践中分三个层面进行，即经理人员判断法、营销人员分析法和综合判断法。

顾客意见法是选定一部分潜在消费者，直接向他们了解消费意向，并在此基础上对市场需求做出判断估计。在营销实践中，通常采用固定样本定期地对顾客进行调查预测。一些企业聘请顾客作为企业的顾问，定期地反馈意见，实质上也是对这种方法的运用。这种方法在运用中要注意选定的样本必须有代表性，而且这些顾客也愿意为企业提供意见。

(2)定量预测方法。定量预测是利用比较完备的历史资料和数学模型及计量方法来预测未来的市场需求。定量预测法一般在所掌握的历史统计资料较为全面系统、准确可靠的情况下采用，能够准确地测算市场未来的发展趋势，为经营决策提供确切的科学依据。该方法的优点是受主观因素影响较少，偏重于数量方面的分析，重视市场变化的程度；其缺点是涉及统计计算，较为烦琐，不易灵活掌握，难以预测市场质的变化。它的不足之处是：单纯量的分析会忽视非量的因素。常用的定量预测法有算术平均法、加权移动平均法、指数平滑法、回归分析法等。

一、选择题

1. 农产品尤其是粮食、蔬菜等，作为基本生产、生活资料，被所有消费者广泛需求。这是农产品消费需求的(　　)特点。

A. 普遍性　　B. 稳定性　　C. 零散性　　D. 多样性

2. 与传统产品购买心理动机相区别，对于农产品消费而言，主要有以下几个方面的购买心理动机。(　　)

A. 求安心理动机　　B. 休闲心理动机　　C. 体验心理动机　　D. 求便心理动机

3. 市场调查可分为(　　)阶段。

A. 确定调查主题　　B. 制定调查计划

C. 组织实施计划　　D. 分析信息报告结果

二、判断题

1. 在复杂的购买过程中，消费者购买决策由引起需要、搜集信息、评价方案、购买决策和购后行为 5 个阶段构成。(　　)

2. 做好农产品营销，实现农产品利润最大化，必须了解消费者的需要和购买行为。(　　)

3. 调查方法一般分为 4 类，即观察法、访问法、试验法和专题讨论法。(　　)

三、思考论述题

1. 农产品消费需求有哪些特点？分为哪几种类型？

2.举例说明怎样开展农产品市场调查。

四、案例分析题

走马金乡探蒜价:蒜价持续走低,多方避险应对

山东金乡县拥有700多家大蒜储存加工企业,由于面积扩大、产量提高,再加上去年冷库库存量大,造成今年鲜蒜一上市,价格就持续走低。在中国“蒜乡”山东金乡县,面对“伤心蒜”,蒜农并没有特别心慌意乱。新招不断,“蒜乡”正在寻找避险的不同途径。

根据农业农村部信息中心数据,从2017年6月至今,全国大蒜价格就一路下跌,平均每月同比跌幅超过47%。特别是今年新蒜陆续上市以来,收购鲜蒜的价格很快就跌到了1元/斤以下。

在金乡县鱼山街道的蒜田里,蒜农寻之民和家人正在地里忙着收蒜。“你看咱家的蒜,个大、皮红,产量不错,品质杠杠的。不过,今年价格一路走低,今天的鲜蒜地头收购价每斤仅6毛。我估计,就是存下来卖干蒜,今年也很难超过1.5元/斤,这个价,赔本是肯定的了。”寻之民说。

记者在采访多名蒜农后得知,把人工、蒜种、化肥、地膜、浇灌等成本折算下来,一斤大蒜卖到2元左右才能保本。蒜农们疑惑,难道这几年不断上演的“蒜你狠”“蒜你惨”又来了?

(资料改编自:2018-7-10《经济日报》,有删改。记者 吉蕾蕾)

●讨论:可以采用哪些方法预测蒜价?如何提高价格预测准确率?该如何应对蒜价波动?

模块四 农产品目标细分与定位

任何一个企业都无法满足整个市场的需要，因此，准确地选择目标市场，有针对性地满足某一消费层次的特定需要，是企业成功进入市场的关键。经营者只有正确地细分市场，识别市场机会，才能选好目标市场，迈向成功之路。

市场细分、目标市场选择和市场定位三个环节构成了农产品目标市场营销全过程。

●知识目标

1. 明确农产品市场细分的依据，了解农产品市场细分的方法和程序。
2. 明确农产品目标市场的定义和选择条件，了解不同的目标市场营销策略。
3. 明确市场定位的定义，掌握市场定位的方法和程序，了解市场定位的策略。

●能力目标

1. 学会农产品市场细分的方法。
2. 学会选择农产品目标市场的方法。
3. 学会市场定位的方法。

●素养目标

1. 培养顾客就是上帝的经营意识。
2. 培养发掘满足市场机会的意识。
3. 培养稳定起步的经营意识。

任务一 农产品市场细分

鲜切水果配送——水果细分市场的新领域

在黑龙江大学学习平面设计与计算机专业的崔立佳和孙迪，2005 年毕业后来到北京，在国贸商业区工作。由于厌倦了朝九晚五的工作节奏和每天吃口味雷同的快餐，他们萌生了自主创业的念头。做哪行呢？他们发现许多写字楼白领虽然上班有带水果，但品种单一，还常抱怨没时间清洗和吃水果。于是他俩决定创办一家鲜切水果送餐公司，专为在写字楼工作的白领送鲜切水果。

2008 年 5 月，两人开始着手查找资料、搜集数据、分析创业可行性，发现鲜切水果配送在国外已是一种相当专业化的老行当，而在北京除某些快餐公司在快餐盒里放点果品点缀外，还没有一家专营鲜切水果的送餐公司。兴奋之余，他们很快就开设了“吧卟啦卟”水果网，并注册了公司。“吧卟啦卟”是个拟声词，表现人们享受美味时嘴里发出的声音。他们给公司起这个名，就是希望人们一看到这个词就能想到各种美食。

为调查各栋写字楼的入住率，了解“白领”们对水果口味的需求，两人从几个大型水果批发市场采购来各种新鲜水果，洗净后精心切成大小适中的块，搭配好，进行分装，开始在建行SOHO一栋写字楼里尝试免费发送。半天时间，100 多份水果就发完了，几百位公司员工接受了他们递上的名片广告。

在两人满怀期待地等待咨询电话的第一周里，铃声一共只响了 7 次，但坚持和耐心使他们很快就有了回报。之后的几个月里，每天都有二三十个电话打进来，客户群的建立和对他们产品的认可给了崔立佳和孙迪极大的鼓励，也让他俩坚定了信心。

为了提高知名度，扩大经营范围，两个年轻人除了坚持亲自入户宣传，还及时地利用起“白领”们会经常使用到的 MSN、QQ、E-mail 等网络信息传播工具进行产品推广。渐渐地，对鲜切水果配送感兴趣的客户越来越多。

随着业务的不断扩大，两人在四惠附近租下一间仓库，装修成水果加工厂，又投入几万元购买了专业的清洗、消毒、切割和分装设备。水果餐一份价格 9 元，颇受欢迎。头一个月两人就送出了上万元的水果餐，最多的一天，签了 20 多个包次或包月的客户。如今，公司已设有专门的接线员、加工员和配送员，还成立了客服中心，并签下了两家固定的水果供货商。现在公司每月都要送出几十万元的水果，国贸地区的 70 多栋写字楼已经被他们“占领”，其中一栋写字楼每月要发来 2 万多元的果品订单，小哥儿俩的创业梦正在一步步实现。

●启示：市场细分给两个年轻人带来了生意的成功。

一、农产品市场细分的概念与标准

农产品市场是一个庞大的整体，任何一个经营者不可能有足够的资源去满足整个市场的需要，任何一种农产品也不可能满足所有顾客的需要、为所有顾客所接受。所以，农产品生产经营者必然要对市场整体进行分割，用有限的资源去获取最大的利益。

1. 农产品市场细分的概念

农产品市场细分，就是根据农产品总体消费市场中不同消费者之间需求的差异，把农产品的整体市场划分成若干个不同的消费者群的市场分类过程。每一个消费者群就是一个细分市场,也称“子市场”。

农产品市场细分的客观基础是消费者之间需求的差异性。它是以消费者作为划分的对象,而不是以产品,是识别具有不同要求或需要的消费者的过程。农产品市场细分是农产品经营者营销局限性和消费者需求差异性之间的矛盾引起的,并在消费者需求差异性基础上进行的。例如,市场上出售蔬菜,一般家庭购买是为了食用,而一家罐头厂购买是为了制作蔬菜罐头。虽然两者购买的是同样的商品,但由于购买需求和目的不同,就分属于不同的细分市场,即个人消费市场和生产者市场。

2. 农产品市场细分的作用

(1)市场细分有利于经营者发现新的市场机会。市场机会是市场上客观存在的,但尚未得到满足或未能充分满足的需求。通过市场细分,经营者既可以寻找到目前市场上的空白点,看哪一类消费者的需求已经得到满足,哪一类尚未有合适的农产品去满足,哪一类满足的程度还不够;也可以分析和了解各个细分市场上,哪些竞争激烈,哪些平缓,哪些有待发展等。然后,进一步结合经营者的情况,选择恰当的目标市场。

(2)市场细分有利于经营者提供适销对路的农产品。进行市场细分后,经营者在所选择的目标市场上展开营销工作。由于范围相对缩小,服务对象具体明确,便于经营者及时、准确地调整产品结构、价格、渠道及促销策略,更好地满足消费者的需求。同时,在所选定的目标市场上,经营者还可以更清楚地认识和分析各个竞争者的优势和不足,扬长避短,有针对性地开展经营活动。例如,提供鲜切果盘,应针对员工福利好的大公司,效果会更好。

(3)市场细分有利于提高经营者的经济效益。进行市场细分后,经营者可根据自身条件,选择恰当的目标市场,从而避免在整体市场上分散使用力量,制定有效的营销策略,形成局部市场优势,起到节约经营费用,提高经营者经济效益的效果。

3. 农产品市场细分的标准

由于消费者是农产品的主要买主,是整个社会经济活动为之服务的最终市场,因此消费者市场是农产品经营者关注的重点。一般而言,消费者市场范围广、地区分散、顾客众多、需求多变、交易额小、交易频繁且对价格变化极其敏感。

农产品消费者市场细分的标准主要包括以下四个方面,见表 4-1。

表 4-1 农产品市场细分标准

细分标准	具体因素
地理细分	国别、地区、城市规模、人口密度、气候等
人口细分	年龄、性别、家庭人数、收入、职业、教育、宗教、民族、国籍等

续表

细分标准	具体因素	
心理细分	消费者的个性、生活方式、社会阶层等	
行为细分	购买时机	节假日、庆典等特殊时机
	追求利益	物美价廉、方便耐用、地位身份
	使用者状况	未曾使用、初次使用、重复使用
	品牌忠诚度	不稳定、忠诚
	使用率	轻度使用、中度使用、重度使用

(1)地理细分。处于不同地理位置的消费者，对同一类产品往往呈现出差别较大的需求特征。例如，四川、湖南一带的消费者，天生喜欢辣食。但是，地理因素是一种静态因素，处于同一地理位置的消费者仍然会存在较大的需求差异。因此，在进行市场细分时，还必须进一步考虑其他因素。

(2)人口细分。消费者的购买决策也必然受其个人特点的影响。不同年龄、不同文化水平的人，在价值观念、生活情趣、审美观念、消费方式等方面会有或大或小的差别，即使是同样的产品，也会产生不同的消费需求。

(3)心理细分。在个人因素相同的消费者中间，对同一商品的爱好和态度截然不同，这主要是由于心理因素的影响。

生活方式是指消费者对待生活、工作、娱乐的态度和行为。据此，可将消费者划分为享乐主义者、实用主义者，以及紧跟潮流者、因循守旧者等不同的类型。

性格方面，消费者通常会选购一些能表现自己性格的款式、色彩及产品。根据性格的差异，可以将消费者分为独立、保守、外向、内向、支配、服从等类型。

此外，消费者还会根据自己的背景，将自己主观地融入某一社会阶层，同时在消费和购买产品时也会反映出该阶层的特征。例如，在选择休闲活动时，高收入阶层可能会选择打高尔夫球，低收入阶层则可能选择在家中看电视。

(4)行为细分。按照消费者对产品的认识、态度、使用情况或反应为基础来划分市场，一般分为购买时机、追求利益、使用者状况、忠诚程度等。

农产品市场细分的原则

并不是所有的市场细分都是合理有效的，要使市场细分有效，必须做到以下几点。

(1)可衡量性。指用来细分市场的标准和细分后的市场规模是可以衡量的,这样才便于经营者进行分析、比较和选择,否则,对经营者就没有任何意义。

(2)可进入性。即经营者有能力进入将要选定的目标市场。如果经营者无能力进入所选定的目标市场,那么这样细分显示出来的市场机会就不是经营者的营销机会。

(3)可盈利性。即经营者要进入的细分市场规模必须保证经营者能够获得足够的经济效益。如果市场规模太小、潜力有限,这样细分出来的市场对于经营者营销来说就毫无意义。

(4)可区分性。细分市场在观念上能被区别,并且对不同的营销组合因素和方案有不同的反应。细分的程度要适度,不是分得越细越好,反对"超细分"。

市场细分的好处是显而易见的:对于消费者而言,在细分市场下,自己的需求总是能够不断地得到更大程度的满足;对于生产者而言,每满足消费者一个新的需求,就意味着开辟了一块新的市场空间,或者在某一领域的竞争中占领了先机。因此,不管是商家还是厂家,都非常注重依靠市场细分来开辟市场,寻找增值的空间,而消费者总是在这样的"被细分"中享受到更加完善的服务。

二、农产品市场细分的方法和步骤

1. 农产品市场细分的方法

(1)单一变数法。它是指根据市场营销调研结果,选择影响消费者或用户需求最主要的因素作为细分变量,从而达到市场细分的目的。例如,按年龄对奶粉的所有消费者进行划分,就可分为婴幼儿奶粉、儿童奶粉、学生奶粉、中老年奶粉等不同阶段的奶粉,每一个年龄段的消费者群即为一个细分市场。

(2)综合变数法。它是选择两个或三个影响消费者需求的细分依据进行市场细分的方法。以消费者习惯和购买者类型两个因素为细分变量。例如,以消费者习惯为变量可将肉鸡市场分为净膛全鸡、分割鸡、鸡肉串三类需求子市场。按购买者类型不同可将市场分为饮食业用户、团体用户和家庭用户三个需求子市场。两个变数交错进行市场细分。

(3)系列变数法。它是根据影响消费者需求的各种因素,按照一定的顺序由粗到细进行细分的方法。例如,以年龄、性别、收入、职业、文化程度、住地等多种因素对果汁市场进行细分。

2. 农产品市场细分的步骤

市场细分就是依据顾客需求差异"同中求异、异中求同"的过程,也就是调研、分析和评估的过程。其具体过程可分为七步,如图 4-1 所示。

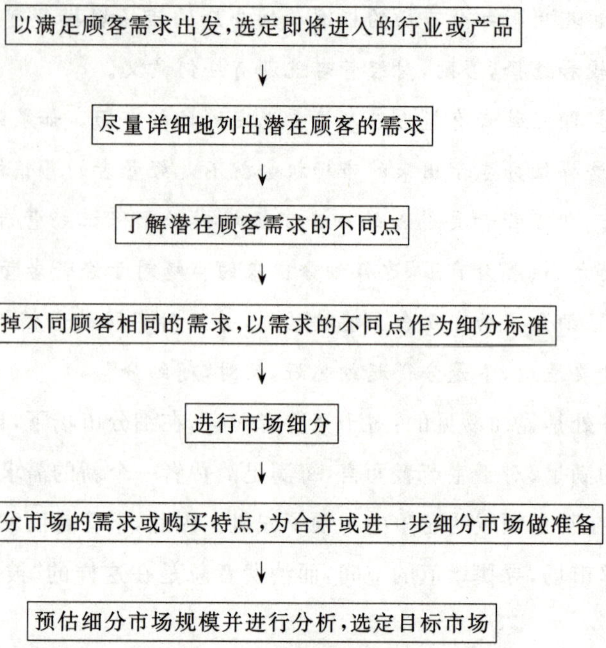

以满足顾客需求出发，选定即将进入的行业或产品
↓
尽量详细地列出潜在顾客的需求
↓
了解潜在顾客需求的不同点
↓
去掉不同顾客相同的需求，以需求的不同点作为细分标准
↓
进行市场细分
↓
分析细分市场的需求或购买特点，为合并或进一步细分市场做准备
↓
预估细分市场规模并进行分析，选定目标市场

图 4－1 农产品市场细分步骤

阅读案例

D牌鸡蛋占据高端鸡蛋消费市场

在北京的鸡蛋市场上，有一种D牌鸡蛋，其价格是普通鸡蛋价格的两倍左右，但仍然供不应求，占据了北京鸡蛋市场的25%份额，如果只计算品牌鸡蛋，则这个比例是80%。这种鸡蛋为什么可以卖这么贵呢？原来，这种蛋是北京D牌农业科技股份有限公司喂养的生态鸡产的。这些鸡吃的是绿色食品，喝的是山泉水，喂养环境青山良田环绕，空气清新。所产蛋的蛋壳很硬，蛋黄是橙黄色，不像其他鸡蛋那么容易打散，很有韧性，煮熟后鸡蛋味道很香。北京很多五星级酒店都在用D牌的产品；而有些高端蛋糕房，还特意将“本店用D牌鸡蛋”印在自己的宣传册上。品牌鸡蛋被市场细分之后的领域，被D牌越做越大，越做越广阔。

●分析讨论

D牌公司根据什么因素对鸡蛋市场进行了细分？

●提示

市场上原有的鸡蛋竞争主要在价格上，没有质量上的竞争，食品安全问题不突出，因为农产品没有标准，消费者也已经习以为常。但随着鸡饲料添加剂的增多，鸡蛋中的抗生素含量增加，于是一部分追求健康的人会需要更高品质、更安全、更营养的鸡蛋。

任务二 农产品目标市场选择

"黑货"店生意兴隆

街上,农产品集贸市场附近新开张了一家特色食品店。这家食品店出售的全是"黑货",如黑米、黑豆、黑芝麻、黑木耳、黑面包、黑咖啡等。许多顾客买"黑色食品"时,首先就会想到去这家"黑货"店。因此,该店生意一日比一日红火。"黑货"店为何会生意兴隆呢?

●启示:卖同样商品的商店到处都是,要使顾客上门,非得有一些特色不可,这就是人们常说的"经营特色"。这家"黑货"店生意兴隆的秘诀在于"特"和"新",它采用了产品专业化选择模式,即让"黑色食品"集中在一起,供顾客任意挑选,满足了人们好奇的心理和对健康食品的需求。

一、农产品目标市场的含义

农产品目标市场,是指农产品生产经营者打算进入的细分市场,或打算满足的具有某一需求的顾客群体。市场细分与目标市场选择的联系与区别如表 4-2 所示。

表 4-2 市场细分与目标市场选择的联系与区别

项目	联系	区别
市场细分	是目标市场选择的前提和基础	按一定的标准划分不同消费群体
目标市场	是市场细分的目的和归属	根据自身条件选择一个或一个以上细分市场作为营销对象

二、评估农产品细分市场

为选择适当的目标市场,经营者必须对每个细分市场进行评估。比较理想的目标市场应该具备的基本条件如下。

(1)所选市场要有足够的规模。也就是说,市场中有大量尚未满足的需求,且消费者有足够的购买力。

(2)细分市场中竞争对手还未控制该市场,而且通过一系列营销活动可以进入该市场,并在该市场中占据一定的优势。

(3)经营者有满足细分市场的足够的资源能力,并在该细分市场中进行营销符合自身的战略目标。有些市场虽然规模适合,也具有吸引力,但还必须考虑:第一,是否符合自身的长远目标,如果不符合,就得放弃;第二,经营者是否具备在该市场获胜所必要的能力和资源,如果不具备,也要放弃。

三、确定农产品目标市场的模式

目标市场有大有小,但归纳起来有5种层次的目标市场,也就产生了5种选择。图4-2中,横向是3个市场(M),纵向是3种产品(P),合计有9个细分市场,如A就是饮食业用户的净膛全鸡市场,E就是团体用户的分割鸡市场,等等。

1. 单一产品单一市场

单一产品单一市场是经营者在所有细分市场中只选择一个作为自己的目标市场的过程,也就是只全力生产一种产品,供应某一顾客群(图4-2)。例如,经营者选择B,就是专门针对饮食业用户经营分割鸡,满足饮食业用户对分割鸡的需求。

2. 多个市场单一产品

多个市场单一产品是经营者在所有细分市场中横着选,把一个产品类别作为目标市场的过程(图4-3)。也就是经营者只生产一种产品,但针对各类用户经营。例如经营者选择B、E、H,就是专业经营分割鸡、但面对各类用户销售。

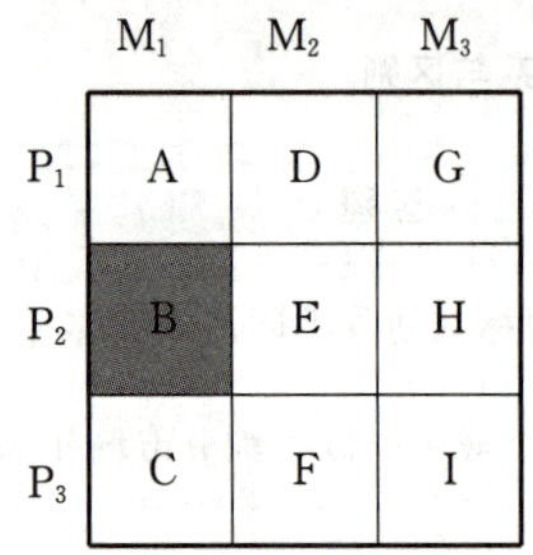

图4-2 单一产品单一市场选择模式

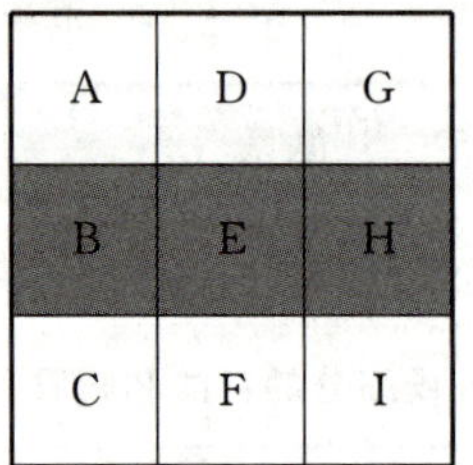

图4-3 多个市场单一产品选择模式

3. 单一市场多种产品

单一市场多种产品是经营者在所有细分市场中竖着选,把一个市场类别作为目标市场的过程(图4-4),也就是经营者的生产满足某一类用户对各种产品的需求。例如,经营者选择A、B、C,就是专门为饮食业用户提供各类鸡肉产品。

4. 多个市场多种产品

多个市场多种产品是经营者在所有的细分市场中,有选择地选取某几个细分市场作为目标市场的过程。例如，经营者选择B、D、I，则专注于为饮食业用户提供分割鸡，为团体用户提供净膛全鸡，为家庭用户提供鸡肉串。如图4－5所示是多个市场多种产品选择模式。

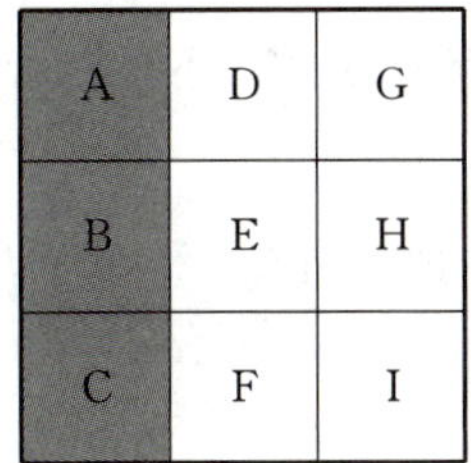

图4－4 单一市场多种产品选择模式

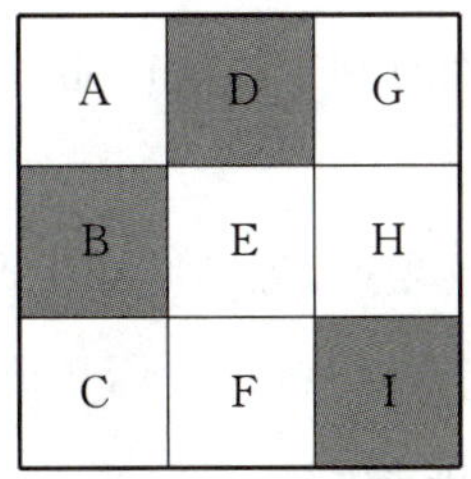

图4－5 多个市场多种产品选择模式

5. 全面覆盖市场产品

全面覆盖市场产品是经营者选择所有的细分市场为目标市场的过程，也就是经营者为所有的顾客提供其所需要的各种产品。例如，经营者选择了A、B、C、D、E、F、G、H、I全部9个细分市场，这是大经营者选择目标市场的模式。图4－6是全面覆盖市场产品选择模式。

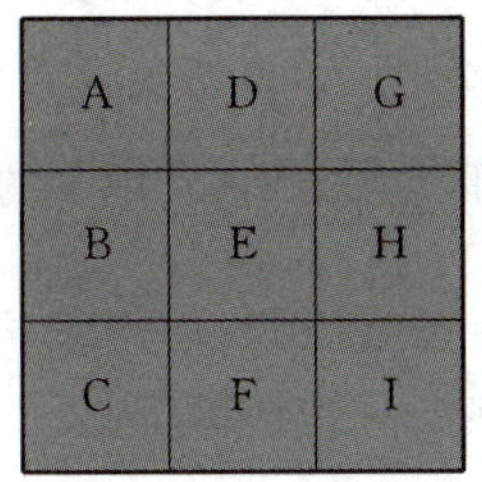

图4－6 全面覆盖市场产品选择模式

四、农产品目标市场营销策略

企业通过市场细分，从众多的细分市场中选择出一个或几个具有吸引力、有利于发挥企业优势的细分市场作为自己的目标市场，综合考虑产品特性、竞争状况和自身实力，针对不同的目标市场选择营销策略。

（一）无差异性营销

无差异性营销的优点是由于产品单一，有利于标准化与大规模生产，从而降低研究开发、生产、储存、运输、促销等成本费用，能以低成本取得市场竞争优势。

缺点是忽视了各子市场需求的差异性，企业难以长期采用。一旦竞争者采取差异化或集中化的营销策略，企业必须放弃无差异营销，否则顾客会大量流失。

（二）差异性营销

企业针对不同的子市场，推出不同的产品，推行不同的营销方案，以最大限度地满足各个子市场的需要。可口可乐公司就是迫于百事可乐及众多饮料厂家的竞争，已经放弃了无差异营销，转向了差异性营销。

差异性营销的优点是由于企业在产品设计、推销宣传等营销策略方面能针对不同的子市场，有的放矢，从而有利于提高产品的竞争力，提高市场占有率；此外，还有利于建立企业及品牌的知名度。

缺点是多品种生产，势必增加生产及营销成本，增加管理的难度。该策略多为实力雄厚的大公司所采用。

（三）集中性营销

企业将所有的资源力量集中，以一个或少数几个性质相似的子市场作为目标市场，进行专业化经营，力图在较少的子市场上获得较大的市场占有率。例如，大众快餐，仅选择工作快餐市场作为自己的目标市场，采取的就是集中性营销策略。

集中性营销的优点是目标市场集中，企业资源集中，能快速开发适销对路的产品，树立和强化企业和产品形象，也有利于降低生产成本，节省营销费用，增加企业盈利。

缺点是目标市场狭小，经营风险较大。一旦市场需求突然发生变化，或出现更强的竞争对手，企业就可能陷入困境。该策略适用于实力弱，资源少的小型企业。

（四）定制营销

若将市场细分进行到最大限度，则每一位顾客都是一个与众不同的细分市场。现代信息技术和现代制造业的迅猛发展使得为顾客提供量体裁衣式的产品和服务成为可能。

定制营销是指企业在大规模生产的基础上，将每一位顾客都视为一个单独的子市场，通过与顾客进行个体的沟通，明确并把握特定顾客的需求，并为其提供方式不同的满足，以更好地实现企业利益的活动过程。定制营销也被称为“一对一营销”“个性化营销”。

定制营销的适用范围十分广泛，不仅适用于自行车、汽车、服装、家具等有形产品，也适用于金融、咨询、旅游、餐饮等服务领域。

定制营销的突出优点是：能极大地满足消费者的个性化需求，提高企业竞争力；以需定产，有利于减少库存积压，加快企业的资金周转；有利于产品、技术上的创新，促进企业不断发展。

但定制营销有可能导致营销工作的复杂化，增大经营成本和经营风险，因此定制营销需要建立在定制的利润高于定制的成本的基础之上。另外，生产领域的定制营销还对企业的设计、生产、供应等系统和管理的信息化程度有很高的要求。海尔“定制冰箱”的生产，从设计、模具制造，到生产、配送、支付、服务等各方面都比普通冰箱的要求要高得多，因此一般的生产企业可能还很难做到，但定制营销仍是众多企业努力的方向。

五、影响农产品目标市场选择的因素

经营者并不能随心所欲地选择自己的营销策略，必须具体考虑以下因素，见表 4－3。

表 4－3 影响农产品目标市场选择的因素

影响因素		营销策略
自身实力	实力雄厚	无差异或差异性市场营销策略
	实力较弱	集中性市场营销策略
市场性质	同质市场	无差异市场营销策略
	异质市场	差异性或集中性市场营销策略
产品性质	差异性较小	无差异市场营销策略
	差异性较大	差异性或集中性市场营销策略
产品生命周期	新产品	无差异或集中性市场营销策略
	成长期	差异性市场营销策略
市场供求	供不应求	无差异市场营销策略
	供大于求	差异性或集中性市场营销策略
竞争者情况	实力雄厚	差异性市场营销策略
	实力较弱	无差异市场营销策略

案例分析

核桃仁也分三六九等

在云南省漾濞彝族自治县的一个村，那里广泛种植核桃，当地农民说他们的核桃仁最贵每千克能卖到 50 元。这个价格，甚至比北京有些超市里卖得还要高。这是怎么做到的？原来，是当地核桃经销大户把周边村庄的核桃收购来，再请人把一部分核桃剥成核桃仁出售，并将核桃仁按成色分成三类。色泽最明亮、颗粒最大、果仁最饱满的，就是每千克卖到 50 元的一等品，光看品相，就知道跟大城市的超市里卖的不一样。

●分析讨论

该经销大户采用的是何种营销策略？

●提示

该经销大户采用了差异化营销策略，又对产品进行了分级，留了部分核桃卖，其余的剥成核桃仁，再分等级，客户就能购到不同等级的核桃仁，满足不同需求了。

根据客户的需求，把商品进行细分，不仅能发掘新的市场，而且往往能够在传统市场里找到增值的空间。

任务三 农产品市场定位

崩溃的云南松茸另辟蹊径

2007年，日本实施苛刻的检疫标准，加上中国食品安全事件在日本几度曝光，在日本民众间引起了轩然大波，日本民众抵制购买中国食品殃及云南松茸的销售。一时间，云南松茸在日本几乎变成了无人问津的下等货。农民采摘的松茸无人收购，库存大量积压，整个行业陷入崩溃的边缘。松茸产业的衰落深深刺痛了业内的有志者——云南ML实业公司和中甸野生食品进出口公司，他们深知，不迎刃而上摆脱困境、寻求营销创新、改善松茸品质，反而一味与竞争对手拼价格，最终难免在竞争中遭遇失败。两家企业充分利用各自的市场营销和松茸制品加工能力之长强强联合，经过大量的市场调研，将松茸销售瞄准航空食品这一高宣传度、高效益的领域，避开了与众多松茸经营者在日本市场激烈的搏杀，另辟蹊径，开创了云南松茸食品航空销售的领域，企业不仅避开了同行间的残酷竞争，保证了稳定的松茸年销量，而且通过松茸食品在国内外航线的广泛发送，扩大了企业和云南松茸的知名度。在获得的较好经济效益的支撑下，两家公司对扩大云南松茸的销售更加充满信心，进一步加大了对松茸产品的研发和生产技术改造的资金投入。

●启示：现代商品的市场营销，靠的不光是价格的竞争，而是需要具有独到的营销眼光，特别是在同类商品的激烈竞争中，只有善于另辟蹊径者，才能寻找到使企业欣欣向荣的创新之路。

一、农产品市场定位的概念

农产品市场定位是指农产品生产经营者根据竞争者现有产品在市场上所处的位置，针对消费者对该产品某种属性或特征的重视程度，强有力地塑造出本企业产品与众不同的鲜明个性或形象，并把这种鲜明个性或形象有效地传递给消费者，从而确定该产品在市场中的适当位置，如图4-7所示。

农产品市场定位的实质是取得目标市场的竞争优势，确定其产品在顾客心目中的适当位置并留下值得购买的印象，以便吸引更多的顾客。

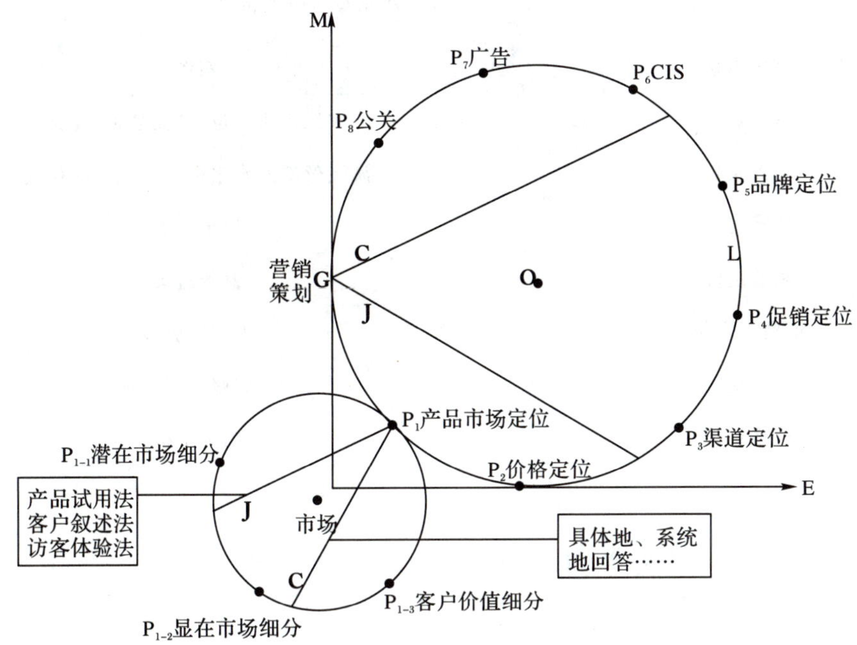

图 4-7 农产品市场定位

二、农产品市场定位的作用

1. 针对性更强

通过市场定位，经营者可以对细分市场上的消费需求和竞争状况进行分析比较，了解各细分市场消费者需求的满足程度及企业自身的优势和劣势，从而采取有针对性的措施。如果认为某细分市场确有开拓价值，就可以动员企业全部力量，以恰当的营销组合策略占领该细分市场，使之成为企业的目标市场。

2. 可充分挖掘市场潜力

进行细分和定位后的市场，其范围大大缩小，服务对象明确而具体。这时，经营者可合理安排营销计划和投入，开展集中有效的营销活动，使市场潜力得到充分挖掘。

3. 可及时调整营销方案

进行细分和市场定位后，由于目标顾客非常明确，信息反馈必然准确而迅速。一旦目标顾客的需求发生变化，经营者可及时调整产品或服务措施，适应变化了的消费需求。

三、农产品市场定位的依据

农产品市场定位的依据见表 4-4。

表 4-4　农产品市场定位的依据

定位依据	实例
特色定位	农家饭店定位于“无公害”食材
功效定位	海飞丝洗发水定位于“去屑”的功效
质量定位	瑞士手表
利益定位	盆景蔬菜
消费者定位	太太口服液
竞争定位	海尔“服务到永远”
价格定位	山寨手机

四、农产品市场定位的步骤

1. 明确自己潜在的竞争优势

营销人员通过营销调研，了解目标顾客对农产品的需要及其需求的满足程度，了解竞争对手的产品定位情况及其产品的优势和劣势，分析目标顾客期望的利益，从中把握和明确自己的潜在竞争优势。可以通过表 4-5 所列的各个方面来明确自己的潜在优势。

表 4-5　确定竞争对手并进行优势分析

项目	我的产品或服务	竞争对手甲	竞争对手乙	竞争对手丙
价格				
质量				
分销渠道				
顾客满意度				
员工技术水平				
知名度				
信誉度				
地理位置				
销售策略				
广告				
售后服务				
设备保障				

2. 选择自己的相对竞争优势

与竞争对手从经营管理、人员素质、产销能力、产品属性等进行全方位的比较，准确评估自身实力，明确自己的竞争优势。

3. 通过促销向市场传达自身独特的形象

通过一系列营销工作，把自身独特的竞争优势传达给潜在顾客，并在顾客心目中形成独特的企业及产品形象；同时应密切关注目标顾客对市场定位理解的偏差，及时矫正与市场定位不一致的形象。

小贴士

农产品市场定位的误区：

(1)定位过低使消费者没有感到有什么特别的地方；

(2)定位过高使消费者认为是价格极高的东西，不是自己消费得起的；

(3)定位混乱使消费者印象模糊；

(4)定位怀疑使消费者在价格、功能、质量上产生不信任的感觉。

五、农产品市场定位的方法

1. 农产品用途定位法

根据农产品是直接食用还是用以观赏或加工等不同用途来定位。例如，对所生产的葡萄进行市场定位，要明确其目标市场是超市还是葡萄加工厂。

2. 农产品特性定位法

根据农产品的种源、生产技术、生产过程、产地等不同特征来定位。例如，“绿色农产品”“无公害蔬菜”等。

3. 消费者对农产品认同定位法

按照消费者对农产品的不同看法来定位。例如，对水果进行定位，礼品目标市场的定位应注重外观和口感，家庭消费应重视口感，对外观要求低。

六、农产品市场定位的策略

农产品市场定位的核心问题是经营者(或产品)与其他竞争对手的关系问题，其定位方式通常有三种，见表 4 - 6。

表 4-6 农产品市场定位策略

定位策略	描述	条件	举例
针锋相对式	把产品定位在与竞争者相似的位置上，同竞争者争夺同一细分市场	1. 产品比竞争者好； 2. 市场容量足够大； 3. 资源实力较竞争者更多	移动与联通的竞争
填补空白式	避开对手，寻找新的空白市场机会	1. 市场上尚有营销机会没有被发现； 2. 别的竞争者虽发现市场但无力占取	H 果汁——混合果汁，喝前摇一摇
另辟蹊径式	避开竞争对手，扬长避短，在某些有价值的属性上取得领先	1. 自身实力比竞争对手弱； 2. 产品有与众不同之处	WG 方便面——非油炸，更健康

当然，农产品生产经营者的市场定位并不是一劳永逸的，而是随着目标市场竞争者状况和企业内部条件变化而变化的。当经营者自身和市场情况发生变化时，都需要对目标市场定位的方向进行调整，使市场定位策略符合发挥自身优势的原则，从而取得良好的营销利润。

阅读案例

市场定位准确，儿童营养液大获成功

1987 年年初，浙江省杭州市上城区教育局任命宗庆后为校办企业经销部经理，重整因亏损而停办的经销部，并要求到年底创利 4 万元，结果到年底创利 30 万元。第二年，教育局要求与他签订上缴利润合同，宗庆后欣然同意。他将 30 万元作为基数，3 年内每年递增 15%。是什么使他获得如此巨大的成功呢？是新产品——儿童营养液。

宗庆后上任伊始，就对市场进行了调查。接受调查的 3006 名小学生中，竟有 1336 位患有不同程度的营养不良症。虽然市场上营养液名目繁多，却恰恰缺乏专为儿童设计生产的品种，于是他决定开发儿童营养液。有人提醒他，老牌的、成名的营养液多得很，能竞争过人家吗？再说，只生产儿童营养液，这是自己束缚自己的手脚，自己堵自己的销路，把市场限窄了。宗庆后认为，产品必须要突出个性，没有个性，就不能形成独特的风格，没有独特的风格，谁都能吃，也就谁都可以不吃。至于销路，中国有 3.5 亿儿童，市场大得很，关键看产品是否对路。宗庆后与浙江医科大学朱寿民教授一起研究开发儿童营养液。他们针对儿童营养不良、食欲不佳的状

况，以增强食欲、弥补儿童普遍缺乏的营养元素为目标，采用全天然原料，研制成功了口感好、效果佳的产品。有了这样的产品，再加上出色的营销工作，很快就占领了全国的市场。

●分析讨论

儿童营养液是如何做好市场定位的？

●提示

(1)调查自身产品和竞争对手产品的优势和劣势。宗庆后在市场调查的基础上，掌握了消费者的需求，发现大多数儿童患有营养不良症，市场上又缺乏专门满足儿童营养需要的营养液，这一产品填补了市场空白。

(2)发挥自身相对优势。儿童营养液市场是一个空白，不像成人营养液竞争者众多、竞争激烈，且市场广大。儿童营养液产品市场虽窄，却独具特色。

(3)有了这样的产品，再加上出色的促销宣传工作，该厂儿童营养液很快风靡全国，占领了全国的市场。

该厂在市场调查的基础上，对营养液市场进行了细分，又在市场细分的基础上选择了目标市场，进行了很好的市场定位。由于市场定位准确，因此该厂经营获得了巨大的成功。

一、选择题

1. 农产品市场细分的方法有(　　)。

A. 单一变数法　　B. 综合变数法　　C. 系列变数法　　D. 加权变数法

2. 如果经营者选择 B、D、I，则专注于分别为饮食业用户提供分割鸡，为团体用户提供净膛全鸡，为家庭用户提供鸡肉串，则该经营者为(　　)选择模式。

A. 多个市场单一产品　　B. 单一市场多个产品

C. 全面覆盖市场产品　　D. 多个市场多种产品

3. 企业针对不同的子市场，推出不同的产品，推行不同的营销方案，以最大限度地满足各个子市场的需要。这属于(　　)营销。

A. 集中性　　B. 差异性　　C. 无差异性　　D. 定制

4. 农产品市场定位的核心问题是经营者(或产品)与其他竞争对手的关系问题，其定位方式通常有(　　)。

A. 针锋相对式　　B. 无中生有式　　C. 填补空白式　　D. 另辟蹊径式

二、判断题

1. 消费者是农产品的主要买方，是整个社会经济活动为之服务的最终市场，因此消费者市场是农产品经营者关注的重点。(　　)

2. 经营者可合理安排营销计划和投入，开展集中有效的营销活动，使市场潜力得到充分挖掘。（　　）

3. 当经营者自身和市场情况发生变化时，都需要对目标市场定位的方向进行调整，使市场定位策略符合发挥自身优势的原则，从而取得良好的营销利润。（　　）

三、思考论述题

1. 查中国市场网，调查网上公布的不同农产品的市场定位情况。

2. 以某一农产品为例，谈谈从哪些方面进行农产品市场细分，以及怎样进行农产品市场定位？

四、案例分析题

春节临近，礼品菜成为新年市场新贵，受到百姓的青睐，价格也比平时高出很多。

近年来，随着生活水平的提高，城市居民走亲访友兴起了赠送礼品蔬菜的新时尚。一只竹编礼篮或精装纸箱，装上精心挑选的 20 个品种的精细菜品，包括彩椒、乳瓜、松柳苗、白玉菇、荷兰豆、金丝南瓜、嫩玉米等红、白、黑、黄、绿各色新鲜蔬菜，既时尚大方，又经济实惠。

小王是上海郊县的菜农，种植蔬菜已有 6 年。过去，种植普通蔬菜销售价格偏低，利润微薄；现在，高档蔬菜礼盒的兴起使小王看到了商机。2021 年开始，他就与上海、南京等大城市的超市、百货店等取得联系，针对消费时尚，专供蔬菜礼盒。2022 年春节期间，小王不但自己生产，还从周边地区联系了大批的优质蔬菜供应商，包装成精美的蔬菜礼盒，一个月销售了 3000 箱，获得较好的经济效益。

●讨论：小王的故事对我们有什么启示？

模块五 农产品创新策略

学习目标

●**知识目标**

1. 了解农产品整体概念的定义，掌握农产品创新的途径和方法。
2. 了解农产品包装的重要作用，掌握农产品包装的原则和策略。
3. 了解农产品品牌的重要作用，掌握创立农产品品牌的策略。
4. 理解农产品区域公用品牌建设的概念、困境、关键。

●**能力目标**

1. 掌握农产品创新的方法和途径。
2. 学会使用包装提升农产品价值。
3. 掌握品牌命名的规则，学会命名品牌。

●**素养目标**

1. 培养创新意识是农产品营销的关键。
2. 培养包装也是品牌重要组成部分的意识。
3. 树立品牌观念，培养品牌意识。

任务一　农产品创新概述

案例导入

王永庆的经营之道

王永庆在16岁的时候，以200元钱作本钱，自己开了家小小的米店。他把米中杂物清除，只卖干净的米。他一家家地走访附近的居民，主动送货上门；同时，他还建立了一个类似现今“客户档案”的东西，哪家有几口人，每天大约要吃多少米，哪家买的米快要吃完了，一一记录在案。为消费者送米时，他总是先掏出陈米、清洗米缸，然后将陈米铺在最上面，让消费者记忆深刻并为之感动。

在20世纪30年代，如此经营理念可谓意识超前、不可思议，王永庆的米店很快超过了同行店家。后来，他又开了一家碾米厂，自己买进稻子，碾米出售，将加工链条拉长。同样获利颇丰。

●启示：产品不只指产品本身，从产品的整体概念而言，还应包括产品的外形、质量、售后服务等。相同的产品，所附带的价值超过消费者期望的越多，其占有的市场份额也将越大。王永庆销售的农产品是米，核心层是可以满足人的食欲，形式是干净的、去除了杂物的米，其附加值就是服务，即送货上门和建立客户档案等。

任何需要的满足都必须依靠适当的产品来获得。消费者购买农产品，一是要其具有实体性，二是要其具有效用性，三是要其具有延伸性，这就是产品的整体性。

一、农产品整体概念

农产品整体概念指的是供给市场，用于满足人们某种欲望和需求的与农产品有关的生产、加工、运输、销售实物、服务、场所、组织、思想等一切有用物。农产品生产经营企业只有提供产品三个层次的最佳组合才能确立农产品的优势市场地位，如图5-1所示。

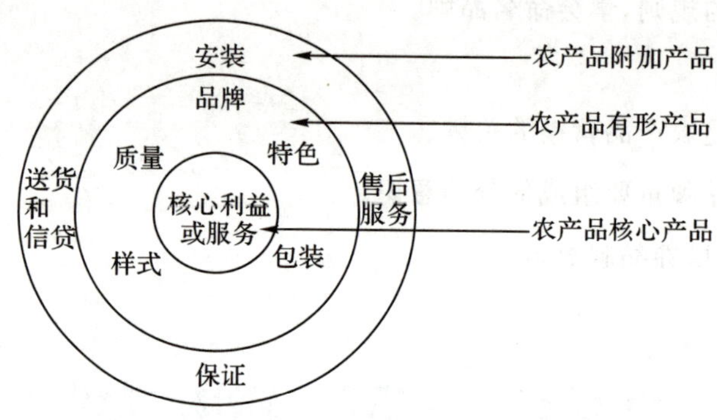

图5-1 农产品整体概念

1. 农产品的核心产品

农产品的核心产品，即消费者购买某种农产品时所追求的基本效用，是消费者真正购买农产品的目的。例如，消费者购买水果是为了从水果中获取大量的维生素；购买鸡蛋是为了从鸡蛋中获取蛋白质；等等。消费者之所以购买农产品，是为了获取其中的高营养价值、好的口感、高水平的卫生安全性，需要的是农产品的基本效用。因此，营销人员的营销目的也主要是向消费者介绍农产品的基本效用，从而达到销售的目的。

2. 农产品的形式产品

农产品的形式产品是农产品核心产品实现的形式，是向市场提供的农产品实体的外观表现。它主要包括农产品质量、特征、形态、品牌和包装几方面。农产品质量是决定农产品畅销与否的最关键因素，农产品的品牌和包装也起到了重要作用。

3. 农产品的附加产品

它也称延伸产品，是指消费者在取得农产品或使用农产品过程中所能获得的形式产品以外的利益。它包括提供农产品的信贷、免费送货、保证售后服务、农产品知识介绍、种子栽培技术指导等。例如，农民购买大型农资设备可以申请贷款，国家也于 2004 年出台了相关的补贴政策。

随着生活水平的提高，人们对农产品的需求日益多样化、个性化，从而对各层次意义上的农产品要求更高。首先，消费者购买农产品追求的核心目的是能够买到营养价值高、口感味道好、卫生安全性强，以及无污染的优质绿色产品。其次，农产品的质量、特性、包装、品牌等形式特征也是农产品能否畅销的重要因素。最后，良好的服务是整体产品中日益重要的一部分。加强农产品服务，不仅能增强农产品的竞争力，而且能提高农产品的附加值。农业生产经营者必须树立农产品整体概念：一是要通过科技创新逐步建立农产品技术质量标准体系，加快“绿色产品”生产，使农产品在营养价值、口感、口味、卫生安全等方面达到市场需求标准；二是重视农产品的包装，使其做到“多样化、组合化、小型化、精品化、透明化、绿色化、国际化”；三是搞好农产品商标注册、宣传和保护，加强品牌推广与扩展，树立农产品的品牌形象；四是增强对农产品的服务意识，搞好农产品的分级、切割、保鲜等工作，建立配送服务等售后服务体系。

农产品整体概念是在市场经济条件下对农产品概念的完整、系统、科学的表述，对农产品市场营销管理具有重要的指导意义。它是以消费者基本利益为核心，指导整个市场营销管理活动，是农产品生产经营企业贯彻市场营销观念的基础；农产品生产经营企业只有提供产品三层次的最佳组合，才能确立农产品的优势市场地位；农产品生产经营企业要想在激烈的市场竞争中取胜，就必须致力于创造自身农产品的特色。

二、农产品质量与标准

1. 农产品质量

农产品质量是反映农产品满足明确和隐含需要的能力的特性总和。为了能够定性定量地用农产品质量特性来具体反映农产品适用性，一般把农产品质量特性分为内在特性、加工特性、感官特性、安全卫生状况及使用的指标值五类。农产品标准化体系对质量也有明确要求，详见表 5 - 1。

表 5-1　农产品标准中的质量要求内容

质量特性	质量特性要求	示例
性能	使用性能要求	新鲜度、干重、储存方法等
	外观和感官性能要求	色泽、气味、食味品质、手感、包装等
	理化性能要求	直链淀粉、胶稠度、糊化温度、蛋白质、食味、容重、硬度、矿物质含量、营养成分等
可靠性	可靠性要求	保质期、保鲜期、货架期等
安全性	安全要求	农药残留量、重金属含量等
	卫生要求	砷、汞、镉、铅、亚硝酸盐等限量卫生标准,致病菌、传染病、寄生虫等
	环境保护要求	大气、水质、土壤污染限制等
适应性	环境条件要求	温度、光照、水体、大气等
	稳定性要求	对酸害、盐害、冷害、热害的反应,耐储运性、耐储藏性、耐病性等
经济性	投入品要求	水、电、肥料、饲料、添加剂、农药、兽药、渔药、疫苗和其他农业生产资料等

2. 农产品标准

农产品标准是对农产品质量、规格及与质量有关的各方面所作的技术规定、准则。我国农产品大致分为普通农产品、绿色农产品、有机农产品和无公害农产品。

普通农产品的标准要说明标准所使用的对象,规定农产品商品的质量指标及各种具体质量要求,规定抽样和检验的方法,规定农产品的包装、标志,以及保管、运输、交接验收条件、有效期等。

绿色农产品是遵循可持续发展原则,按照特定生产方式生产并经专门机构认定、许可使用绿色农产品食品标志的无污染农产品。我国绿色农产品分为 A 级和 AA 级。A 级为初级标准,即允许在生产、加工出来的、通过有机食品认证机构认证的农产品,在农业生长过程中限时、限量、限品种使用安全性较高的化肥和农药。AA 级为高级绿色农产品。绿色食品标志是由绿色食品发展中心在国家工商行政管理总局商标局正式注册的质量证明标志。它由三部分构成,即上方的太阳、下方的叶片和中心的蓓蕾,象征自然生态;颜色为绿色,象征着生命、农业、环保;图像为正圆形,意为保护。AA 级绿色食品标志与字体为绿色,底色为白色,A 级绿色食品标志与字体为白色,底色为绿色。整个图形描绘了一幅明媚阳光照耀下的和谐生机景象,告诉人们绿色食品是出自纯净、良好生态环境的安全、无污染食品,能给人们带来蓬勃的生命力,如图 5-2 所示。

A级绿色食品标志

AA级绿色食品标志

图 5-2　绿色食品标志

有机农产品是纯天然、无污染、安全营养的食品，也可称为“生态食品”。它是根据有机农业原则和有机农产品生产方式及标准生产、加工出来的，通过有机食品认证的农产品。它在农业能量的封闭循环状态下生产，全部过程都利用农业资源，而不是利用农业以外的能源(如化肥、农药、生产调节剂和添加剂等)影响和改变农业的能量循环。有机农业生产方式是利用动物、植物、微生物和土壤四种生产因素的有效循环，不打破生物循环链的生产方式。按照农业农村部发布的行业标准执行。

无公害农产品是产地环境、生产过程和产品质量均符合国家有关标准和规范要求，经认证合格，获得认证证书并允许使用无公害农产品标志的未经加工或初加工的农产品。它执行的是国家质量监督检验检疫总局发布的强制性标准及农业农村部发布的行业标准。

拓展阅读

“四品一标”

绿色农产品泛指安全、优质、无污染的农产品，包括无公害农产品、绿色食品、有机食品和生态原产地产品。

无公害农产品是指在良好的生态环境条件下，生产过程中符合规定的无公害农产品生产技术操作规程，产品不受农药、重金属等有毒有害物质污染，或有毒有害物质控制在安全允许范围内的食品及其加工产品。无公害农产品是根据我国农产品生产和国民消费水平实际需要而提出来的，具有中国特色，是大众消费的、质量较好的安全农产品。无公害农产品须经省一级以上农业行政主管部门授权有关认证机构认证，经认证后允许使用无公害农产品标志。在未来一定时期内，这将是我国农业生产、农产品加工和国民消费的主流食品。

绿色食品是指在生态环境符合国家规定标准的产地，生产过程中不使用任何有害化学合成物质，或在生产过程中限定使用允许的化学合成物质，按特定的生产操作规程生产、加工，产品质量及包装经检测符合特定标准的产品。绿色食品必须经专门机构认定并许可使用绿色食品标志。它是一类无污染的、优质的安全农产品。绿色食品分为 A 级和 AA 级两类。A 级为初级标准，生产 A 级绿色食品所用的农产品，在生长过程中允许限时、限量、限品种使用安全性较高的化肥、农药。AA级为高级绿色食品。生产AA级标准绿色食品的原料应是利用传统农业技术和现代生物技术相结合的,生产中及之后的加工过程中不使用农药、化肥、生长激素等。绿色食品须由农业农村部下属的中国绿色食品发展中心认证,并授权企业使用绿色食品标志。

有机食品是指根据有机农业和有机食品生产、加工标准生产加工出来的,经过授权并由有机食品颁证组织发给证书,供人们食用的一切食品,包括谷物、蔬菜、水果、饮料、奶类、禽畜产品、调料、油类、蜂蜜等。有机食品是一类真正无污染、纯天然、高品位、高质量的健康食品。根据国际有机运动联盟(IFOAM, International Federal of Organic Agriculture Movement)的标准,有机食品需要符合以下三条:有机食品的原料必须来自有机农业的产品(有机农业是一种在生产过程中不使用人工合成的肥料、农药、生长调节剂和饲料添加剂的农业);有机食品必须是按照有机农业生产和有机食品加工标准而生产加工出来的食品;加工出来的产品或食品必须是经过授权的有机食品颁证组织进行质量检查,符合有机食品生产加工标准的食品。有机食品是最高级的安全农产品。与无公害农产品和绿色食品不同,有机食品为第三方机构认证,开展认证的机构有公信认证、万泰认证、南京国环认证、中农质量认证和中绿华夏认证等。

生态原产地产品是指产品生命周期中符合绿色环保、低碳节能、资源节约要求并具有原产地特征特性的良好生态型产品,其具体要素经过国家有资质的评定机构评定合格。受保护的生态原产地产品将在政府采购中享有优先地位,其生态性、原产地特性使之成为优秀的"中国制造",成为打造中国顶级品牌的消费亮点。生态原产地保护产品标志可为我国生态原产地产品进入国际市场保驾护航,并与国际接轨,达到国际互认的核心目标和作用,从而更加有效地增强产品的国际市场竞争力。生态原产地产品由国家质量监督检验检疫总局负责申报登记。

农产品地理标志是指标示农产品来源于特定地域、产品品质和相关特征主要取决于自然生态环境和历史人文因素,并以地域名称冠名的特有农产品标志。在农业农村部启动地理标志登记前,国家质检总局已经开展了原产地保护产品申报工作,与农业农村部地理标志产品的区分就是农业农村部登记初级产品,加工产品归质检部门。国家工商总局已经开展了地理标志证明商标登记工作,偏重商标保护。农业农村部负责全国农产品地理标志的登记工作,农业农村部农产品质量安全中心负责农产品地理标志登记的审查和专家计审工作。省级人民政府农业行政主管部门负责本行政区域内农产品地理标志登记申请的受理和初审工作。现分别由机构改革后的新机构负责申报登记。

三、农产品创新的内涵

农产品创新是农产品畅销的源泉。在农产品市场日趋成熟、信息化程度不断提高、农业科技渗透到农副产品生产各个环节等新的大农业环境下,市场上农产品琳琅满目,品种繁多,农产品供应已处于"相对过剩"。要想解决农产品卖难的问题,就必须了解市场变化趋势,改变传统的思维和种植养殖习惯，不断进行农产品创新。

农产品创新是指在农产品整体所包含的核心产品、形式产品和附加产品三个层次中任何一个方面的改进和创新，见表 5－2。

表 5－2 农产品三层次

农产品层次	描述	创新方向
第一层次（核心产品）	产品的功能、作用等基本效用	改进农产品品质、口味、作用
第二层次（形式产品）	产品的品牌、包装、外观、式样	改变农产品形状、大小、颜色、包装、品牌
第三层次（附加产品）	附加利益，如运送、安装、维修	改进相关服务

由此可知，创新即开发新的产品，但新的产品不一定都是新发明的、从未出现过的产品。消费者的需求是农产品生产经营者的出发点、中心点和归宿点。只要是消费者需要的，消费者喜欢的，就是农业生产经营者应该努力创新的方向。创新产品可分为全新产品、革新产品、改进产品和新品牌产品。

四、农产品创新的方法

根据农产品整体概念的三个层次，农产品的创新可从以下几个方面进行，见表 5－3。

表 5－3 农产品的创新方法

创新方向	描述	实例
功能上创新	保健型农产品	小型红南瓜可增强胃肠蠕动、减轻脑血管硬化；红扁豆和四棱豆可帮助胃肠消化，清热祛湿；紫红薯可滋补强身、增强免疫力
形式上创新	特型农产品（农产品外形、包装）	方形西瓜、“长”图案或字的苹果、黑色的西红柿、绿皮鸡蛋、盆景果、迷你黄瓜、袖珍西瓜、樱桃番茄等
	品牌农产品	“咯咯哒”鸡蛋、“维维”豆奶、“鲁花”花生油、“洽洽”瓜子
服务上创新	提供产品之外的服务，使消费者觉得物超所值	蔬菜水果分级或洗净再买，帮助消费者送货上门，帮消费者妥善包装，记住消费者的喜好

五、农产品创新策略

农产品创新策略见表 5－4。

表 5－4 农产品创新策略

创新策略	描述
优质化策略	优质优价。引进、选育和推广优质农产品。以质取胜，以优发财

续表

创新策略	描述
多样化策略	多品种、多规格、小批量、大规模。满足多层次的消费需求。开发全方位的市场。化解市场风险。提高综合效益
错季化策略	反季节供给高差价赚取。实行反季节供给,主要有三条途径。一是实行设施化种养.使产品提前上市。二是通过储藏保鲜,延长农产品销售期,变生产旺季销售为生产淡季销售或消费旺季销售。三是开发适应不同季节生产的品种,实行多品种错季生产上市
净菜化策略	半成品净菜、半成品肉制品越来越受欢迎,而且价值较高,市场空间很大
自然化策略	回归自然。搞好地方传统土特产品的开发,发展品质优良、风味独特的土特产品。以新、特、优产品抢占市场,开拓市场,不断适应变化着的市场需求
绿色化策略	绿色农产品不仅有利于健康,还能改善生态环境,应大力发展绿色无公害蔬菜、粮食、水产品和畜禽产品
品牌化策略	树立品牌意识,一是以质创牌,二是以面树牌,三是以名创牌,四是以势创牌,要以名牌产品开拓市场

盆栽水果受青睐

北京平谷区南独乐河镇新农村的农民宋华兴,多年来一直在自家承包的果园里探索北方常见水果矮化盆栽技术,先后成功进行了苹果、桃子、梨、橙子、葡萄、大枣等10余种水果的盆景化种植,已培育盆栽水果4万余盆,被当地人称为"盆栽王"。2009年,在北京农学院董清华教授的技术支持下,宋华兴成功地实现了盆栽苹果树上花果同株。

把常见的果树栽植在花盆里,这是一个创举。这种盆栽植物,不仅可以节省土地资源,方便移动,还能给居家生活增添绿色情趣。城里人都喜欢把它放在家里养,作为盆景来观赏,既能吃又能看,一举两得。小型果树实现花果同株,更是受到消费者青睐。

●分析讨论:宋华兴的水果矮化盆栽是从什么角度对产品进行的创新?

●提示:将果树种在花盆里是一个创举。这种盆栽植物节省了土地资源,方便移动,还可作为盆景观赏,花果同株,既能吃也能看,体现了其与众不同的特点。该产品是从产品形式上进行了创新。

任务二　农产品品牌创新策略

奉化农产品的品牌战略

浙江省宁波市奉化区狠抓特色农产品质量，走精品生产之路。该区成立了 12 个农产品科技协会，运用先进技术，对农产品实行品种改良，生产中严格按标准栽培管理。奉化水蜜桃、芋艿等 20 多种农产品生产的全过程都纳入了标准化管理轨道，保证了产品质量。在抓好质量的同时，奉化积极为农产品注册商标，创立品牌，为水蜜桃、茶叶、芋艿等 20 多种农产品注册了“锦屏山”“雪窦山”“罗汉”等 70 多个商标。

奉化还注重培养农民品牌意识。该区结合世贸组织规则，通过举办培训班、进村辅导等方法，为农民讲解 WTO 关于商标法保护的规定和我国加入世贸组织的相关承诺，并全面推行适应国际市场需求的商标使用、产品包装、成分含量等相关规定。

农产品品牌战略的实施，使奉化的 20 多种农产品进入了欧美、日本、韩国等 20 多个国家和地区。

●启示：品牌是一种无形资产，谁拥有了著名品牌，谁就等于掌握了“点金术”。奉化区从当地特色农产品入手，通过培训不断提升农产品生产经营者的品牌意识，依靠科技进行品种改良，种植实现标准化，提升了农产品质量，并积极进行了农产品商标注册，树立了品牌，开拓了市场。

在农产品存在的诸多问题中，当前农产品有产品无品牌、低价无序竞争、销售渠道单一、不善于宣传和推广等问题尤为突出。因此，农产品不只需要好听易记、辨识度高、易于传播的好名字，还需要完成独特的标志和包装设计，更需要找准合适的传播渠道、语言风格。

一、农产品品牌定位

随着人们生活水平的提高，人们对农产品品种、花色、质量都提出了新的要求，特别是对名牌农产品产生了强烈的心理偏好。名、优、新、特、稀农产品成为消费热点，标志着农产品消费开始步入品牌消费时代。

（一）农产品品牌的含义

农产品品牌是用以识别某个销售者或某群销售者的农产品或服务，并使之与其竞争对手的农产品或服务区别开来的商业名称及其标志，通常由文字、标记、符号、图案和颜色等要素或这些要素的组合构成。品牌是一个集合概念，它包括品牌名称、品牌标志两部分。其中，品牌名称是指品牌中可以用语言称呼的部分，如蒙牛等；品牌标志是指品牌中可以被认出、易于记忆但无法用语言称呼的部分，通常由图案、符号或特殊颜色等构成。

（二）农产品品牌定位

品牌定位就是将自己的产品和其他产品区分开来，让产品表现得与众不同。当今社会，信息来源太多，如电商平台、门户网站、公众号、直播、短视频等。各品类的产品太多，同品类的相同产品也太多。人的大脑有限，消费者没有那么多精力记住那么多信息。所以，如何定位自己的产品，已经成为农产品品牌化的核心和第一步。

1. 农产品品牌定位的定义

农产品品牌定位是对农产品所施行的品牌定位行为，指经营者根据现有产品在市场上所处的位置，强有力地塑造自身产品与众不同的鲜明的个性或形象，并把这种形象生动地传递给消费者，从而确定该产品在市场中的适当位置。

这种特色和形象可以通过产品实体体现出来，也可以从消费者心理的角度来体现，还可以从价格水平、质量、档次、技术先进性等方面表现出来。

2. 农产品品牌定位的实质

农产品品牌定位的实质是取得目标市场的竞争优势，确定企业及其产品在消费者心目中的适当位置，并给消费者留下值得购买的印象。

随着消费者对于农产品需求的提高，品牌化成为提高产品竞争力的有效途径，很多经营者都想通过品牌来提高消费者的忠诚度。因此，品牌定位是企业市场营销体系中的重要组成部分，对提升企业市场形象和提高农产品市场竞争力具有重要意义。

（三）农产品品牌定位的流程

1. 农产品品牌定位的步骤

农产品品牌定位包括以下三个步骤。

（1）明确企业潜在的竞争优势。经营者通过营销调研，了解目标消费者对于农产品的需求及其被满足程度，了解竞争对手的产品定位情况，分析消费者对于企业的期望，得出相应研究结果，从中把握和明确企业潜在的竞争优势。

（2）选择企业的相对竞争优势。经营者从经营管理、技术开发、采购供应、营销能力、资本财务、产品属性等方面与竞争对手进行比较，准确地评价企业的实力，找出优于对手的相对竞争优势。

（3）显示独特的竞争优势。经营者通过一系列的品牌推广，尤其是宣传促销活动，把其独特的竞争优势准确地传递给消费者，并在消费者心目中形成独特的企业及产品形象。为此，企业首先应使目标消费者了解、认同、喜欢和偏爱企业的品牌定位；其次，要通过一切努力稳定和强化目标消费者的态度，以巩固品牌定位；最后，还应密切关注目标消费者对品牌定位理解的偏差，及时矫正与品牌定位不一致的形象。

2. 农产品品牌定位的策略

农产品品牌定位的策略是指农产品生产经营者根据目标市场的情况，结合自己的条件，确定竞争原则。通常可分为三种策略。

(1)“针锋相对式”策略。这种定位策略是把产品定在与竞争者相似的位置上，与竞争者争夺同一细分市场。例如，有的经营者在市场上看别人经营岩蜂蜜，自己也选择经营岩蜂蜜。采用这种定位策略要求经营者具备资源、产品成本、质量等方面的优势，否则，其在竞争中会处于劣势，甚至失败。

(2)“填空补缺式”策略。这种策略不是去模仿别人的经营方向，而是寻找新的、尚未被别人占领，但又为消费者所重视的经营项目，以填补市场空白。例如，有的经营者发现在肉鸡销售中，大企业占有优势，自己就选择经营“农家鸡”“柴鸡”，并采取店鸡直播屠宰销售的方式，填补大企业不能经营的市场空白。

(3)“另辟蹊径式”策略。当经营者意识到自己无力与同行业有实力的竞争者抗衡时，可根据自己的条件选择相对优势来竞争。例如，有的蔬菜经营者既缺乏进入大型连锁电商平台的体量和资金，又缺乏运输能力，那就可以考虑利用区域电商平台，或者与本地超市的电商部门联系，避开大市场的竞争，将蔬菜销售给不能经常到市场购买的网购消费者。

（四）农产品品牌定位的方法

品牌定位的方法多种多样，但由于农产品具有与一般产品不同的特点，因而定位方法有其特殊性。

1. 根据农产品质量或价格定位

产品的质量和价格本身就是一种定位。一般来说，在消费者看来，较高的价格意味着较高的产品质量。而农产品价格普遍偏低，可以对优质农产品实行高价，使其与普通农产品区别开来，满足消费者对优质农产品的需求，从而达到定位的目的。

例如，褚橙的广告语“橙子的甜酸度为 24∶1!”，褚橙本身比较甜，但又不是最甜的，所以经营者以数据佐证甜度适宜。

2. 根据农产品的特性定位

农产品的特性包括其种源、生产技术、生产过程等，这些特征都可以作为农产品定位的因素。例如，农产品非常重要的特性是安全，所以“绿色农产品”“无公害蔬菜”等都是根据农产品的特性进行定位的。又如，同样的猕猴桃，红心猕猴桃因更具有外观特性而卖出高价。

3. 根据消费者的习惯定位

这是根据产品使用者对产品的看法来确定产品的形象，从而进行目标品牌定位的一种方法。

例如，土鸡产品的肉质、口感、价格、养殖方法、性价比、营养、配送保鲜和物流速度等，消费者所关心的每个属性都是一个维度，哪个品牌肉鸡的肉质更细腻、性价比更高、营养更丰富、养殖方法更原始和配送速度更快，消费者会自己判断，形成印象。

4. 根据农产品的产地定位

人们往往对核心产区、产业基地的产品具有较高的信任度，经营者可以利用这点形成差异化。例如，安溪铁观音、五常大米等就是一些国家地理标志农产品、知名的区域公用品牌，但经营者需要进一步明确企业自身商业品牌的定位，如某品牌的大别山散养土鸡等。

又如，原产于广东省清远市清新区的清远鸡，面临周边多个地区的多款鸡产品都在使用该品牌名称的情况，但经营者没能进一步介绍自己农场出品的清远鸡跟其他清远鸡之间的区别，也没有进行同区域内产品之间的横向对比，没有形成自己的品牌优势。其在具体定位时，可结合农产品特性进一步明晰，如清远鸡的养殖方法有深山散养、农家散养和暗室笼养等，消费者可能会根据不同的养殖方法，选择不同品牌的清远鸡。

小案例

安吉白茶真的只限指安吉产的白茶吗？带着这个疑问，"更合适的海拔，更合适的气候，也能产出好的安吉白茶"的概念被提出。又如，杭州西湖龙井市场出现了外地产的西湖龙井，但品质和本地西湖龙井完全一样，甚至更好。通过用化学成分化验分析等，确定龙井茶的品质标准，只要达到这标准，任何地方的"西湖龙井"，都可以称为西湖龙井。

5. 根据农产品的用途定位

同一农产品可能有多种用途，如有的农产品既可供消费者直接食用，又可用于食品加工，那么可分别进行不同的定位。此外，当发现一种农产品有新的用途时，也可区别定位。因此，经营者应主动分析竞争情况，弄清哪些空间已经被其他品牌占领，哪些还是空白，结合自身资源，成为某一个维度的领先者，就是一个成功的品牌定位。

小案例

在众多的黑猪品牌中，如何脱颖而出呢？某品牌做法值得黑猪养殖者借鉴。该品牌创建于2003年，因对东方膳食的独到洞察而生，以黑猪专家为品牌定位，全力推进黑猪高端生鲜品牌发展战略，贯通高端黑猪肉的全产业链品质管控，实现从牧场到餐桌的无缝对接，成为长三角生鲜肉品的领军品牌。

同时，它依托优质种猪品牌的核心竞争力，以国家级原种场为基础，强化科研实力，形成了金标、黑标、红标三大产品系列，满足不同消费人群的需求。

6. 借助既有大品牌

借品牌也叫“比附定位法”，即通过“攀附”名牌、比拟名牌来给自己的产品定位，借助知名品牌来提升自身知名度和品牌形象。

小案例

甘肃省平凉市静宁县领导在推销当地的糖心富士苹果时这样表述：“这世界上有几个重要的苹果是应该被所有人记住的，第一个是亚当和夏娃偷吃的那个苹果，第二个是砸在牛顿头上的那个苹果，第三个是乔布斯开发的‘苹果’，最后一个是我们静宁县的苹果。”

这样，借助众所周知的大品牌，该产品在消费者心里占据该品类的重要位置。

7. 借助场景定位

借助场景定位，意味着从产品到营销的各个环节必须用场景思维的方式进行。无论是主动进入场景，还是被动进入场景，正是各种场景影响了消费者的选择。经营者应努力营造消费者喜欢的场景，促进消费者产生购买农产品的需求。

8. 借助销量定位

用销售量定位的依据是消费者的从众心理。一方面，人是群体动物，会屈服于其他人的压力，做出附和的选择。另一方面，既然那么多人选择，等于给自己服下定心丸。例如，某品牌奶茶，从“一年卖出三亿多杯，杯子连起来可绕地球一圈”到“一年有 12 亿人次在喝”都是在强调销售量。

优良的品牌不仅是企业的无形资产，能给企业带来直接的和长远的经济效益，还是提升农产品市场形象、增强农产品市场竞争力的主要手段之一，也是社会的宝贵精神文化财富，会对大众的思想意识和生活观念产生重要的影响。

二、农产品品牌命名策略

近年来，随着我国农村经济的发展，全国各地逐步涌现出一些农产品品牌，有些已经成为知名品牌。综观这些品牌，不难发现这些品牌名称良莠不齐：有的朗朗上口，易读易记；有的寓意深刻，给人以美好的联想；有的新颖别致，让人过目不忘；有的拗口冷僻，晦涩难懂；有的地域特征太浓，没有大品牌的气概；有的太过土气，甚至有些俗不可耐。究其原因，是人们对农产品品牌价值的认识不同:有的深谙品牌命名之道,有的则对此一窍不通。

因此,了解品牌命名的基本要求,把握品牌命名的基本技巧便显得十分必要。

(一)农产品品牌命名的要求

1. 农产品品牌命名的意义

当商品进入市场,人们要认识它、记忆它,先要记住它的名字,也可以说,品牌名称是品牌形象设计的主题和灵魂。

为产品取名,实际上是选择适当的词或文字来代表商品。对于消费者而言,品牌名称是引起其心理活动的刺激信号,帮助消费者识别和记忆商品。品牌名称的好坏给消费者的视觉刺激、感受程度和心理上引起的联想差别很大。

2. 农产品品牌命名的原则

(1)易认、易读、易写、易记。农产品品牌命名要遵循简洁的原则。名字好记易记,读起来朗朗上口易传播,往往能为经营者节省大量的广告预算。

(2)表达品牌理念和得到消费者理解双重并举。农产品品牌命名要能表现人类的情感诉求,如欢乐、爱、强大、美、前进、胜利、纯洁、高贵、永恒、财富等,且不要让消费者产生“挂羊头卖狗肉”的感觉。同时,企业要尽量避免改动品牌名称,否则容易失去目标消费者。例如,卖原生态的农产品的江山生态园,用户听到该名字就能猜出它是干什么的;又如,某国一家水果公司商标名“Sunkist”,生动形象,表明该产品是在阳光照射下自然成熟的。

(3)与产品特点、行业特点、经营范围相关。农产品品牌命名还要遵循与产品特点、行业特点和经营范围相关的原则,该原则容易让消费者联想起产品特点或品牌,有助于品牌推广。

(4)合法,规避道德、文化习俗问题。合法是指能够在法律上得到保护,这是品牌命名的首要前提。再好的名字,如果不能注册,得不到法律保护,就不是真正属于自己的品牌。由于世界各国、各地区消费者,其历史文化、风俗习惯、价值观念等存在一定差异,因此他们对同一品牌的看法也会有所不同。在这个国家是非常美好的意思,可是到了另一个国家,其含义可能会完全相反。

小案例

在2000年的保暖内衣大战中,“南极人”品牌就是因为缺乏保护,而被数十个厂家共享,一个厂家所投放的广告费为大家做了公共费用,非常可惜。大量厂家对同一个品牌开始了掠夺性的开发使用,使得消费者不明就里、难分彼此;面对同一个品牌,却是完全不同的价格、完全不同的品质,最后消费者把账都算到“南极人”这个品牌上,逐渐对其失去了信任。

米勒公司(Miller)推出一种淡啤酒,取名为“Lite”,即英文“淡”(light)的变异,一时生意兴旺。其他啤酒厂纷纷仿效,也推出以“Lite”命名的淡啤酒。由于Lite是直接描绘某类特定产品的普通词，法院判决不予保护，因此米勒公司失去了对 Lite 的商标专用权。由此可见，一个品牌是否合法，即能否受到保护是多么重要。

(5)在时间和空间上的延伸。在命名农产品品牌时就要考虑到品牌的发展，对于一个多元化的品牌，如果品牌名称和某类产品联系得太紧，就不利于品牌今后扩展到其他产品类型。通常，一个既无具体意义而又不带任何负面效应的品牌名，比较适合品牌今后的发展。

(二)农产品品牌命名的模式和策略

1. 农产品品牌命名的模式

农产品品牌命名的模式有以下四种。

(1)农产品的产地品牌。农产品的产地品牌指拥有独特的自然资源及悠久的种植养殖方式、加工工艺历史的农产品，经过区域地方政府、行业组织或者农产品龙头企业等营销主体运作，形成明显具有区域特征的农产品品牌。一般的模式是“产地＋产品类别”，如“西湖龙井”“库尔勒香梨”“赣南脐橙”等，该类品牌的价值就在于生产的区域地理环境，至于是这个区域哪家企业生产的，并不重要。一般这种有特色的农产品品牌都已注册地理标志，受法律的保护，是一种极为珍贵的无形资产。

小案例

江苏省射阳县的气候属海洋性湿润气候，夏季冷暖空气交汇频繁，秋季光照足、无霜期长；土壤为滨海盐渍型水稻土，钾含量异常丰富，蓄水透气性能好，自然环境尤宜水稻种植。独特的气候环境、丰富的水土资源和先进的种植技术成就了“射阳大米”。

射阳县大米加工业已形成 16 亿元的产值规模，大米加工业税收比以往增长了 6 倍。“射阳大米”的附加值逐步显现，市场销价高于普通大米每千克 0.10 元～0.20 元，最高每千克可高出 0.40元，稻谷每千克也高出外地 0.20 元，粮农也因此年增收近亿元。

(2)农产品的品种品牌。农产品的品种品牌指一个大类的农产品里的有特色的品种，既可以成为一个品牌，也可以注册商标。例如，“水东鸡心芥菜”就是一个农产品的品种品牌。有的品种到现在为止还没有注册成品牌，但是也广为人知，如红富士苹果。农产品品牌的品种品牌一般的格式是“品种的特色＋品类名字”。例如，“彩椒”就是彩色的辣椒，这是外观的特色；“糖心苹果”就是很甜的苹果，这是口感的特色；“云南雪桃”是文化特色；等等。只要产品有特色，都可以注册成商标，也便于传播。

小案例

南川方竹笋产于重庆市南川区海拔 1000～2200 米的国家级自然保护区金佛山上。该地域独特的生态环境和良好的自然气候条件孕育了我国独有、世界一绝的“南川方竹笋”，形呈四方，有棱有角，是纯天然的山珍佳肴，被誉为“竹笋之冠”。

南川方竹笋年产1.5万吨以上，占全国方竹笋总产量的42.8%。当地直接从事竹笋生产的农民超过5万人，方竹笋一年为当地带来1.8亿多元的收入。方竹笋业的蓬勃发展，还带动了当地汽车运输、饮食加工等产业的发展，直接受益者达20多万人。该产品畅销北京、上海等各大中城市，并远销美国、日本等国家。

(3)农产品的企业品牌。农产品的企业品牌指以农产品企业的名字注册商标，作为农产品品牌来打造。例如，“中粮”和“首农”就是农产品企业的企业品牌，打造的是农产品企业整体的品牌形象。农产品的企业品牌可以用在一个产品上，也可以用在多个产品上，如“雀巢”企业品牌，有“雀巢”咖啡、“雀巢”奶粉、“雀巢”矿泉水等。对于农产品流通领域来说，还有一种渠道品牌，也属于企业品牌这一类。渠道品牌就是一个渠道的名字，如“天天有机”专卖店，里面卖的都是有机绿色食品，店里可以有几百个甚至上千个品牌。

(4)农产品的产品品牌。农产品的品牌指对单一或一种产品起一个名字，注册一个商标，打造一个品牌。例如，大连韩伟集团的“咯咯哒”鸡蛋。这种模式在日常生活中比较常见。

2. 农产品品牌命名的策略

(1)目标市场策略。一个品牌走向市场，先要弄清自己的目标消费者是谁，再以之为对象，通过品牌名称将这一目标对象形象化，将其形象内涵转化为一种形象价值。

例如，大家都非常熟悉的“太太口服液”，“太太”这一名称就直接表明了这种口服液的消费者是那些“太太”们，一改其他保健品男女老少均可服用的无目标诉求方式。由于“太太”这个词本身包含特殊的中国传统文化及人物关系的信息，使它能对目标消费者产生较强的亲和力。

(2)消费感受策略。品牌的产品都有其特殊的功能特性，消费者在消费这一产品时总能产生或期待产生某种心理感受。可以此为基础来为品牌命名。

“五谷蛋”就直白清楚地告诉购买者，该品牌提供给消费者的是“吃五谷杂粮的鸡下的蛋”，包装上的一句广告语把消费者的心里话说了出来：“五谷优养，自然鲜蛋”。不用销售员多说，仅仅这样的名称和包装，已经把“五谷蛋”的核心优点传递给消费者。

“褚橙”已经成为响当当的农业品牌之一。虽然很多消费群体并没有享受到褚橙产品的完美消费体验，却因为参与到褚橙品牌营销过程中，获得了精神层面的消费体验，使褚橙变为一种励志橙，很多人以参与到褚橙品牌营销过程为荣。

比如，“本来生活”电商平台就是直接用表示和诱惑消费者心理感受的名称来命名的。“本来生活”如此解释：“在食品安全备受关注的今天，人们普遍说得太多，做得太少。而我们的想法很简单，就是想让自己的亲人不用忧虑，朋友不用担心，从此可以像吃饭一样地吃饭。共同行动，建构优质食品生态链，让生活原汁原味”。这样，一方面向人们显示其品牌属性，同时给消费者一种诱惑、期待或承诺，具备很强的冲击力。

(3)情感形象策略。“情感形象与价值”被许多品牌作为市场定位及诉求的重要方式,它能直接或间接地引发消费者的情感体验。

小案例

大多数消费者知道现在的猪都是饲料养出来的。这种猪最大的特点是生长期短,一般六个月就能够出栏。随之而来的是猪肉的营养和口感大大下降,但大多数消费者别无选择。“满年原香肉”就是对常规产品的一个挑战,给市场带来一个新的选择。标签上有一头长满了“春夏秋冬”四季的黑猪,消费者看到就明白了,原来是长了“满满一年”的猪,生长期长,意味着不是饲料催生出来的。肉质口感更好、营养价值更高,这正是许多消费者期望得到的。尽管价格不菲,消费者也愿意购买。

(4)独立随意与描述性的选择策略。品牌名称有两种最基本的作用:识别产品和传播信息。如果品牌名称是一个独立的字词组合,不与其他名称接近或比较,那么它发挥的识别作用就强。如果品牌名称采用了有明确含义的词,与其他名称的关系接近,那么它发挥的传递信息的作用就强。它们代表了品牌命名的两种极端的策略导向:独立随意策略和描述性策略。

前者的优点是名称充满个性,商标的保护力强,缺点是需要大笔的传播投资;后者的优点是名称本身可能就是一个活广告,可以节省传播开支,缺点是商标的保护力很弱,有时可能演变为产品的通用名称。

一般来说,大公司宜采用独立随意策略,小公司宜采用描述性策略。作为一种折中,联想策略介于两者之间,它既有特色、保护力,又能暗示消费者适当的信息。我国的一些知名品牌(如旺旺、金嗓子、健力宝、养生堂等)都运用了联想策略。

(5)品牌代表品类策略。成功的品牌常常是某个品类的代表,如“谷多维”,它创建了一个新品类,含有多种营养的谷物饮品,可以补充多种维生素、膳食纤维、微量元素,给消费者多出了一个选择。可口可乐代表碳酸饮料,汇源代表果汁饮料,王老吉代表凉茶饮料。品类定位也是品牌定位的重要工作,因为人们购买产品,购买的是某个品类而不是品牌;或者说,消费者之所以选择某个品牌,是因为它代表了某个品类。没有成为品类代表的品牌,很难获得消费者的选择。

(6)互联网思维策略。结合互联网思维命名,如“饿了么”,饿了就叫饿了么,并且使用拼音“eleme”作域名。还有很多优秀的互联网名字,如“三只松鼠”“大黄蜂小火锅”“牛炖先生”等。

(三)农产品品牌命名的方法

1. 形象命名法

形象命名法就是指运用动物、植物和自然景观来为商标命名。借助动植物的形象,可以将人们对动植物的喜好转嫁到品牌身上,提升认知速度,如猎豹的勇猛对于越野汽车,小天鹅的美丽纯洁对于洗衣机，等等。

农产品品牌用形象美好的动物、花卉名称命名，可以引起人们对商品的注意与好感，并追求某种象征意义，如台州的“玉麟西瓜”、焦作的“铁棍山药”等。

2. 价值命名法

价值命名法就是把所追求的价值凝练成语言，来为商标命名，使消费者看到产品商标，就能感受到企业的价值观念。例如，湖南“远大”企业突出了企业志存高远的价值追求，福建“兴业”银行体现了“兴盛事业”的价值追求，武汉“健民”突出了为民众健康服务的企业追求，北京“同仁堂”、四川“德仁堂”突出了“同修仁德，济世养生”的药商追求。运用价值命名法为农产品商标起名，对消费者迅速感受企业价值观具有重要的意义。

3. 故事命名法

经营者通过一定的故事，让品牌名字在消费者心里落地生根，在粉丝心目中形成一个确定的形象，这就是故事命名法。名字好不好听都不重要，重要的是一开始就要有故事。艾维农园的创始人徐箴言一直说：“当别人在谈梦想的时候，我们却在讲故事。”因为艾维农园在成长中把每一天发生的事串成一个个小故事呈现在消费者面前，所以大家对其品牌印象深刻。

4. 产地命名法

这是凸显农产品特性的方法。在农产品领域，一方水土养一方人。许多农产品受水土的影响，其质量、味道、口感差别较大，因而农产品的地域性比较强。用产地名命名，有助于人们对产品产生亲近感和信任感。例如，阳澄湖大闸蟹、烟台红富士、莱阳梨、杭州龙井茶、安徽黄山毛峰、马家沟芹菜、五常大米、盱眙小龙虾等。因此，经营者可以搜集带“农”、涉“农”的名字。带“果”的名字，如××果园、××果品、××鲜果等；与地理环境相关的名字，如×湖人家、山里×、××山、自然××、××村、××坡等。

目前，我国对以地名作为品牌名的做法，有不同程度的限制。根据我国《中华人民共和国商标法》规定，县级以上行政区划的地名或者公众知晓的外国地名，不得作为商标，但是具有其他含义的除外。

5. 品质命名法

经营者还可以在商标上委婉地表现出产品的品质。例如，××优果、××鲜果、好果××、灵果×等。用品质命名法给农产品商标起名是一个不错的选择，如“五谷蛋”。

6. 姓氏人名命名法

以创始人的姓氏或人名命名的品牌，给人以历史悠久的感觉，如汽车、服装、啤酒、食品、医药等传统型产品。但是，这类名称不具有显著的特征，且受到商标法的一定限制，因此现在以姓氏人名来命名的品牌已经不多。

小案例

福特(Ford)、百威(Budweiser)、飞利浦(Philips)、爱立信(Ericsson)、凯迪拉克(Cadillac)等,或以人的信誉吸引消费者,或以历史、传说人物形象引起人们对商品的想象。

以姓氏人名作为品牌名,也可以是虚拟的姓氏或人名,如文学作品或神话故事中的人物:孔乙己、太阳神等。农产名也有以姓氏命名的,如褚橙、柳桃、潘苹果、詹氏蜜蜂园蜂产品、禹王牌农机产品等。

7. 以现代科技为由头命名法

用这种方法命名具有时代感,使其有现代、时髦的感受,如灵宝的 SOD 蜜苹果、龙游的富硒莲子等。

8. 制作工艺和主要成分命名法

用这种方法命名能引起消费者对产品质量产生信赖感,如山贝山货特产食品、其鹏有机茶、长园野生茶油等。

9. 具有感情色彩的吉祥词或褒义词命名法

有些品牌名是词典里没有的,它是经过创造后为品牌量身定做的新词。这些新词,一方面具备了独特性,使品牌容易被识别,也比较容易被注册;另一方面也具备了较强的转换性,可以包容更多的产品种类。自创命名体现了品牌命名的发展方向,这类品牌最为常见。例如,全聚德,整个名字并无特别意义,但拆开看单个的字,都有很好的解释,可解释为"全而无缺、聚而不散、仁德至上";现代的农产品品牌中,有好想你枣片、方欣(谐音"放心")大米等。

10. 企业名称命名法

这种以企业名称命名的品牌,突出了商品生产者的字号和信誉,能加深消费者对企业的认知,有助于突出品牌形象,以最少的广告投入获得最佳的传播效果。例如,四川省青川县川珍实业有限公司的川珍木耳,三真米业的三真富硒米,方欣米业的方欣大米,驻马店 1+1 面业的 1+1 面粉等,都是以企业名称作为品牌名称的典范。

三、农产品品牌推广策略

为了不断提升农产品的质量和品质,在完成了农产品品牌定位、命名、包装设计、定价、渠道设计后,应该加强对品牌的传播和推广。通过品牌传播,经营者可以加强农产品品牌的知名度,让农产品品牌被更多人熟知,发挥品牌的磁场效益和品牌优势。为了实现这一目标,经营者需要加强对农产品品牌的宣传,选择合适的传播途径和传播方式,通过关注消费者的心理和实际需求进行品牌传播,针对不同消费者的心理和实际需求制定不一样的品牌宣传路径。

（一）品牌推广概述

1. 品牌推广的定义

品牌推广是品牌所有者通过各种传播手段持续地与目标受众交流，最优化增加品牌资产的过程，也称“品牌宣传”。它是品牌建设的最终目的，即将品牌产品最终送到消费者手中，从而实现品牌价值。

2. 实施农产品品牌战略的意义

实施农产品品牌战略、推广农产品品牌是适应农业产业化生产需求，实现农产品立足本地、面向全国、走向国际市场的战略性举措，将有利于积极推进现代农业社会化、市场化、商品化和专业化的进程。同时，对那些正在实施农产品品牌运作的企业更具有实际意义和显著的经济价值。

虽然很多农产品企业非常注重产品的质量，但是在质量的宣传上非常不到位，在品牌传播方面投入不足。在电商时代，经营者要想提高农产品的竞争力，就一定要进行农产品的品牌建设，提高农产品品牌的丰满度，解释品牌理念、塑造品牌形象和策划品牌事件，通过品牌承诺阐述农产品的价值，通过品牌建设来促进消费者的购买行为。

小案例

素有“茶盖中华、价压天下”之美誉的君山银针是中国十大名茶之一，具有五千多年的悠久文化历史。这么好的产品前些年却一直“藏在深山人未识”，并没有给当地人民带来良好的经济效益。近年来，湖南省茶业集团股份有限公司通过多种多样的文艺形式宣传推广“君山银针”品牌，弘扬“先天下之忧而忧，后天下之乐而乐”的湖湘文化。

（二）农产品品牌传播推广的原则

当前，农产品贸易在发生着深刻的变化。随着农产品市场竞争的日益激烈，农产品品牌的竞争也在探索种种可行的途径。要适应现代社会和市场需求，成功地推广一个农产品品牌是一件十分不容易的事。

1. 影响农产品品牌推广因素

在正确地选择、恰当地运作品牌推广方式之前，经营者需要注意影响农产品品牌推广效果的相关因素。

(1)农产品本身的特点能否成为品牌推广的“卖点”。现代营销学认为，要想让消费者购买你的产品，就必须给消费者一个购买你产品的理由。这个理由，从消费者角度讲就是“买点”，从营销者角度讲就是“卖点”。三真米“富硒”防癌、普洱茶“养胃”、三特鸡蛋“绿壳”营养好等便是例证。此外，信阳毛尖好是因为信阳的特殊气候和土壤；原阳大米好在黄河水中有利于稻谷生长的物质与当地的土壤有机地结合;等等。

(2)推广方式是否与农产品品牌的目标定位相一致。“自说自话”“对牛弹琴”实质上说的都是没有找到目标人群。所谓“对什么样的人说什么样的话”,任何营销推广都必须明确目标人群在哪里,有针对性地对目标人群进行影响,甚至直接说服其购买。例如,一种农产品一旦定位为高端产品,绝对不能选择路边店、小型零售店,更不能走街串巷乱吆喝。如果是定位于大众消费,包装和定价就不能太高档,也不适宜在高级大卖场中出现。

(3)品牌名称是否易于传播和推广。简洁、上口、易读易记易懂、富于启发、寓意吉祥的品牌名称是品牌传播的第一要素。让消费者听见看见品牌就忘不掉是品牌推广的最高境界,让消费者消费过产品后有说头儿、有想头儿、有品头儿是品牌推广成功的标志。

2. 农产品品牌推广的原则

(1)利用产品包装进行品牌推广。包装是品牌形象的重要构成部分,它不仅是品牌形象的直接体现,也是品牌持续传播的主要载体。随着人们的生活方式和消费意识的不断变化,过去的加工食品逐步转向天然、生鲜食品,注重营养与口感紧密相结合。经营者一方面要避免出现“一流产品,三流包装”的普遍现象,发挥品牌效应;另一方面要注意过犹不及,如果品牌没有过硬的产品质量作支撑,“金玉其外,败絮其中”,是永远都不会有生命力的。

(2)宣传推广力度要适度。经营者进行品牌宣传推广,需要一定的资金投入。如果投入过低,不但宣传的范围会受到限制,宣传的效果也会大打折扣;如果投入过高,超出企业的预算或承受能力,虽有可能获得一些促销效果,但可能增加成本,降低利润。因而,农产品企业的品牌推广费用必须与企业的实力相匹配,量力而行。值得注意的是,好的品牌推广不一定靠投资实现,巧妙运作完全可以取得四两拨千斤的奇效。

(3)农产品品牌推广要随着产品的生命周期阶段的变化进行调整。农产品品牌的宣传推广不可能是固定不变、一劳永逸的。所以,农产品的品牌推广方式也应随着市场发展阶段的变化而变化。通常情况下,在产品生命周期的引入期,经营者应以报引式的广告为主,配合促销鼓励消费者尝试使用新产品,旨在提高产品品牌的知名度。在成长期,消费者对品牌的认知水平大大提高,经营者应加强广告和促销,促使消费者购买,重在提高产品品牌的美誉度。在成熟期,广告诉求卖点应转变为提醒老消费者重复购买。

(4)高档定位的农产品品牌最好“自上而下“地进行推广。高档定位的农产品品牌,一般价格都比较高,其目标对象通常都有一定的社会影响力,在其消费过程中有时也会产生“榜样”(暗示)的作用,容易形成消费模仿和时尚流行。经营者通过公共关系、人员推销、团购、免费品尝等方式,让这部分人养成该品牌产品消费习惯,从而带动更多的人模仿和从众消费。

(5)遵循由近及远的原则开展品牌推广活动。一方水土养一方人。因地理位置、气候、土质和水质的差异性等,造成农产品本身品质、口感等方面的差异,加之传统社会物流运输条件的有限性,使农产品的销售和消费具有明显的区域性。农产品品牌的传播除具有口碑性、区域性之外,还具有明显的由近及远的传播特点。现代社会,虽然大众传媒和因特网可以使品牌传播的范围更广、速度更决,但要改变消费者的习惯非朝夕之功。所以,农产品的推广最好实行"本地带动、周边辐射,由近及远、循序渐进"的推广战略,既可以节省费用,又可以稳步发展。

(三)农产品品牌推广策略和方法

1.农产品品牌推广策略

(1)明确品牌定位,形成差异化优势。品牌定位就是要在消费者心目中塑造出独特的认知形象,企业通过深入理解消费者诉求和市场竞争情况,基于自身资源能力挖掘产品优势,明确品牌及产品的核心价值,突出自身特色,做出产品个性,实现产品差异化竞争。

小案例

品牌是企业身份的象征,优秀的品牌定位能为企业树立良好的品牌形象,同时也能让消费者在信息时代快速、方便、精准地定位自己需要的产品。比如,某零食品牌"××松鼠"通过独特的品牌定位获得了差异化竞争的胜利。

1.产品定位

松鼠作为啮齿类动物,主要以坚果为食。企业巧妙地将松鼠作为品牌形象,让消费者听到名字就能联想到"××松鼠"的产品定位。"××松鼠"主要以坚果系列产品(如夏威夷果、碧根果、腰果)、干果系列产品(如和田玉枣、黑加仑葡萄干)、花茶系列产品(如大麦茶、荷叶茶)为主。"××松鼠"首推"森林系"食品的理念,力求让消费者品尝到绿色、新鲜的坚果。

2.消费者定位

"××松鼠"针对的主要是年轻消费群体。基于这样的消费者定位,"××松鼠"从产品包装、漫画形象到企业客服等都体现出萌萌的氛围。尤其是可爱的松鼠漫画形象,更是让年轻的消费者倍感亲切。

3.品牌定位

"××松鼠"敏锐地发现并抢占了消费升级需求和坚果品牌缺失的战略机遇。具体来说,从花生、瓜子到特色水果和坚果,从年节产品到日常休闲产品,我国消费需求的升级推动了坚果品类的大繁荣。除了瓜子领域的"洽洽"香瓜子,整个坚果品类几乎没有领军品牌,这给"××松鼠"创造了极好的市场条件。"××松鼠"采用直营电商方式,聚焦坚果品类,符合消费趋势和品牌规律。

(2)深挖风土人情,嫁接文化元素。使用优美的文字,巧妙地把产地、产品和农人的故事融合到品牌里,能触动消费者的内心,让消费者成为忠粉。同时,一方水土养一方人,每一个地方都有独特的文化习俗，农产品品牌传播除了宣传产品的功能外，赋予农产品文化内涵，可以增加品牌的厚重感，通过生动、趣味、感人的表达方式唤起与消费者之间的共鸣。因此，企业要善于挖掘农产品品牌的历史、地理、传统、风俗等文化特征，形成农产品特色文化。

小案例

2011 年，四个年轻人萌发了利用互联网销售天然农产品的想法，成立了品牌“维吉达尼”。没想到两年过去了，小小的“维吉达尼”变成了一个在互联网上小有名气的品牌，他们建立了两家企业和一家农民专业合作社。现在，维吉达尼有大约 500 家合作经营者，在互联网上重复购买的客户约 3 万人，农民和农产品消费者之间形成了温暖的社群。

无论在维吉达尼的淘宝店铺、微博、微信，经营者的创业过程和当地风情都融入了产品。每个产品都有一个经营者的真实故事，故事还穿插了经营者从播种到收获的全过程，而这也不知不觉传递出这些信息：农产品是天然的，是放心可靠的。这个品牌传播不仅有温度、情怀，也传递了产品的特色卖点。

(3)讲好品牌故事，用感情制造溢价。随着消费升级和社会的快速发展，消费者在购买产品时还希望获得产品背后的“人文、趣味和温度”。再小的个体也能发声，再小的事物也有闪光点，一个好的品牌故事，不但让消费者了解产品，还与消费者完成了一种感情交流，商品交易变得有人情味，可以让消费者感受到品牌的温度，实现从精神上、情感上认同品牌。

小案例

“小时候，妈妈常用刚打捞上来的海鱼做成鱼丸给我们吃，说海鱼营养高，鱼刺少。”北海 MJ 食品有限公司总经理孙家丽是土生土长的广西本地人，家族一直从事海产品加工业。1995 年，孙家丽在广州设立商铺，经销北海加工的水产品。她们研发生产了“MJ”“老叶九”品牌虾仁。虾仁爽脆，虾色青、分量足，行销全国，在市场上享有盛誉。“精致品质，高端放心，是我们的建厂理念。”2011 年，孙家丽按出口标准创建北海 MJ 食品有限公司，引进高品质全套鱼丸生产线，高薪聘请研发团队，研发生产高端鱼浆炼制品。

以上是广西农业农村厅头条号开设《广西农业品牌故事》栏目以来所讲述故事中的一个，目的正是通过讲述品牌故事，提升品牌影响力，为广西农业发好声音、树好形象。

互联网只是提供了一个手段，内容则是沟通的载体。例如，“核桃书记”李祥的近万条微博，绝大多数是甘肃省成县核桃、樱桃、野草莓等农产品的历史文化、耕种收获和政府相关政策支持的点滴细节。这些细节是成县农特产品个性的最直观体现，不断感动着消费者。

(4)注重品牌形象，创意产品包装。包装是消费者视觉感受的第一步，产品的包装要和产品的优良品质相匹配，这样才能相得益彰，用外在形象彰显和提升内在价值，提高品牌识别度，塑造品牌价值。

小案例

HX蛋品在鸡蛋领域深耕细作，按照农产品品牌建设九大体系进行了精准的品牌战略定位——要做健康有营养的鸡蛋。对市场进行了深入的研究后，HX蛋品进行了市场策略定位——能生鸡宝宝的蛋。

在品牌架构上，HX蛋品推出两大品牌：HX蛋品主打高端市场，现有品牌主打常规市场。HX蛋品在品牌文化构建中，打出了孝心牌孝敬父母，就送HX土鸡蛋；在产品规划上推出三大系列产品——HX初产蛋、HX绿壳蛋、HX土鸡蛋。它们更重塑了品牌故事，通过互联网、自媒体广泛传播，重新设计HX蛋品的标志设计。

同时，企业培训全体员工，熟悉这套品牌系统，让每个员工都成为品牌的宣传员。产品上市后，取得了良好的业绩，在春节期间，竟供不应求，卖断了货。一枚普通的鸡蛋，在HX蛋品这里，卖的不是农产品。透过鸡蛋本身，HX蛋品想传递的真正的价值，是符合现代人心智中的渴求——渴求健康、渴求关爱！

(5)创新传播渠道，建立传播矩阵。“酒香不怕巷子深”的年代确已远去，农产品品牌要借助多种传播媒介力量，形成传统媒体和新媒体传播矩阵，线上、线下多种渠道进行整合传播，提升品牌市场认知度。

小案例

NK酱香酒是一个新酱酒品牌，其消费群体定位是中年企业家。该品牌打造了“敦厚靠谱，尖物实价”文化理念，提倡中年人的新生活方式。

传播布局上，NK建成线下实体“NK酒窖”近千家，线上运营微博、微信公众号、官网，玩转粉丝于社群，企业家粉丝注册超过3万人，并且成功帮助一大批实业企业家实现了企业升级转型。NK的成功还源于独特的FFC商业理念，即工厂直接针对粉丝，NK工厂常年对粉丝开放，让每一位NK酒的粉丝可以亲自到NK酿造车间体验生产和酿造。让消费者通过在NK酒窖的体验彻底了解白酒文化及鉴别办法，从饮酒者变为懂酒者。

2. 农产品品牌推广的方式

农产品品牌推广的网络方式多种多样，并无固定的模式。

(1)口碑推广。农产品消费是一种重在品质的消费，而品质只有经过体验才能被感知。感知的效果因人而异。只有满意的消费者才会积极地去为满意的产品做宣传，才能为品牌的推广做贡献。所以，口碑传播便成为农产品的品牌推广最有效的手段。借助于意见领袖（Key Opinion Leader，KOL）的影响力，带动销量。

这也正好符合农产品电商的目标消费群体，即一群愿意尝试新鲜事物，拥有小资情怀，重视产品品质的消费群体。良好的线下体验会激发消费者的购买欲望，消费者也是喜欢使用社交媒体的群体，会把美好的体验分享给亲朋好友，带来口碑效应。

口碑推广的要领是产品品质要好；要有人有意识地对产品特点进行总结，并概括成朗朗上口（或者易懂易记、幽默风趣）的传播语言。

小案例

很多农创案例背后都有一个情怀、匠心的故事。王高峰和合伙人刘元强种桃、反哺故乡，带乡亲们致富，除了事关情怀、匠心，也是事实。在王高峰加入之前，刘元强就是个低调的种桃人，没有任何曝光。王高峰加入并确定推出“桃本桃”品牌后，第一步借着刘元强的事迹在临沂本地把“桃本桃”推广开来；第二步，策划了桃花节系列宣传，按“4 月引爆品牌—5 月启动预售—6 月桃子成熟，品牌正式发布、再传播”来操作。

2016 年 4 月，王高峰走进“临沂发布”公众号创始人的办公室。一场长谈之后，双方发起了“桃花节”的定向邀请，邀请临沂的公众号、纸媒、官媒、美食线上线下结合（online to offline，O2O）平台，组团到桃园观光、游历。这场私人定制的“桃花节”其实就是一场不加修饰的“品牌私密发布会”，王高峰带着媒体人游历桃园，边接待边分享刘哥的返乡创业故事、桃本桃特殊的古法种植工艺，所产出的桃子的特点，桃子是如何定价和销售的。当时，他给媒体抛了一个噱头——“桃本桃”一个桃王要卖 88 元。第二天，临沂本地的大小媒体头条都是这个新闻。

第三步是借力往年的忠实客户以及人脉圈子的高管、企业家，让他们推荐身边有影响力的 KOL（key opinion leader，关键意见领袖），以寄送试吃的方式和他们建立关系，最后将他们发展成预售的分销渠道。同期，启动众筹和预售，多管齐下，当年产量得到顺利消化。

（2）广告推广。经营者通过互联网平台对农产品进行展示及广告推广，让更多人了解、知晓，如能营造出参与感和体验感就更好，并方便用户在线下单及购买。

小案例

“新鲜多汁，酸中有甜，良心商家诚意做生意，给你 1000 个赞！”2016 年 6 月，“90 后”大学毕业生吴雷发现老家大荔所产的大黄杏、冬枣、酥梨等水果，发送到广东、海南、上海、浙江等地的价位翻倍，而且销量很好。他便和大学毕业到三亚打工的女朋友苗瑞商量，回到大荔老家从事电商营销，在网上推销当地果蔬，并引进南方水果销售。但由于经营的种类太少，销售渠道单一，两人当月收入 2000 元，入不敷出。

为此，吴雷出资聘请专业团队对网售的大荔特色水果进行形象包装，通过微博“大V”、知名公众号等渠道，向北上广等一线城市从事微商的群体进行定向推广，他的货品开始“大火”。吴雷所经营的大黄杏、网纹瓜、胡萝卜等果蔬在多家网购平台牢牢占据着“资源位”，超过2万的拼单量还在不断增长，评价栏里还有已购买的顾客展示的图片，引得浏览者不断点赞。

(3)利用产品或农产品运营项目本身进行品牌推广。互联网时代的营销本质就是与目标客户建立联系，建立联系的基点是信任。建立信任的方式之一就是让目标客户参与到农产品运营项目中来，让目标客户成为农产品的顾问团，如农产品采用线上预订线下采摘，或线上浇水施肥、线下收获等，或通过直播让消费者走进农场，让其了解生鲜产品的生产流程、培育过程，让消费者体验种植过程，建立消费者对产品的信任，以此挖掘潜在消费者，促进产品销量。

经营者还可以定期通过微信平台、官方网站等途径发布活动信息，组织消费者参加新品鉴赏会、厨艺学习班、健康养生讲座等活动。另外，农产品可以打造成礼品，如将葱、蒜打造成盆栽销售，卖相和体验感都很有市场。

小案例

随着到新疆旅游和投资人数的不断增加，若羌县塔里木红枣专业合作社建立了一个红枣体验馆，把若羌红枣从种植管理到最后采摘过程以图片、实物和视频等方式展现出来。未到体验馆的客人不仅可以了解若羌红枣生产全过程，还可以获得免费品尝若羌红枣的机会。

(4)公关推广。适合农产品品牌推广的公关方式主要有：相关会议的展示和演讲，如参加农产品博览会、交流会、相关专题的研讨会等，展示产品形象，宣传产品特点，传播品牌概念；利用与消费者息息相关的活动或者节日等进行品牌推广；公益服务，如向特定公众进行赞助等，这是公关常用的方式，以树立企业的美誉度和知名度；书面材料，在对主管部门汇报时或者在媒体刊发时采用此方式。总体而言，只要是符合法律法规的，能对企业的形象做促进工作的方式都是可以采取的，可以在具体情况下灵活运用。

小案例

一篇《橙子女孩罗兰》的网文火爆全网，阅读量上亿次，带动整个赣南地区脐橙脱销三天；一条《房地产老板种石榴》的食品视频，为大凉山深处的软籽石榴在3小时内众筹了1000多万元，成功打造“赤焰”石榴品牌，并且登录奢侈品购物服务平台，蜕变成石榴界的贵族；一套精美的包装设计，让“迷你橙”化身水果爱马仕，成为生鲜传奇；一张与时事热点结合的凤梨海报，引发了网友10万次转发；一段精致的文案，让消费者排长队购买网纹瓜。2018年10月，全国多地喜迎“中国农民丰收节”，极有江西省地方特色的“江西省中国农民丰收节”也推上了网络，成为中国最具特色的丰收节之一。

虽然公共关系营销见效慢,但对品牌形象的塑造和传播极为有效。如果运用得巧妙,往往能收到事半功倍的效果。

总之,企业在选择农产品品牌推广方式时,应根据产品的特点目标定位、自身实力、渠道模式、发展战略等,结合各种推广方式的特点来确定,切不可机械模仿,盲目照搬别人的做法。

拓展阅读

品牌策略

品牌策略是整个产品策略重要的组成部分,为了使品牌在市场经营中更好地发挥作用,必须采取适当的品牌策略。品牌策略主要包括以下四种。

1. 品牌有无策略

产品是否使用品牌,是品牌决策者要回答的首要问题。虽然创立品牌对企业有很多好处,但并不是所有的产品都需要使用品牌。以下情况可以不使用品牌。

(1)某些产品本身不可能在加工制造过程中形成一定的特色,不易和其他企业的同类型产品相区别,如电力、煤炭等。

(2)生产简单,没有一定的技术标准、选择性不大的产品,如扫帚、簸箕、粮囤等。

(3)某些临时性或一次性生产的、消费者不是凭产品品牌决定购买的产品。

2. 品牌归属策略

如果企业决定使用品牌,则面临着的是使用企业自己的品牌还是使用别人品牌的决策。对于实力雄厚、生产技术和经营管理水平俱佳的企业来说,一般都使用自己的品牌,传统上绝大多数生产者也都使用自己的品牌。使用其他企业的品牌,如可以使用特许品牌或中间商品牌,这样做可以节约建立品牌的成本,降低品牌不成功带来的风险,但也会出现没有自己的品牌而受制于品牌拥有者。

3. 品牌名称策略

企业决定其生产的各种不同产品,是使用一个统一的品牌,还是不同产品分别使用不同品牌的活动,就是品牌名称策略。这可以分为四种情况。

(1)统一品牌。统一品牌即企业所有的产品都统一使用一个品牌。统一品牌策略的优点在于可以扩大企业的影响,解除顾客对新产品的不信任感,节省品牌的设计费和广告费等。需要注意的是,只有该品牌已经在市场上享有较高声誉,而且各类产品质量水平相同时才可以使用。

(2)个别品牌。个别品牌,即企业根据商品的不同质量、特点,分别采用不同的品牌。其优点是能严格区分不同质量水平的产品,便于消费者识别和选购所需要的产品,当个别产品品牌信誉不好时,也不至于波及整个企业。但采取这种策略在管理上难度大,品牌设计和广告费用加大。

(3)同类统一品牌。同类统一品牌,即对同一大类产品采用同一品牌,不同的产品大类品牌不同。采用这种策略,主要是因为企业生产或销售许多不同类型的农产品,如果都统一使用一个品牌,这些不同类型的农产品就容易相互混淆。

(4)企业名称与个别品牌名称并用,即在不同的产品上使用不同的品牌,但每一品牌之前冠以企业的名称。优点是既可以使农产品受益于企业已经建立起来的信誉,又可以反映每一种农产品的特色。

4. 多品牌策略

多品牌策略是指企业同时生产经营两种或两种以上互相竞争的品牌。只要被商场或超市接受,多种不同的品牌就可以占用更大的货架面积,吸引更多的顾客。因为大多数消费者是品牌转换者,所以发展不同的品牌才能有机会赢得这些品牌转换者,提高企业的市场占有率。

四、农产品区域公用品牌

"寿L"牌茴子白走上国际盛会的餐桌

山西省著名的"寿绿"牌茴子白成为上海世博会的特供蔬菜,这也是继成功入选2008年奥运会特供蔬菜之后,"寿L"商标再次与国际大型活动结缘。据了解,山西省寿阳县这次被列入上海世博会特供蔬菜的品种为茴子白,供应时间从6月20日开始至10月31日结束。世博会期间,将有2亿千克"寿L"牌茴子白从寿阳田间直达国际盛会的餐桌。

●分析讨论:普通的茴子白何以吸引众多客商的眼球?

●提示:"寿L"品牌使茴子白吸引了众多客商的眼球。随着人们生活水平的提高,其消费行为发生了显著变化。不再满足于吃饱穿暖,而是追求能获得优质生活质量的安全产品和精神享受。消费者对农产品品种、花色、质量都提出了新要求,而名牌产品将以上要素综合到品牌当中,减少了人们在庞杂的信息中进行选择的困扰,满足了人们的需求,所以人们对名牌农产品产生了强烈的心理偏好。2000年,寿阳县注册了"寿L"牌茴子白商标,品牌效应极大地拉动了寿阳县蔬菜产业的发展。

(一)农产品区域公用品牌概述

1. 农产品区域公用品牌的含义

作为农产品品牌的一种重要类型,农产品区域公用品牌指的是在特定区域内相关机构、企业、农户等所共有的,在生产地域范围、品种品质管理、品牌使用许可、品牌行销与传播等方面具有共同诉求与行动,以联合提供区域内外消费者的评价,使区域产品与区域形象共同发展的农产品品牌。

农产品区域品牌有其独特的特点：首先，一般须建立在区域内独特自然资源或产业资源的基础上，即借助区域内的农产品资源优势；其次，品牌权益不属于某个企业或集团、个人拥有，而为区域内相关机构、企业、个人等共同所有；最后，具有区域的表征性意义和价值。特定农产品区域公用品牌是特定区域的代表，它经常被称为一个区域的“金名片”，对其区域的形象、美誉度、旅游业发展等都起着积极的作用。

国际上，采用区域品牌类型创建农产品品牌发展区域产品销售，提高区域形象的成功例子较多，如美国的艾达荷土豆品牌、中国台湾省的台湾好米。在中国，农业农村部大力支持农产品区域公用品牌的发展，在农业农村部品牌农业建设的窗口——中国农业信息网品牌农业频道中开辟区域品牌专栏，同时组织品牌专家、农经专家和信息化专家共同研发出了符合中国国情、具有中国特色的农产品区域公用品牌信息化宣传系统，是我国第一个全国性的、系统的、专业的宣传区域公用品牌的信息化工程。

扩展阅读

我们应该做哪种类型的农产品区域公用品牌

对大众来说，目前最熟悉的，莫过于以地理标志认证、证明商标注册为核心的单品类品牌。这类品牌不仅数量多，而且运营相对成熟，也是农业部在力推的。例如，长白山人参、烟台苹果、衢州“三衢味”、庆元香菇，其显著特征是地名加品类，这类品牌在国外也十分常见，涉及粮油、牛羊肉、水果等不同领域。它们的运营，基本都由非营利性组织，如行业协会、合作社等负责，实行自我服务、自负盈亏、自我发展。

与此同时，一种新的品牌类型在崛起：全区域、全品类、全产业链品牌。它几乎将区域内的农产品，无论种植的还是养殖的，无论是初级产品还是加工品，都一网打尽，纳入麾下。大家耳熟能详的如“丽水山耕”。这类品牌因为迎合了地方政府的某种需要，当前正呈现出旺盛的增长势头。

如果说，单品类品牌的创建是基于农产品的基本特征，即独特的水土、文化、产业、加工工艺决定的独特品质。那么多品类品牌的崛起，则是由其制度特征作为背景。这就是千家万户分散经营的家庭联产承包责任制，这一制度决定了中国农业不仅主体弱小，而且产业分散。在没有一个产业可以突破，担当起带动全区域农业品牌化进程的情况下，这类综合性的品牌就应运而生。可将其总结概括为“中国特色的农业品牌化之路”。

但实践证明，多品类品牌的运营难度比单品类品牌要大得多，对相关支撑要素的需求，对运营能力的要求也强几倍。因此成功的概率也低得多。那么，我们究竟应该作何选择？我们在选择时应该考虑到哪些问题？

有几个考量的维度:人文历史、环境因素、产品等是否具有显著的共性特征,产业规模及其影响力如何,运行团队及其运管能力如何。除此之外,单品类和多品类品牌在认知基础、投入大小、见效快慢等问题上都有不同的表现,必须引起足够的重视。总结如下。

(1)地市一级以多品类品牌为宜,县级以单品类品牌为宜。而且,这个地市必须具备足够鲜明的地域、人文或产业特色,这是品牌的灵魂,也是品牌打造成功的基础。

(2)已经建有地市级多品类品牌的,不要再在县一级构建同类品牌,以免分散资源相互冲突。

(3)多品类品牌、单品类品牌、企业品牌,应该各展所长,构成比较科学、系统的品牌体系,相互支撑同步发展。

(4)县一级除非具有独特优势,才能考虑全品类品牌。例如,浙江武义每年有着1700万游客,就可以利用新媒体传播的特征,实现农旅融合发展,有效地进行流量转化。总之,我们必须充分调研各地的资源禀赋条件,来确定选择哪一种品牌类型。大部分的县级政府领导都喜欢全品类品牌,认为自己的产品都很好,一个都不能落下。

这种情感认识是可以理解的,但品牌农业是基于比较优势的个性化、差异化农业,我们必须站在全省乃至全国的高度,站在市场的角度,去考量、发掘自身的独特竞争力,最后才能稳操胜券。农业品牌化并不只是全品类品牌,单品类带动同样是有效的途径,并且胜算更大。例如,陕北横山县,原来是做全品类的,调查后发现,其他农产品并没有多大的比较优势,而横山羊肉却很有口碑,于是当地果断选择做了单品类品牌。

2. 农产品区域公用品牌的形成原因

农产品区域公用品牌形成的内在原因主要有三个:一是集群中企业发展的需要,二是集群本身和当地经济发展的需要,三是产业转移的背景下提升综合国力的需要。农产品区域公用品牌形成的外在原因主要有两个:一是政府等公共部门的引导培育,二是区域品牌是品牌自身发展和延伸的结果。

农产品区域公用品牌一旦形成,便会产生农产品区域品牌竞争力。农产品区域品牌竞争力是某一地域的农产品品牌参与市场竞争时,在农产品生长环境、形象、品牌文化等方面透露出来的区别或领先于其他区域农产品的独有优势。

农产品区域公用品牌竞争力的评价指标主要包括:区域要素(区域资源基础、区域组织管理能力、区域农业生态环境、农产品区域品牌的社会价值)、品牌要素(品牌创新能力、品牌定位、品牌价格及质量、品牌知名度与美誉度)、产业要素(农业产业集群发展速度、农业产业化龙头企业、配套中小企业发展农业产业化水平)、支持要素(农产品质量安全体系、信贷环境技术状况、行业协会的协调与监管)。

（二）农产品区域公用品牌建设的痛点

近年来，农产品公用品牌建设在中国大地如火如荼、蓬勃发展，知名度较高的有五常大米、洛川苹果、西湖龙井、赣南脐橙等，这些农产品公用品牌如一颗颗明珠。打造公用品牌已被很多地方视为区域经济突围的“撒手锏”。但是为什么不少地方对公用品牌均赋予了极高热情，投入大量的“人财物”，最终打造的公用品牌却不成功呢？农产品公用品牌的痛点在哪里？

痛点一：中国农产品不缺好产品，缺的是好品牌。

例如，猕猴桃原产地是湖北宜昌市。1904 年，猕猴桃从宜昌传到新西兰，经培育在新西兰广泛种植。起初，新西兰人称它为“宜昌醋栗”，因名字没有特色在市场遇冷，后改名“美龙瓜”，但新西兰瓜类税收较高，最终改名为“奇异果”。

如今，我国的猕猴桃种质资源不可谓不丰富，从科研示范到田间种植，红心、黄心、蓝心等品种应有尽有。但进口的奇异果论个卖，其价格比国产猕猴桃贵 10 倍，症结就在于品牌。好品牌意味着稳定标准化的品质。拿奇异果来说，讲究单果的重量、硬度，讲究维生素 C 含量、酸甜度，符合标准的才叫奇异果。

痛点二：有了好品牌，但没有保护好。

由于区域特点产生的自然和历史原因，许多农产品区域公用品牌在诞生时就具有公用性。因为保护机制不健全，一些企业躺在区域公用品牌的伞下“睡大觉”，结果不管是产区内的还是产区外的，也不管品质达不达标的农产品都来搭车蹭光，知名度较高的公用品牌常被假冒品困扰。例如，每年正宗阳澄湖大闸蟹还没开捕，冒牌阳澄湖大闸蟹已开始叫卖，外地蟹、“洗澡蟹”是正宗蟹的 5～10 倍，因为法律手段无法堵住对通用地名的滥用。另外，如“天下大米假五常”就道出了五常大米近年受到大量假冒产品冲击的现实。“五常大米”这种区域公用品牌做到今天这个样子，显然不是政府和企业所希望的。

农产品区域公用品牌打造背后的困境

1. 品牌观念不强

当前很多地方虽然也一直在强调公用品牌，但是他们没有一套完整的品牌策略，更不清楚如何把品牌理念与产品更好地结合起来；甚至有些地方认为，面对竞争，只要产品卖好了，公用品牌自然而然就建立起来了。事实证明，这些都是品牌观念短视的表现。

2. 品牌保护不强

各地方政府对农产品区域公用品牌申报、打造、推广比较重视，但是对农产品公用品牌监督、管理滞后，缺乏相应的授权机制，在公用品牌使用上出现了滥用的问题。

3. 品牌结构不优

我国农业体量大，但产业大而不强。其中，粮、肉、蛋、果、菜、茶、鱼产量都居世界首位，但国际竞争力与农业大国地位还不相称。一些有传统出口优势的农产品，在国际上占据的也不是高端市场。

初加工产品品牌多，精深加工、流通产品的品牌少。以茶为例，世界上最好的茶种几乎都在中国，而英国几乎不产茶，却打造了"立顿"这一世界最赚钱的茶叶流通品牌。症结就在于品牌结构。

方向对了，不怕路远。公用品牌的时代已经来临，但公用品牌的打造绝非一蹴而就。无论政府还是企业，都要对公用品牌打造中的困局及难点、随时保持清醒的认识。

（三）农产品区域公用品牌建设的关键

进行农产品区域公用品牌建设，有三大关键环节要做好：一是要打造好，二是要保护好，三是要使用好。

1. 要打造好农产品区域公用品牌

打造好农产品区域公用品牌，就是在一个区域内把品牌做出来，建立起来。为此，需要做好、做大。

做好，就是用各种技术手段，把产品的品质做好，这是最根本的。有了优品，才可能做成名牌。首先，要种对作物。要根据当地的自然条件特点，种植最适宜的作物，这就是最大限度地发挥区域的自然条件比较优势。其次，选好品种。没有优质的品种，就没有优质的产品。好品种不光靠选，也要培育。最后，做好管理。科学的管理才能让好品种在好条件下，产出好产品。

做大，就是要形成一定的规模，没有规模，品牌也难以建立。通过区域内部的专门化，形成区域的规模化，从而克服一家一户小生产与大市场之间的矛盾。在一个县域内，通常自然条件大体相近，包括光热、降雨、土壤、水质等。实行一县一品或一县几品，可以形成较大的区域生产专业化规模。例如，荔浦县砂糖橘种植面积达 30 万亩，恭城县月柿种植面积达 20 万亩。区域连片化种植规模较大，在生产技术普及扩散、产品质量规格标准化、市场销售渠道开拓、产品加工处理和综合利用等方面，都可以取得很好的规模效益。

做好品质，做大规模，品牌就可以建立起来了。

2. 要保护好农产品区域公用品牌

保护好农产品区域公用品牌，就是要确保区域内的所有产品，都能够达到均一的高品质。当区域内存在着大小规模不等、数量众多的生产者时，统一的规范化的技术规程要求就显得十分重要。这些技术规程，包括采用的具体品种、种植方式、施肥灌水、收获管理等。例如，黑龙江五常大米的生产地五常市，所种植的水稻品种高度统一，基本上都是稻花香。又如，广西百色市为保证芒果的成熟度，避免无序竞争，每年规定了最早采摘上市的时间。

对区域内质量差的产品，要采取措施，禁止使用公用品牌。质量差的原因，可能是技术水平方面的问题，也可能是自然条件不合适。例如，在海拔高度差较大的地方，有些地方可能就不适合种植区域公用品牌产品。

在保护好公用品牌方面，还有来自区域外的挑战。这是一个矛盾：如果没有人愿意假冒你的品牌，那说明你的品牌没什么影响，没什么价值；而如果别人都竞相冒用你的品牌，那就说明你的品牌树立起来了，打响了名气，但假冒产品也会直接危害到你的品牌的声誉。比较复杂的是，并不是所有的假冒都是低质量的，如由于地理标志的申请是按照行政区划，而行政区划外的邻近地区，可能自然条件也同样很好，产品质量也很好，一点儿也不比区域内的差。在这种情况下，从促进资源利用和优质发展的角度出发，可以扩大地理标志的涵盖范围，把这些邻近区域也包括进来。百色芒果这个地理标志产品就是采用了一个市级区域的名称，把所属 4 个县的芒果种植优势区都涵盖了。

3. 要使用好农产品区域公用品牌

使用好区域公用品牌，就是让品牌效应最大化，让品牌市场价值最大化。一方面，要让尽可能多的区域内生产者都享受到区域公用品牌的好处，这就需要给农民提出质量要求，提供技术服务。另一方面，要宣传好品牌，让更多的消费者熟悉、认可和推崇区域公用品牌。调研中发现，有的地方满足于产品不愁卖就可以了（收购商到地头收购），而不愿意在广告宣传等方面费力气，让品牌取得更大的影响力。这就是没有让品牌效益实现最大化。

扩展阅读

丽水山耕：农产品区域公用品牌的新传奇

“丽水山耕”是丽水市生态农业协会于 2014 年 9 月创立的品牌，是丽水市委、市政府贯彻落实“绿水青山就是金山银山”发展战略、培育和打造覆盖全区域、全品类、全产业链的地级市农产品区域公用品牌的一个重要举措。创牌后不久，“丽水山耕”声名鹊起，线上线下销售渠道进一步畅通。

2017 年 10 月，“丽水山耕”被浙江省政府升格为构建国内领先、比肩国际的“浙江制造”农业板块全省农业区域公用品牌。通过打造“丽水山耕”“1＋N”全产业链一体化公共服务体系，不断提升母品牌“丽水山耕”的影响力，以“母鸡带小鸡”的方式，以“基地直供、检测准入、全程追溯”为核心，实现企业子品牌产品溢价。如今，农产品远销北京、上海、深圳等 20 多个省、市。至 2018 年 11 月，加盟的会员企业达到 863 家，新建“丽水山耕”合作基地 1122 个，累计销售额达 129.06 亿元，产品平均溢价率达到 30％，品牌价值达 26.59 亿元。成功入选全国“互联网＋农业”百佳实践案例，荣获“2016 中国十大社会治理创新奖”“浙江省优秀农产品区域公用品牌”等荣誉。

丽水市在制定长期发展规划时，率先考虑到要依靠丽水得天独厚的优越自然环境。丽水市地处浙江省西南部，山区面积占全市总面积的88.4%，全市森林覆盖率高达80.79%，孕育了浙闽六大水系源头，且95%以上水体为国家一类水质，空气质量常年为优。独特的生态优势为丽水市农业发展奠定了极佳的生态基础。丽水市政府根据丽水山区资源、农耕文化、产业基础和农业规划，专门委托浙大卡特中国农业品牌研究中心编制《丽水市生态精品农产品品牌战略规划》，从品牌命名、品牌定位、品牌理念、符号系统、渠道构建、传播策略等方面进行全面策划，以"商标＋版权"的形式，申请注册"丽水山耕"集体商标、申报"丽水山耕"美术作品及10个辅助图形的版权保护，从而构建形成了自主知识产权品牌体系。与此同时，制定细化了《丽水山耕品牌农产品贮运操作手册》，从田间到餐桌的"生态环境、标准生产、物联应用、安全检测、保鲜储运、文创包装、整合营销、数据服务"八大农产品标准化环节，梳理完成开发种植业、养殖业、加工业等五大"丽水山耕"产品标准。

丽水市从"丽水山耕"品牌管理机构设置、产品质量、农产品安全等方面全力构筑标准化管理模式：专门成立丽水市生态农业协会，设立"丽水山耕"精品农业品牌指导站，进行商标品牌指导、培育和维权等工作，制定"丽水山耕"产品标准，统一规范"丽水山耕"在生长环境、种植养殖环节、加工过程、储运操作、文化内涵、销售方式六大方面的基本要求；在农产品安全标准化方面，成立丽水市蓝城农科检测技术有限公司，对"丽水山耕"产品实行实时抽检，实现检测准入，溯源追踪的农产品流通过程的透明化，成立浙江丽耕信息科技有限公司，依托"物联网＋农业"体系的顶层设计，以农产品质量安全追溯体系数据为支撑，实现品牌农产品从"田头到餐桌"的全程可追溯化。

丽水市政府还将"丽水山耕"作为全市农业服务平台，每年投入5000万元资金，创新品牌"1＋N"全产业链一体化服务体系，以华东现代农业科技创新联盟力量、陈剑平院士工作站，以及省市科技农业技术为支撑，将农业专利、农产品储运操作手册、物流标配箱及农产品精深加工技术转化为生产力，形成示范带动效应，有效促进丽水农业从业者脱贫致富。

把一粒稻米做成一个品牌

从黑龙江省哈尔滨市一路向南，公路两侧的稻田一望无际。这里就是闻名全国的"中国优质稻米之乡"——五常市。

走进五常市农业物联网服务中心，智慧农业监控室宽大的显示屏上，稻田里的水位、含氧量、水温等指数一目了然。轻点鼠标，五常市的223.6万亩稻田实景一览无余。"这里可以实现对五常大米生产全程监控、田间管理远程控制、农业技术远程服务及五常大米全程溯源防伪。"五常市农业技术推广中心主任宋德旭说。

占地45万亩的五常市现代农业产业园里，2018年新建数字农业示范园5万亩、有机精准农业种植基地1.2万亩。园内已实现绿色水稻种植全覆盖、有机水稻种植面积20万亩，有机食品认证个数达到59个，绿色食品认证个数达到58个，绿色、有机认证农产品比例达100%。

在发展水稻产业的同时，产业园还大力发展观光农业、体验农业等农村三产。建设了以乔府现代农业产业示范园、欧帝风情度假村、田美小镇等为主的休闲农业示范基地50多个，年接待游客4.6万人，实现收入5000万元，形成了集有机水稻种植、加工、观光娱乐、餐饮、科普等于一体的生态农业观光模式。

进入乔府现代农业产业示范园，可以看到一望无际的标准方条格田。这里有20万亩的高标准水稻种植基地，有年加工30万吨稻谷能力的自动化生产线。园内的王家屯合作社依托区位和资源优势，先后投资兴建了稻花香生态体验区、稻田观景台、观光长廊和自行车环道，加上周边农户的农家乐，已形成了集稻米文化、稻米种植、稻米加工、稻米观光于一体的休闲农业体验区。

为发挥现代农业产业园的辐射带动效应，五常市在园内积极探索并推广了"企业＋基地""企业＋农户""企业＋合作社""合作社＋企业"4种联农带农利益机制，联结农户3.14万户，2018年园内农民年人均纯收入达到22928元，高于当地农民平均水平30.2%。

乔府大院农业股份有限公司注入资金，整合王家屯合作社，统一种植高品质稻谷，采取统购统销的形式进行合作。"合作社成立前，大米价格低、销量少；合作社成立第二年，大米每千克售价就达到49元。"公司总经理向文秀介绍说。社企联手、优势互补，"龙头企业＋合作社＋农户"的模式解决了合作社的资金和销售难题，实现了既"种得好"又"卖得好"。

目前，五常市国家现代农业产业园已初步构建了"稻米观光＋稻米体验＋稻米加工＋稻米品鉴＋稻米营销"的四季全产业链开发体系，缔造五常稻米农业旅游品牌，一二三产业得到深度融合。在2017年发布的"中国品牌价值评价信息"榜单中，五常大米品牌价值670.7亿元，位列地标品牌大米类全国第一。

（资料来源：《农民日报》2019－2－25，有删改。作者：王雪峰）

●讨论：请根据案例分析五常市是如何把一粒稻米做成一个品牌的？当前市场上出现很多假冒五常大米，该采取哪些对策？

任务三　农产品包装创新策略

水果包装应不断创新

目前，各类水果包装都有所改进。但是，水果包装绝大部分仍然是用塑料袋和纸箱来包装，又粗又笨，没有特色，没有创新，已经无法适应市场发展的需求。为规范水果市场，创立自己的水果品牌，水果包装应不断创新。

(1)品牌化。为水果进行商标注册，并注意在用塑料袋、纸箱包装时，印上注册商标。

(2)礼品化。水果，特别是一些优质水果已经成为人们交往时的重要礼品，推出水果的礼品化包装时机已经成熟。

(3)绿色化。有关资料显示，未来10年内“绿色”水果将主导世界水果市场，而良好且又符合标准的“绿色”包装则是进入国际市场的有效通行证，对塑造“绿色”水果质量将起着决定性的作用。

(4)保鲜化。水果包装除了要求储运方便外，保鲜也是要重点考虑的因素。美国的水果经包装保鲜后可增值2.3倍，日本的水果包装后可增值1.8倍，而我国的水果包装后仅增值0.4倍，可见我国有必要加大包装保鲜中的科技含量。

(5)说明化。水果说明非常必要，如要说明水果的地域特色、营养成分；还应说明如何保存，什么人群宜多吃、什么人群不宜吃；更要说明原产地的自然环境、行车路线，以及联系方式等。总之，一张说明书可增进农产品经营者与客户之间的联系，非常重要。

●提示：水果包装应如何创新？

农产品包装是农产品销售的重要条件。粮食、肉类、蛋类、水果、茶叶、蜂蜜等农产品，不加包装很难运输、储存、保管和销售。

原农业部于2006年10月颁布的《农产品包装和标识管理办法》明确指出，农产品包装是指对农产品实施装箱、装盒、装袋、包裹、捆扎等活动。农产品包装作为农产品加工的延续，是基础科学与应用科学的结合。良好的包装应该既反映产品的内在质量，又拓展产品的外在形象。一般说来，商品包装应该包括商标或品牌、形状、颜色、图案和材料等要素。比如，农产品采用一些材料包装，真空塑料类的有利于农产品保鲜，盒装的有利于保护产品在运输等过程中免遭破坏，包装的颜色、材料、美观程度等是否给消费者规范、安全、卫生感。合理适度的农产品包装，既能保护商品、方便物流，体现商品的质量和价值，又能增加农产品的市场竞争力，提升附加价值，促进销售。在现代的营销体系中，包装被赋予了更多的意义，已成为产品策略的重要因素，有着识别、便利、美化、促销和增值的功能。包装已成为有力的营销工具。

农产品包装设计是建立在农产品和包装基础之上的形象设计。心理学研究表明：在人类接收的信息总和中，视觉器官获得的占83%，听觉占11%，嗅觉占3.5%，触觉占1.5%，味觉占1%。因此，农产品品牌通过包装设计，激发消费者的购买欲望，提高农产品市场竞争力，是农产品营销者必须高度重视的问题。

一、农产品包装设计概述

（一）农产品包装设计的定义

农产品包装设计即在品牌定位的基础上，根据目标消费群的消费心理以及消费行为模式等相关要素，有针对性地选用合适的包装材料，运用巧妙的工艺制作手段，为农产品进行结构造型和包装的美化装饰设计，目的是提高产品销量与品牌的推广。

以“××松鼠”为代表的互联网食品品牌，在包装设计上，它们突破了传统农产品品牌设计上的土气笨拙，也一改颜色上的大红大绿，而是以鲜明亮丽的品牌设计，精准地抓住了年轻群体的消费心理，借助电商这一传播和销售渠道，实现了超常规增长。

（二）农产品包装设计的内容

农产品包装设计的内容包括商标或品牌的标记、包装图案、包装材料、产品标签（产地、商品名称、成分、品质、数量、使用方法、用量、生产日期、有效期）、包装标志（包装外部印制的图形、文字和数字）等。

农产品包装是特定品种、数量、规格、用途等的包装，充分体现产品特性及包装要求是做好农产品包装的基本条件。每个包装单位的大小、轻重、材料、方式等，应按照目标顾客需求、包装原则、包装技术要求进行，以达到减少损耗、便于运输、美化商品、便于消费者识别选购的目的。

（三）农产品包装设计的原则

包装设计的原则是科学、经济、可靠、美观。

1. 科学性原则

科学性原则是指包装设计必须先考虑包装的功能，达到保护产品、提供方便和扩大销售的目的，既要符合人们日常生产与生活的需要，还要符合广大群众健康的审美观和风俗爱好。包装设计绝不能是华而不实的形式主义产物，也不能单纯地强调销售、审美的功能而给人的健康、工业生产和社会生活带来不利的影响。

2. 经济性原则

经济性原则要求包装设计符合现代先进的工业生产水平，做到以最少的财力、物力、人力和时间来获得最大的经济效果。这就要求我们的包装设计应有利于机械化的大批量生产，有利于自动化的操作和管理，有利于降低材料消耗和节约能源，有利于提高工作效率，有利于保护产品、方便运输、扩大销售、使用维修、储存堆垛等。

3. 可靠性原则

可靠性原则要求包装设计保护产品可靠，不能使产品在各种流通环节上损坏、污染或被偷窃。这就要求我们要对被包装物进行科学的分析，采用合理的包装方法和材料，并进行可靠的结构设计，甚至要进行一些特殊的处理。例如，集装箱底部的木板就必须进行特殊的杀菌、杀虫处理等。

4. 美观性原则

美观性原则是广大群众的共同要求。包装设计必须在功能和技术允许的条件下，为被包装的产品创造出生动、完美、健康、和谐的造型设计，从而激发人们的购买欲望，美化人们的生活，培养人们健康、高尚的审美情趣。

科学、经济、可靠、美观四者是密切相关的，不能忽视其中的任何一方。在提高包装设计的科学、可靠功能时，不能忘记包装设计的经济性；在提高包装设计的经济性时，又不能单纯地追求利润价值，而要考虑到包装对人们生活各个环节所带来的影响，如对环境和对人们心理所造成的影响等；在考虑美观性时，除了使包装服从包装功能的需要外，还要照顾到群众现有的欣赏水平、习俗爱好及禁忌色彩。只有四者有机地结合，才能使包装在各个方面都表现出富有创造性的设计思想。

（四）农产品包装设计的要求

1. 运输包装设计

运输包装的主要功能是保护农产品在流通中安全、快速、高效地到达消费者手中。农产品运输包装基本要求如下。

(1)根据产品的物理特性和化学特性选择适当的包装材料和方法，保证在运输中不损坏、不变质、不渗涸。

(2)采用体积小、重量轻的包装材料，注重包装重量。

(3)力求包装标准化和规格化，以方便运输和装卸，节约运费。

(4)运输包装要求有简单醒目的标志，使产品能安全准确地运达目的地；同时要努力节约包装物件，降低包装成本。

多层瓦楞纸箱、热收缩膜包装、真空包装、防震袋包裹、泡床箱等都是非常必要的包装形式。生鲜食品对包装的要求特别高，在配送过程中一般需要低温或者冷冻处理。例如，天天果园、本来生活网和顺丰优选等电商平台选择白色泡沫箱包装，并在内部放置充气塑料包和冰袋等。

2. 销售包装设计

销售包装的功能主要是美化和宣传产品，便于陈列和消费者选购、携带、使用，提高产品价值。

农产品销售包装的基本要求如下。

(1)包装造型美观大方，图案生动形象，具有强烈的美学效果，避免与竞争者同类产品的包装雷同，要采用新材料、新图案和新形状，引人注目。

(2)产品包装应与产品的价值或质量水平相配合，根据产品品位、单位产品的价值及消费者的购买要求确定包装的档次。

(3)包装要显示出产品的特点和独特风格，最好能够直接向消费者展示，如选择透明的包装材料、开天窗式包装或在包装上印有彩色图片。

(4)包装设计要求能增加消费者的信任感并指导消费。

(5)包装设计要适应不同民族、不同地域的风俗习惯、价值观念和心理上的需要。

(6)包装的造型和结构应考虑使用、保管和携带方便。

由于农产品具有很强的地域性特征,结合产地的竹、木、棉、麻等特色材料也很重要,将其加工运用于销售包装中,既能减少成本,还能使农产品具有原生态韵味。

二、农产品包装设计策略和方法

在农产品的包装上,选择不同的包装策略将得到不同的包装效果。

(一)农产品包装设计策略

1. 突出农产品形象的包装策略

突出农产品形象的包装策略是指在包装上通过多种表现方式突出该农产品是什么、有什么功能、内部成分、结构如何等,着重于展示农产品的直观形象。

从传统渠道走向电商平台的农产品,面对更加时尚的年轻消费群体,在包装设计上需要依据他们的喜好,结合自己产品的特点寻求趣味性的包装设计来突破。例如,草莓包装盒被设计成镂空的,这种包装通过在包装上再现产品品质、功能、色彩、美感等,以产品本身的魅力吸引消费者,缩短选择的过程。

另外,现代人追求亲近自然,尤其喜欢原生态意境,可以将农产品打造成有故事的"文化人",彰显特色农产品的鲜明地域特色,在形象塑造上发掘地域特色和文化。土鸡蛋的外包装极具原生态的鸡窝既视感,又用英文"Happy Eggs"标志让"快乐蛋"凸显现代感,这样,既彰显了农产品原汁原味,又在设计、风格上别具个性,不失亲切感。

2. 突出农产品用途和使用方法的包装策略

突出农产品用途和使用方法的包装策略是指通过包装的文字、图形及其组合告诉消费者,该农产品是什么样的产品,有什么特别之处,在哪种场合使用,如何使用最佳,使用后的效果是什么。这种包装给人们简明易懂的启示,让人一看就懂,一用就会,并有知识性和趣味性,比较受消费者欢迎。例如,一些冬虫夏草经营者,不仅把营养含量写在包装上,介绍产品的相关作用,还对冬虫夏草的食用方法进行了详细解释。

3. 展示企业整体形象的包装策略

企业形象对产品营销具有"四两拨千斤"的作用,因此,很多企业从产品经营之初就注重企业形象的展示与美誉度的积淀。运用这种包装策略的企业需要有比较深厚的文化积淀。

有的企业挖掘企业文化透彻,并且能与开发的农产品有机地融合起来进行宣传,达到了既展示企业文化,又给消费者留下深刻印象,还有利于促销的目的。

4. 突出农产品特殊要素的包装策略

为什么要在包装上突出农产品的特殊要素呢?任何一种农产品都有一定的特殊背景,如历史地理背景、人文习俗背景、神话传说或自然景观背景等。包装设计中恰如其分地运用这些特殊要素，能有效地区别同类产品，同时使消费者将产品与背景进行有效联系，迅速建立概念。这种包装策略运作得好，给人以联想的感觉，运用此策略的产品有利于增强人们的购买欲望。

（二）农产品包装设计的方法

1. 鲜果类

(1)类型：水蜜桃、毛桃、杏、葡萄、草莓等。特点：果品硬度低，保质期短，需密闭包装或低温保存。

(2)类型：苹果、柠檬、梨、石榴、柑橘等。特点：果品硬度较高，保质期相对适中或较长。

(3)类型：杧果等。特点：果品硬度适中，保质期相对适中或较长。

(4)类型：青皮核桃、冬枣、桂圆等。特点：果品硬度适中，保质期相对适中。

(5)类型：猕猴桃、枇杷等。特点：果品硬度较低，保质期相对适中。

(6)类型：荔枝、樱桃等。特点：果品保质期较短，需低温保存。

果品包装应该遵循“选果要好、装箱要实、确保透气”的原则。在选果上，一定要选优质果品，万不可有腐坏果品，否则会污染其他果品；装箱要实，一定不能晃动，以免磕碰；要确保透气，可以用透气棉、设置透气孔等方式。

包装一般必须要有内衬，或者是发泡棉、发泡网套、气柱、网格等。因为很多产品质地脆嫩，所以包装应能承受堆叠并适合大体积操作。如果是保质期短的果品，还需要考虑进行专业的打冷处理，或者用冰袋及进行真空处理。

2. 蛋类

类型：鸡蛋、松花蛋、咸鸭蛋等。特点：易碎，需要内附填充物、无缝隙包装。

3. 腌腊制品

类型：腌制品、腊肉、火腿、咸鱼、香肠等。特点：对包装要求较低。

4. 干果、风干品

类型：干果、大豆、白糖、干蔬菜、干燥菌类等。特点：对包装要求较低。

（三）农产品包装设计的发展趋势

1. 简约醒目

高质量的农产品包装设计将此种流行趋势称为“回到原点”。包装厂发现，在近些年快节奏的生活当中，消费者越来越注重产品元素的简洁化。因为他们无时间去研究产品包装的种种细节，所以农产品包装设计公司大多会将外观设计得醒目和简约，弱化元素数量，提高元素特点。

2. 手写体大量运用

农产品包装的根本目的是提高产品的醒目值，而普通的设计作品难以体现出差异。将线条流与手写体大量应用能够使产品脱颖而出。手写体的运用也属于一种文化的回归，手写体甚至会作为企业与消费者之间的一种情感纽带，产生微妙的影响。

3. 图案样式趋于趣味性

近些年来的农产品包装设计都呈现出趣味性，一些大品牌产品选择新注册品牌商标，并且在设计中融入一些趣味元素。从营销学的角度来说，趣味性元素也是未来营销的要点。

（四）农产品包装策略

包装的关键最终综合反映在包装策略上，不同的包装策略会带来不同的营销效益。

(1)等级包装策略。按照产品的价值、品质，分成若干等级，并实行不同的包装，使包装与产品的价值相称。比如，优质包装与普通包装，豪华包装与简易包装等，有利于消费者辨别产品的档次和品质。它适用于产品相关性不大、产品档次和品质比较悬殊的企业。其优点是能凸显产品的特点，并与产品质量协调一致；缺点是增加包装设计成本。

(2)组合包装策略。根据消费者的购买和使用习惯，把相互关联的多种商品纳入一个包装物中同时出售。例如，有的蔬菜生产者将不同种类的蔬菜放在同一个包装箱中，不但使顾客有了品尝各种蔬菜的机会，也扩大了蔬菜的总体销售量。又如，北京的几家特菜和特禽生产企业联合推出组合包装，将几种特菜产品和特禽产品混合放入同一个包装箱中，做到荤素搭配，这样既便于消费者食用，又扩大了产品的总体销量。同时，这种策略还能帮助新产品上市，有助于顾客接受新产品，尽早习惯并使用新产品。要注意采用这种包装策略时，不能把毫不相干的农产品搭配组合在一起。

(3)复用包装策略。指原包装的产品使用完后，其包装物还可以作其他用途。这样可以利用消费者乐于一物多用的心理，使他们得到额外的使用价值；同时，包装物在使用过程中也可起到广告宣传作用，诱发消费者购买或引起重复购买。

(4)附赠品包装策略。这是指在商品包装物内附赠给购买者一定的物品或奖券，起到扩大销售的目的。某牛奶包装上附有兑奖券就属于这种策略。附带赠品包装策略其实质是一种让利行为，经常受到中低收入者的欢迎。企业在采用这一策略时要量力而行，同时考虑法律法规的限制。

(5)一次性包装策略。根据消费者的使用习惯和携带便利而设计的包装策略，如袋泡茶、小袋咖啡等。

(6)透明包装策略。这是指用透明包装材料，能看清部分或全部内装商品的实际形态、新鲜度和色彩，使顾客可放心选购的策略。透明包装是一种备受消费者欢迎的包装形式，如超市中销售的蔬菜、水果和水产品等，多数采用了简单透明的包装策略。

小案例

过去，四川榨菜是以大罐的方式运到上海销售，获利极小；而上海人将大罐改为中罐出售，价格马上翻了一番；香港人买去后改为小罐出售，价格再翻一番；日本人买去后，破罐、切丝改用铝箔纸、小包装出售，销量又翻几番。后来，四川人终于精明起来，自己切丝加工改用铝箔纸、小包装，肥水终于不再外流。

由此可见，企业应根据不同的市场环境、不同的产品和不同的消费者，实施不同的包装策略，鼓励和引导城乡居民消费，注重产品包装对带动市场的作用。例如，中国出品的“芭蕾”珍珠膏，在每盒珍珠膏包装盒内附赠一支带5粒珍珠的别针，消费者每购买10盒珍珠膏，就可得到50粒珍珠，将它串成一串高雅的珍珠项链。当然，包装也要经常改变策略，以顺应消费者的需求。

能力转化

一、选择题

1. 农产品包装设计的原则包括(　　)。

A. 科学　　B. 经济　　C. 可靠　　D. 美观

2. 消费者往往对核心产区、产业基地的产品具有较高的信任度，可以利用这点形成差异化定位，这种农产品定位方法叫(　　)。

A. 根据农产品的用途定位　　B. 根据农产品的特性定位

C. 根据消费者的习惯定位　　D. 根据农产品的产地定位

3. 外卖品牌“饿了么”域名 www.ele.me，品牌命名策略是(　　)。

A. 目标市场策略　　B. 互联网思维策略

C. 情感形象策略　　D. 品牌代表品类策略

二、案例分析题

网红橙子——褚橙

褚橙，甜橙的一种，云南著名特产，属于云冈冰糖橙，以味甜皮薄著称。褚橙甜中微微泛着酸，像极了人生的味道，它由褚时健种植而得名。

褚橙最开始不叫褚橙，也面临过因为卖不掉被拉走扔掉的境遇。2006年，褚时健和老伴儿带着他们的冰糖橙在昆明参加展销会，老伴儿做了个红底白字的大横幅，写着“褚时健种的冰糖橙”。很多人一开始是抱着对褚时健的好奇买来尝尝，“褚时健”的名字为这种冰糖橙敲开了云南市场的大门，但终究还是品质让橙子在市场站稳了脚跟。

2012年11月5日，在褚时健种橙的第十个年头，褚橙首次大规模进入北京市场。褚时健选择了新兴电子商务网站本来生活网进行合作。

好的产品永远是成功的基础，褚橙的质量没得说，这对这场战役的成功起到了至关重要的作用。都说褚橙的火爆是场营销战役，其中营销团队功不可没。他们的工作主要从以下3个方面进行。

一、起名字

褚橙最开始叫作“冰糖橙”。营销团队觉得,“冰糖橙”只是一个品种,没有个性化的属性。要想让自己的产品在多如牛毛的产品中脱颖而出,且被人牢记,必须要先有个属于自己的名字,于是,“褚橙”这个称呼就诞生了。

二、讲故事

好的产品在未被人知晓之前,要通过能抓眼球的渠道被人了解。在全民创业的大环境下,大部分消费者都是先知道了褚时健的经历,再激发了品尝橙子的欲望,再加上橙子确实优秀,高重复购买率造就了褚橙供不应求的场景。

三、媒体的力量

有了名字、有了故事,接着需要有个渠道让消费者知道这个故事。营销团队的媒体素质在这个项目中体现得淋漓尽致。

他分别挑选发布周期为日刊、周刊和月刊的 3 家主流媒体,来报道褚橙。文章发表后,得到了很多知名企业家、主流媒体、刊物的转载,十几分钟内,客服电话就被打爆,网站也因为对流量预估不足曾一度瘫痪。

褚橙在某电商平台上线销售的第一天,就达到了之前日销售量的几十倍之多。随着第一阶段媒体战役的成功,橙子的销量上去了,越来越多的媒体纷纷报道褚橙的故事,再加上某电商平台的独家线上销售,褚橙和该电商平台一炮而红。

作为云南的特产,褚橙早已经风靡云南地区。其严格的阳光、肥料、气温的控制,果农细心的培育,让最终成熟的褚橙保持黄金酸甜比,非常适合中国人偏甜的口味习惯。利用自身的冷链运输配送渠道,将远在云南的褚橙送到北京。褚橙进京以后,越来越多的人有机会品尝到如此好吃可口的水果,也有越来越多的人喜欢上褚橙,吃褚橙一时间成了一种时髦的生活方式。

●思考:你还想到了哪些类似褚橙的农产品品牌创建方式?

模块六 农产品定价策略

价格通常是影响产品销售的关键因素。企业营销活动能否成功，在一定程度上取决于定价的合理性。企业的定价决策就是把产品定价与企业市场营销组合的其他因素巧妙地结合起来，定出最有利的产品价格，以实现企业目标。因此，定价策略是企业争夺市场的重要武器，是企业营销组合策略的重要组成部分，定价策略是农产品营销中的关键内容之一。

●**知识目标**

1. 了解农产品价格的构成要素，理解影响农产品定价的主要因素。
2. 掌握成本导向定价、需求导向定价、竞争导向定价的具体表现形式及适用条件。
3. 掌握心理定价、折扣定价、产品组合定价策略的具体内容。
4. 掌握新产品定价策略的适用条件。

●**能力目标**

1. 能正确运用定价的基本方法，占领目标市场，获得理想收入。
2. 学会根据不同情况，灵活运用各种定价策略，为农产品合理定价，获得更好的收益。

●**素养目标**

1. 提高对农产品价格波动的认识。
2. 培养灵活定价的意识。

任务一 影响农产品定价的因素

一只土鸡能卖多少钱

“178 元一斤鸡，18 元一个蛋。”你别以为听错了，这就是“SK”鸡在市场上的售价。

一只土鸡身价怎么这么高？第一层谜底是技术创新。“SK”鸡天天在空气清新的山坡上奔跑,其脂肪含量比普通鸡下降了一半,吃的不是普通饲料,而是专门研制加工的“中草药饲料”,在玉米中按比例添加了黄芪、当归、党参等补药,其蛋白质、水解氨基酸含量及微量元素也较普通鸡有很大的提高。

中草药养鸡,这门技术相对要求比较高。一只“SK”鸡走向市场,至少要养足一年,加上高价补药,单算养殖成本便是一般土鸡的 12 倍。“SK”鸡突破了农产品低价的怪圈,每千克售价 356 元。

如何让人们接受这个售价?第二层谜底是营销创新。展销会上,别人卖鸡,“SK”鸡请人吃鸡喝汤,用食客的嘴替天价鸡作宣传。中草药鸡烧的时候,只需要放盐炖煮,就十分鲜美。

2002 年年底,“SK”鸡在杭州新新饭店专门举办美食节。高价鸡能不能销出去,饭店起初也很怀疑,结果生意太好了。“SK”鸡如法炮制,在上海、南京等地高端食客中打响了名声。

对价格一贯走低的农产品来说,卖到如此高价,自然引起了社会各界的广泛关注。中央电视台七频道《致富经》栏目专门对“SK”鸡进行了专题报道。这下“SK”鸡的知名度更大了,咨询养鸡的、要买鸡的,电话一个接一个。

●讨论:(1)“SK”天价鸡是如何让消费者接受的?(2)该案例给了我们什么启示?

●提示:(1)研制新技术,开发生产独特产品。突出自身产品在功能、质量等方面与市场上同类产品的差异。迎合高端消费群体追求消费质量的需求。(2)注重宣传推广。通过参加展销会、举办美食节、采用专题报道等方式,加深消费者对产品价值的理解和认可。(3)产品定价能否得到消费者心理上的认可,是产品能否开拓市场、占领市场的重要一环。

追逐利润最大化是现代企业参与市场竞争的终极目标。要实现这一目标,其中关键因素之一就是企业生产产品的市场定价。产品价格是影响消费者购买决策最重要的因素。

一、影响农产品定价的因素

(一)农业生产者对农产品价格的影响

在正常情况下,每一个生产经营者都会追求一定的利润目标,这些目标通常是以投资收益率或资产收益率来评估的。农产品生产经营者可供选择的利润目标一般有三种。一是长期利润目标。此时,生产经营者制定正常的行业价格,却生产优质的产品,将来可渗透打入到竞争者的市场。二是最大当期利润目标。指生产经营者根据已知的需求和成本情况,制定一个在当季或当年可获得最大利润的价格。三是固定利润目标。农产品经营者在投资前制定一个具体的利润目标,以保证获得固定的投资收益。我国农业属于劳动密集型产业,农业生产多以小规模、分散的经营者为主。近年来,虽然农民合作社数量不断递增,但农民的合作意识依旧薄弱,加之自身文化水平不高,农民合作社发展刚起步,导致我国农民的组织化程度处于较低水平。

（二）农业生产成本对农产品价格的影响

农产品的成本直接影响农产品价格。农产品的成本涉及以下几个概念。

1. 固定成本

固定成本不随产量或销量的变化而发生明显变化，通常称为"农产品一般管理费用"，具体包括机器、厂房、折旧、取暖、照明、保险费和管理人员工资等费用。需要注意的是，固定成本在短期内是固定的，经过一段时间是会发生变化的，如扩大或缩小生产规模。总固定成本不随产量变化而变化，但单位或平均固定成本则正好相反，它将随着产量的增加而下降。

2. 变动成本

变动成本随产量或销量变化而发生直接的变化，具体包括原材料、外购半成品、工人工资、包装材料和销售等方面的支出费用。总变动成本随产量变化而变化，而单位变动成本在短期内则是稳定的。总成本或全部成本是固定成本和变动成本的总和，农产品价格至少应包括总成本。

3. 单位成本

单位成本也称"平均成本"，它等于单位固定成本加单位变动成本。从短期看，在一定范围内，单位成本随着产量的增加有下降趋势，因为虽然单位变动成本是稳定的，但单位固定成本会随产量增加而下降。如果产量增加到不合理的程度，那么单位成本反而可能上升，因为超负荷生产可能降低效率。

4. 机会成本

一般来说，企业所拥有的某种资源可以有多种用途。机会成本是指将某种资源用于生产某种产品以后所放弃的该资源用于其他生产可能取得的最大收益。在正常情况下，农产品价格要高于成本，即农产品价格不仅要能够补偿农业生产者的成本消耗，而且应该能够提供盈利。

（三）农产品营销渠道对农产品价格的影响

1. 产地批发商

产地批发商对该产地的农产品进行统一收购，形成规模经济优势，甚至垄断市场。由于经营者分散经营的现状，产地批发商在收购每家农户的农产品过程中拥有定价权，可能会压低农产品收购价格。产地批发商在市场中扮演着双向交易角色：一方面收购农产品，另一方面在农产品收购价格基础上经过必要的商品化处理过程，加上物流费用、经营利润等转售给销地批发商。

2. 销地批发商

销地批发商的农产品价格是在产地批发商的价格基础上加上流通环节的各项费用及经营利润构成的。销地批发商对农产品的再处理将导致农产品价格继续上升。流通环节费用可以分为生产性流通费用与非生产性流通费用两类，前者指运输、仓储、配送等费用，后者主要包括管理、销售等费用。销地批发商的经营利润是其经销农产品的总获利，经营利润越高，农产品价格越高。

3. 零售商

零售商主要由零售商贩与农产品超市构成。零售商贩包括当地农业生产者和专业商贩，当地农业生产者主要以销售自产农产品为主，较之专业商贩不具优势；专业商贩较当地农业生产者有市场优势，但难以形成规模优势。零售商贩与消费者之间形成的关系比较松散，两者通常可以在销售现场进行议价。农产品超市与消费者之间通常没有议价空间，价格由超市在销售成本与竞争对手的综合要素下单方面制定。

（四）消费者的购买能力对农产品价格形成的影响

消费者的购买能力由自身的收入水平决定。当消费者的购买能力提高，对农产品的需求与质量都会随之增高，农产品的价格也会随之产生变化。虽然单个消费者购买行为及喜好很难对农产品零售价格形成影响，但当不同购买能力的消费者形成层次划分时，反映在具体的购买行为上，购买能力高的消费者会选择品牌及信誉度高的农产品销售场所，而这些场所的农产品价格必定高于其他农产品售卖场所，形成农产品的价格层次。

二、农产品定价的依据和程序

品牌需要对农产品市场需求、成本、市场价格进行测定，然后确定最终价格。

（一）农产品定价的依据

1. 产品的成本

成本是企业定价的下限。一般说来，商品价格必须能够补偿产品生产及市场营销的所有支出，并补偿商品的经营者为其所承担的风险支出，其主要形式有生产成本、销售费用、储运费用、促销费用等。如果价格低于这些成本费用，那么企业就会亏损。在市场中，因为产品成本低的企业在价格方面有很大的主动性，所以企业总是力图降低成本。农产品生产交易量的加大，就会为降低产品的成本创造了条件，从而增加了企业的获利空间。

2. 市场需求

成本决定了价格的底线，需求则是制定价格的“天花板”。消费者通过将企业所收取的价格和购买产品所带来的可感知价值或利益进行比较，从而得出该产品是否优劣、自己是否购买的结论。企业定价不仅要考虑弥补成本，更重要的是要捕捉消费者心目中的可感知的价值。如果企业能让消费者充分地认识到产品能带来的价值，当消费者关心这种价值胜过计较价格的时候，企业就可以把价格定得较高。

3. 竞争状况

农产品企业在做价格决策时，需要考虑竞争者的成本、价格及其对自身价格变动可能做出的反应。例如，一个消费者想要购买一箱 A 品牌的牛奶时，往往会将 A 品牌的这种纯牛奶与 B 品牌、C 品牌等相似品牌的纯牛奶的价格进行对比，最后做出是否购买 A 品牌的牛奶的决定。如果市场处于高度竞争的状态，产品的供应种类相似，经营者想制定一个高于现行价格的价格将不会吸引太多购买者。因为如果价格太高，购买者就会转向其他企业的产品。如果市场存在适度竞争，产品有较大的差异，则对产品定高价也可以获得成功，因为消费者会认为其所供应的产品与众不同，有独特性。

（二）农产品定价的程序

1. 测定市场需求

测定市场需求主要测定目标市场上消费者对拟投放市场的农产品价格的主观评价，不同营销变量组合对应的农产品需求量，不同价格条件下农产品的需求量和需求价格弹性，为后续定价的顺利进行提供依据。

2. 测算成本

测算成本，分析不同生产条件下生产成本的变化，估算不同营销组合下的农产品成本，以此作为定价的依据之一。

3. 分析竞争者的产品与价格

经营者通过调查消费者对市场上竞争者销售的农产品的态度、价格等办法了解这些情况。重点调查分析同一产品，竞争者的产品质量、价格水平、可能做出的反应、替代产品的生产等有关情况。

4. 选择定价方法，确定最终价格

获取上述资料后，产品价格区间就基本上可确定下来。产品成本决定了产品价格的底线，竞争者的价格、代用品的价格，以及自己产品所独有的特色为估算其最高价提供了依据。确定产品价格上下限区间后，还需参考营销组合的其他因素，并且查考价格水平是否符合国家有关的政策法规，在此基础上最终确定价格。

阅读案例

柑橘盆栽卖得俏　每盆300元抢着要

不到一个月的时间，四川省眉州市仁寿县新店乡东桥村村民刘强就卖了60多盆柑橘盆栽，收入1万多元。刘强家的院坝里几十盆盆栽柑橘硕果累累，沉甸甸的柑橘把树枝压弯了腰。而在东桥村，村民的屋顶上、庭院里、池塘边，只要能放盆栽的地方，都可以看见盆栽柑橘的身影。

近年来，东桥村依靠发展柑橘清见品种种植走出了一条增收致富路。盆栽柑橘是该县清见果业协会会长徐文科在柑橘增效上寻求出的新致富路径。

“商机”是把柑橘栽到好看的花盆里，以盆栽的形式单棵销售，每盆销售价在150元～300元。清见果业协会通过不断开发、总结，使盆栽柑橘的经济价值逐渐凸显。其依靠不占地、移动方便、易于管理的优点，赢得了市场的青睐，为农民增收开辟了一条新途径。

●讨论：(1)盆栽树橘采用的是哪种定价策略？(2)请结合实际谈谈农产品做怎样的创新可以卖个好价钱？

任务二　农产品定价的策略

茶叶店如何巧妙定价

要制定让消费者心动的价格，至少要在生产成本的基础上，综合考虑5个要素。

第一，要看品牌定位。定价要符合茶叶的品牌定位，通俗地说，高档茶主要面对经济实力雄厚的人群，自然要有相应的高价格；大众茶面对经济实力一般的大众消费，就要有相应的大众价格。例如，西湖龙井作为高档茶的代表，其价格始终居高不下，清明节前的西湖龙井更是被炒至天价；更有心术不正的茶商，去贵州收购茶叶冒充西湖龙井。

第二，要看产品系列的定位。一个茶叶品牌可以有很多系列。例如，世界领先的专业闽茶品牌，闽豪功夫旗下铁观音有龙吟珠、功成茗就、闽杰、闽道、闽瑞、山野村夫等七大系列，各有各的特色，分别针对不同购买力的目标人群；同时，根据各个系列的品质差异，制定了不同的价格，满足了不同消费者的购买需求。

第三，要顺应消费者的认知习惯。这一条很重要，在消费者认知里，高价格等于高质量，便宜没好货，所以好产品一定要有其相对应的“高价格”。你价格定低了，消费者不相信“高档”，一定不买账；大众产品自然要有“大众价格”，你定高了，消费者觉得“不值”，同样不买账。这就是普遍存在的消费者对价格的认知习惯，你一定要牢牢记在心里。

同时，消费者也知道货比三家，你不能胡乱定价，不能让价格远远偏离了价值。你需要经常提醒自己，不管你定高价还是定低价，你一定要实事求是，保障你的茶叶“物超所值”才行。

经济学上经常讲一个非常形象的问题“沙漠里的一瓶水要卖多少钱?”这取决于这瓶水对消费者的价值。如果消费者口渴得即将死去，那么这瓶水的价钱是消费者当时能够支付的所有钱。换言之，只要消费者能付得起，多少钱消费者都愿意购买，你就可以以此来定价。

这就是价值，这瓶水相当于一个人的生命，价值无限大，自然是无价的。当然，如果你基于人道主义精神，免费赠送给消费者，你获得的是崇高的体验和内心的愉悦，这两者很难用钱买到，却让你受用一辈子。

现实生活中很少有这种极端的沙漠卖水实例，但定价的实质都是一样的。你一定要遵循价值规律，站在消费者的角度去看茶叶值多少钱，再按照消费者的认知习惯去定价。

第四，要预留运作空间，即充足的利润空间，保障灵活的促销空间。利润包括茶企自己的利润和经销商的利润。促销则包括两种促销：一种是渠道促销，主要目的是吸引经销商进货；另一种是终端促销，主要目的是吸引消费者购买。

例如，你的成本是 100 元，加上 20 元的利润，看起来很多了，但每逢节假日，大家都要促销，你打 9 折之后是 108 元，接近成本了，消费者还认为你折扣太少，这就叫“运作空间不够”。若是再考虑到经销商的利润，你这个价格就很难生存了！

降价容易涨价难，实际定价的时候，你不仅要考虑给经销商的折扣及给消费者的折扣，你还要把这些折扣事先考虑清楚，不能等到见底了才后悔当初定价太低。

第五，要注意发挥“小技巧”的“大作用”。差之毫厘，谬以千里。消费者不仅有“买便宜”的心愿，还有“占便宜”的心态，你在定价的时候，一定需要注意到数字之间细微差异造成的天壤之别。

例如，茶叶定价“1000 元/斤”和“999 元/斤”，你有什么感觉？尽管只是“1 元”的差距，但是前者给人的感觉上了“1000 元”这个数量级，后者给人的感觉是“便宜很多”，“1000 元还不到”，仿佛两者有着实质性的差异。

再如，“991 元/斤”和“999 元/斤”，虽然前者更便宜，但是前者给人的感觉是“1 元钱还要收”“够小气的”“贵了点儿”，后者则给人的感觉是“1000 元都不到”“挺精确的”。这就是消费者的感觉，你必须重视这些“小技巧”，并让它们发挥“大作用”。

关于这方面的“小技巧”很多，举不胜举，但万变不离其宗，你要想方设法让消费者“买了便宜”，又“占了便宜”。

●分析讨论：茶叶定价时，要综合考虑那些因素？

一、农产品定价策略

农产品定价策略是在定价目标的指导下，根据农产品特征和市场条件，综合考虑影响价格的各种相关因素，运用具体的定价方法，对农产品价格进行决策。常用的定价策略有以下几种。

（一）渗透定价策略

渗透定价策略的适用范围是：产品市场规模大，市场竞争性较强；产品需求弹性较大，消费者对产品价格反应敏感的市场。

由于农产品的同一个品种具有较大的同质性，因此经营者往往采取低价来吸引众多消费者。其理论根据是市场上存在一大群普通消费者，他们的购买行为相当理智，希望支付较低的价格来获得较高的满足。低价是相对于产品品种和服务水平而言的。这种策略的优势在于低价低利，能较长时间地占领市场，能够有效地阻止竞争者加入。这种策略主要包括以下 3 种。

1. 高质中价定位

家庭农场的经营者提供优质的产品和服务，但价格定在中等水平上。把农产品价格保持在同行业平均价格水平上，以价格的优势吸引众多的消费者，使消费者用中等的价格获得高品质消费。

2. 中质低价定位

中质低价定位指以较低的价格，向消费者提供符合一般标准的产品和服务，使消费者以较低的价格获得信得过的产品。这一目标市场的消费者群对价格敏感，但又不希望质量过于低劣。

3. 低质低价定位

产品没有质量优势，唯一有的是价格优势。这一策略主要迎合一些低收入人群。在此种策略下，经营者以不断降低产品成本作为获取利益的手段。

渗透定价策略的可行性在于，通过降价刺激需求，通过需求扩大生产规模，通过扩大生产规模降低生产成本，形成良性循环。从单位盈利来看，虽然低于市场基本水平，但由于需求量的扩张，使产品利润总额大于未降价前的销售利润总额，以此达到扩大农产品生产规模与销售数量的目的。

（二）撇脂定价策略

撇脂的意思是从牛奶表面逐层撇取奶脂。农产品撇脂定价策略指将高质量、良好品牌形象的农产品投放市场，为层层撇脂收益及获得溢价而采取的高价策略。定价较高的农产品，如绿色农产品（绿色水稻、绿色蔬菜、绿色畜禽肉及绿色水果等）比较受高收入消费者的青睐。绿色农产品作为特殊的农产品，在生产程序上比较复杂，耗费的时间与生产成本比普通农产品高，因此售价也相应较高。

相关调查数据显示，虽然绿色农产品的售价较高，但倾向于购买绿色农产品的消费者在各国都占较高比例。例如，84%的美国消费者更加倾向于购买绿色农产品，英国有66%的消费者愿意支付比普通农产品更高的价格用于购买绿色农产品。

（三）尾数定价策略

农产品的消费者往往认为尾数价格是经过精密计算的，因而产生一种真实感、信任感、便宜感。例如，1000克鸡蛋标价5.90元，比标价6.00元更易销售。

（四）整数定价策略

根据消费者自尊心理、追求品质心理的需要，采取整数定价。农产品价格太低，消费者会认为质量不好；但价格太高，消费者会认为不值得。例如，一盒人参礼品如果定价为59元，就不如定价60元为好。因为消费者心理感觉59元只是50多元，标价为60元会使消费者心理上得到满足，易引起购买动机。

（五）分档定价策略

农产品分档定价就是根据消费者购买能力的层别和差异，在经营不同细节差别的同类产品时，根据细节差别将农产品分为几个档次，不同档次的产品，价格有所差异。将农产品的层别差异作为分档定价的依据，一方面在购买能力可以使消费者对号入座，满足消费心理；另一方面可以在购买用途上细致分类，为消费者提供方便。若分档的档次过多，将造成价格差异较小，失去价格分档的意义；若分档档次过少，则将造成价格落差太大，使消费者选择空间变小。因此，合理的分档定价要注意农产品市场需求，在细分农产品市场时需关注不同细分市场的需求，并按照需求决定产品投放规模。

（六）折扣定价策略

折扣定价策略是指经营者在消费者购买商品达到一定数量或金额时予以价格折扣，刺激消费者的购买欲望。

1. 数量（金额）折扣

数量（金额）折扣是卖主为了鼓励消费者多购买，当购买达到一定数量（或金额）时给予消费者某种程度的折扣，其形式有累进折扣和非累进折扣两种。累进折扣为消费者在一定时期内累计购买达到一定数量或金额时，给予一定折扣，购买越多，折扣比例越高。非累进折扣是当一次购货达到卖主要求的数量或金额时,就会给予折扣优待。

2. 现金折扣

现金折扣是指消费者在购物时,如果其以现金付款或者提前付款,可以得到原定价格一定折扣的优惠。现金折扣主要是销售商为及时回收货款而采取的一种价格促销方式。

3. 交易折扣

交易折扣是根据各类中间商在市场营销中功能的不同给予不同的折扣。交易折扣表现在农产品销售中为产地价、批发价、零售价的差价。一般来说,批发商折扣较大,零售商折扣较小。

(七)地区定价策略

地区定价策略,就是在把产品卖给不同地区的消费者时,决定是否实行地区差异化定价。地区定价策略的关键是如何灵活对待运输、保险等费用,是否将这些费用包含在价格中。在农产品定价中,运费和保险费是一项很重要的因素,特别是运费和保险费占成本比例较大时更应该重视。

(八)形象定价策略

把农产品包装好作为礼品赠送越来越成为一种时尚,绿壳鸡蛋、散养柴鸡、彩色甘蓝等有机蔬菜配上乡土气息浓郁的包装正走俏礼品市场。正如一枝鲜花,单独销售的价位可能不太高,但是,把它装进透明好看的花瓶里,视觉上会给人带来愉悦的享受。因此,鲜花伴随着花瓶一起出售,价位就会稍微偏高,消费者购买欲望也愈加强烈。把特色鲜明、老少皆宜的农产品作为礼品销售,制定的价格可以与时尚礼品相提并论。

(九)组合定价策略

组合定价策略是通过不同档次或层次的产品组合扩大农产品覆盖层面,并促进消费者购买的一种方式。根据同一农产品的不同档次,通过市场细分,分析目标消费群体对不同档次农产品的偏好,以不同的生产细节、包装形式、重量、尺寸等作为区分农产品档次的指标,分别进行定价。

组合定价策略的意义在于拓宽农产品产销渠道,延展农产品覆盖广度及深度,增加农产品销量及品牌知名度。

二、农产品定价的技巧

目前,农产品的市场上,农产品定价有以下几个主要应用的技巧。

(一)利用消费者心理定价

对大众化、没有经过加工的一般农产品,消费者一般存在实惠心理,如 500 克蔬菜定价

0.9元，远比定价1元要吸引人，所以这类农产品定价最好不要超过整数。对粗加工农产品，消费者存在“一分价钱一分货”心理，他们认为单价为2.1元的商品比单价为2元的商品质量要好。不过，企业对这类商品一定要把好质量关，让消费者认为多付0.1元是值得的。例如，市场上乌江榨菜价位比其他厂家要高，但仍然卖得好，因为消费者认为它确实比其他品牌榨菜好吃。

（二）农产品分档定价

一般来讲，同档次的农产品价格要与竞争对手价格保持一致，定价时以竞争对手价格为主要依据。同时，根据本产品的竞争能力，推出另外一种规格产品，质量稍微好一些，价位稍高一点儿，这样消费者选择低价位时，你的农产品可能被选中；当消费者选择高价位时，你的农产品也可能被选中。

（三）随行就市定价

一般农产品差别不是很大，价格太高，消费者会嫌贵；价格太低，消费者会产生怀疑心理。因此，经营者可以把农产品价格保持在同行业平均价格水平上，这种定价方法比较保险。

（四）先低后高定价

刚刚进入市场的新产品，为了在竞争中获得一定市场份额，前期可以低价位进入，但这种产品需求弹性必须较大，消费者对产品价格反应敏感，低价能够刺激需求量增多。当低价赢得消费者、产品已经深入人心时，经营者可适当找机会提价，如物价普遍上涨、遇到国家上调工资时。

（五）让消费者自己定价

给予对方信任，对方将给予你更大信任。在可以讨价还价的场所，尊重消费者，让消费者给出产品价格。这时，消费者一般会客观报价，基本与市场价格持平；有时消费者为报以信任，给出的价格可能要高于你自己的定价。

（六）分部位定价

将农产品分拆为几部分分别定价。整鸡价钱较便宜，可将整鸡分部位分别定价，如分成鸡腿、鸡爪、鸡心来卖；把猪肉分等级深加工上市，把猪皮、猪毛、肥膘、猪骨等卖给不同厂家单独加工，如此便能大大增加收入。

（七）提供特色化服务

电商的特色化服务为差别定价策略提供了条件，具体包括优化退换货流程、提高物流速度、改善客服、包邮等。好的服务可以减少消费者对风险的担忧，提升其对农产品的信赖度。尤其是在农产品价格优势不明的情况下，特色化服务可以提高消费者的支付意愿。

三、农产品定价方法

（一）新产品定价方法

在激烈的市场竞争中，企业开发的新产品能否及时打开销路、占领市场和获得满意的利润，这不仅取决于适宜的产品策略，还取决于其他市场营销策略手段的协调配合。其中，新产品定价方法就是一种必不可少的营销方法。一般来说，新产品定价有以下两种方法。

1. 定高价方法（撇脂定价方法）

定高价方法是在产品生命周期的最初阶段把产品的价格定得很高，以获取最大利润，犹如从鲜奶中撇取营养价值最高的油脂。企业之所以能这样做，是因为有些购买者主观认为某些商品具有很高的价值。从市场营销实践看，在以下条件下企业可以采取撇脂定价方法：首先，市场上有足够的购买者，他们的需求缺乏弹性，即使把价格定得很高，市场需求也不会大最减少；其次，高价使需求减少，因而产量也相应减少，单位成本增加，但仍然能给企业带来利润；最后，在高价情况下，仍然独家经营，别无竞争者，因为在短期内仿制很困难，类似仿制品出现的可能性很小，竞争对手少。

2. 定低价方法（渗透定价方法）

定低价方法是企业把创新的新产品价格定得相对较低，以吸引大量顾客，提高市场占有率。采用渗透定价策略的条件是：首先，产品的市场规模较大，存在着强大的竞争潜力；其次，产品的需求弹性大，稍微降低价格，需求量会大大增加；最后，通过大批量生产能降低生产成本。

（二）需求差别定价方法

需求差别定价，也称“歧视定价”，是指企业按照两种或两种以上不反映成本费用的比例差异的价格，销售某种产品或服务。需求差别定价有以下四种。

1. 以顾客为基础的差别定价

同一产品，对不同的消费者应采用不同的价格和定价方式。其中，有的是由于不同的消费者对同一产品的需求弹性不同，分别对不同的消费者群体制定不同的价格。

2. 以产品改进为基础的差别定价

这种定价法就是对一项产品的不同型号确定不同的价格，但价格上的差别并不与成本成比例。

3. 地域为基础的差别定价

如果同一产品在不同地理位置的市场上存在不同的需求强度，那么就应该定出不同的价格，但定价的差别并不与运费成比例。例如，我国的传统出口产品茶叶、猪鬃等在国际市场上需求十分强烈，我们的定价就应该比国内高得多。

4. 以时间为基础的差别定价

当产品的需求随着时间的变化而变化时，对同一种产品在不同时间应该定出不同的价格。

（三）折扣定价方法

折扣与让价方法是企业对商品实行降价，减让部分价格，或加赠货品，另给一些津贴的一种定价策略。它给买方以优惠，鼓励顾客购买，争取顾客，借以达到扩大销售目的。折扣定价方法主要有以下几种形式。

1. 现金折扣

顾客用现金一次性交付或提前付款的，企业给予其一定的折扣率，鼓励买方用现金交易，减少滞销带来的麻烦和损失，以利加速资金周转。

2. 数量折扣

顾客购买商品达到一定数量时，企业按总数给予不同的折扣率，数量折扣又分为非累进折扣和累进折扣。非累进折扣应用于一次购货，规定购买某种产品达到一定数量，或购买多种产品达到一定金额，给予折扣优待，数量或金额越大，折扣越大。累进折扣是规定在一定时期内，同一顾客购买的商品达到一定数量或一定金额后，给予一定折扣，数量越大，折扣也越大，但折扣数额不可超过因大量销售所节省的费用额。

3. 季节折扣

季节折扣是制造商为了保持均衡生产，加速资金周转和节省费用，鼓励中间商早进货或淡季购买，企业按原价给早进货或淡季购买的中间商一定的折扣。季节折扣适用于季节性强的商品。

（四）促销定价方法

促销定价主要包括牺牲品定价和心理定价。牺牲品定价是超市和粮油副食店以少数与人们日常生活息息相关的农产品作为牺牲品，降低价格，来吸引更多的顾客光顾超市，借以增加客流量，带动其他商品销售。例如，某超市开展的“颜色日”折扣活动，规定周一至周四分别给予不同的农产品低价促销，分别以“绿蓝红白”为主题色，由此联动式地拉动低价蔬菜四周的高端水果消费。心理定价是企业在制定价格时，运用心理学原理，根据同类型消费者的购买心理来制定价格，包括尾数定价、高价、习惯定价、分档定价、整数定价和声望定价等。比如，把超市苹果定价为 9.96 元/千克，是采用了尾数定价法；把白灵菇定价为 20 元/千克，则采用了整数定价法。

(五)地区定价方法

地区定价方法,是当把农产品卖给不同地区顾客时,决定是否实行地区差异。一般情况下,本地产品在本地销售价格要低一些,异地销售由于各项环节的产生,其价格自然相对高一些。主要地区定价方法有以下5种。

1. 产地定价

产地定价指顾客在产地按出厂价购买产品,卖主负责将产品运至顾客指定的运输工具上,运输费用和保险费全部由买方承担。这种定价方法对于卖方来说是最简单最容易的。对各地区买主同样适用。主要适用于一些鲜活农产品的销售,如蔬菜、水果等易腐农产品。

2. 统一交货定价

不论买主所在地距离远近,都由卖主将货物运送到买主所在地,并收取同样的平均运费。优点在于简便易行,适于开拓异地市场,缺点是对本地和附近地区的客户不利。

3. 分区定价

卖方将市场划分为若干区域,分别制定不同的地区价格。例如,山东某大型蔬菜批发基地将其市场划分为北京市场、天津市场、济南市场等不同的区域,分别制定蔬菜价格。

4. 基点定价

选定某些城市作为基点,然后按"厂价+运费"的方式来定价,运费是从基点城市到消费者所在地的运费。

5. 运费免收定价

由卖方全部或部分承担运费,买方只需支付农产品价款。用该方法的前提是销售存在规模经济,规模经济可以降低农产品的平均成本,将运输成本进行内部消化。

阅读案例

"90后"的"年货观":不爱囤货爱现货

生鲜电商每日优鲜发布的《2019生鲜年货消费报告》显示,在生鲜年货上,"90后"年轻人酷爱代表消费升级的各种新兴商品。相比囤一冰箱的年货连着吃上一两周,他们更喜欢即时送达又经常有折扣的电商平台,购买最新鲜的肉和海鲜,兼顾"勤俭持家"的一面。即使是在菜价波动的春节期间,也能淘到最实惠的食材。

车厘子销量同比涨32倍 趴趴狗蛋糕成网红食品

随着年轻人消费能力的提高,消费升级产品成了他们年货购买的主流选择。在每日优鲜的"全国年货各品类爆款王"大数据统计里,智利车厘子、厄瓜多尔白虾就分别是水果和水产品类的"C位明星"。酒饮品类的摩奇礼盒、轻食品类的趴趴狗和小黑狗蛋糕成为2018年食品界的"网红"。

相比2018年,2019年智利车厘子的销量同比暴涨了32倍多。此外,厄瓜多尔白虾同比增长了731%,另一消费升级代表产品红颜草莓则比去年多卖出了10.5倍。报告显示,除了占据爆款榜单的智利车厘子,华北消费者更爱章姬草莓和鲜活帝王蟹,华东消费者青睐砂糖橘和鲜活波士顿龙虾,华中人的年货购物车里少不了特仑苏牛奶和红颜草莓,华南人最中意的则是颇有当地特色的腊味礼盒。

鲜肉和活海鲜在节日期间也能实现"1小时达"

老一辈消费者在过年时会在冰箱里囤满食物,但年轻人更愿意购买更加新鲜的消费品。报告显示,冰鲜小排、鲜牛羊肉等鲜肉类产品和波士顿龙虾、珍宝蟹、面包蟹等鲜活海鲜一同上榜。

而在每日优鲜所有年货极速达订单中,含鲜肉类产品的订单占到了43.53%。消费者对生鲜产品本来就有即时性的购物需求,越发注重健康的他们也希望购买到更新鲜的商品。数据显示,每日优鲜年货极速达订单的平均配送时长为42分39秒,最快一单更是只用了8分17秒。

每日优鲜相关负责人告诉《北京青年报》记者,基于上述消费洞察,公司采用了"城市分选中心+社区前置仓"的物流模式,让新鲜食物能在顾客下单后1小时内送货上门,"因此,在今年春节,北京的消费者尽可以放心,完全可以实现鲜肉和活海鲜即时配送上门"。

趁着人们纷纷从大城市"春运"回老家的当口,每日优鲜绘出了农产品们的"春运路线图"。新疆库尔勒香梨、四川春见耙耙柑、广东清远鸡、江苏盐水鸭等商品就分别成为了华北、华东、华中和华南的"最奔波年货"。

(资料来源:《北京青年报》,2019-01-30,有删改,记者:李佳。)

能力转化

一、填空题

1. 一般来说,产品定价的下限是(　　),产品定价的上限是(　　)。

2. 产品成本根据其随产量和销量的增减变化的不同可分为(　　)和(　　)。

3. 需求差异定价法具体分为(　　)、(　　)、(　　)、(　　)四种。

4. 拍卖定价与投标定价的区别在于,拍卖是(　　),投标是(　　)。

二、判断题

1. 产品成本是价格的下限.存下常情况下,产品定价要高于产品的单位总成本。(　　)

2. 一般来说,当某种农产品供不应求时,价格会下跌;供过于求时,价格会上涨。(　　)

3. 在销售严重困难时,农产品经营者可亏本销售的条件是:产品单价>产品单位变动成本。(　　)

三、选择题

1.影响农产品价格变动的因素主要有(　　)。

A.农产品生产成本　　B.农产品运销成本

C.农产品供求的变化　　D.竞争者价格的变动

2.在投标定价法中,供货企业报价的制定依据是(　　)。

A.企业的目标利润　　B.对竞争者报价的估计

C.企业的成本费用　　D.市场需求

3.对传统手工刺绣、镂雕等高级工艺品,宜采用的定价方法是(　　)。

A.薄利多销　　B.成本加成定价

C.理解价值定价　　D.随行就市定价

4.属于需求导向定价法的是(　　)。

A.成本加成定价法　　B.目标收益定价法

C.理解价值定价法　　D.需求差异定价法

四、思考论述题

1.“薄利一定多销”,请评价这种说法。

2.保本或亏本定价一般在什么情况下应用?

3.理解价值定价法应用的关键是什么?怎样提高消费者对产品的理解价值?

4.举例说明需求差异定价法的方式。

5.简述投标定价法的步骤。

五、计算题

某奶制品生产企业,全年需固定成本90万元,单位可变成本10元/件,该企业年生产能力10万件。因行情不佳,目前订货量为8万件,每件售价20元,生产能力有富余。后有一客户愿出价16元订购1.5万件,问企业能否接受此订货?为什么?

六、案例分析题

“牛奶莲雾王”一个1800元

10个三亚有机“牛奶莲雾王”拍出18 000元,也就是说,一个有机“牛奶莲雾王”卖价是1800元。这是发生在2010年海南冬交会三亚展馆的事。为了让农业增效、农民增收,三亚市通过冬交会这个平台进行优质农产品拍卖,拍卖项目主要为期货拍卖、现货拍卖。

首先拍卖的是供货期间2011年12月,拍卖量250吨,底价1500万元的有机莲雾期货。从底价1500万元开始,不断有人举牌1550万、1580万、1600万、1650万、1700万,最后以1780万元被成功拍下。

第二个登场的农产品是有机“牛奶莲雾王”,为现货拍卖。10个莲雾,底价为每个100元。

经过几轮激烈的竞价，单价从每个100元飙升至每个1800元，一筐10个就是18 000元。

三亚南鹿牛奶莲雾农民专业合作社生产的莲雾已通过国家有机产品认证机构的有机认证，这是中国大陆首个获得有机认证的莲雾产品。

有机牛奶莲雾品质好，在上海、广东的销量一直不错，并且经常被卖断货。

冬交会上，莲雾卖出这样的高价，虽出乎意料，但也在情理之中，如2010年“台湾莲雾王”的拍卖价格达到了一个3800元人民币。

●分析讨论：

(1)农产品拍卖的过程是怎样的？

(2)农产品拍卖有什么好处？

(3)哪些农产品适合拍卖定价？

模块七 农产品渠道策略

学习目标

●**知识目标**

1. 了解农产品直销的特点和优缺点，理解农产品间接销售的主要模式。
2. 掌握农产品零售直销、订单直销、观光采摘直销的操作要点。
3. 理解农产品网络营销的内涵，了解开展农产品网络营销的基本条件。
4. 掌握农产品网络营销的操作方法。

●**能力目标**

1. 能根据实际情况，正确有效地选用农产品直销的不同形式，成功销售农产品。
2. 掌握农产品农超对接操作的基本技能。学会根据实际情况，选择合适有效的农产品间接销售渠道。
3. 掌握网络销售操作的基本技能。
4. 能根据实际情况，成功地进行农产品网络营销。

●**素养目标**

1. 培养诚信意识、合同意识，树立法治观念。
2. 培养积极探寻农产品销售渠道的意识。
3. 培养重视、利用高新技术的意识，发挥科技在农产品营销中的作用。

任务一　农产品营销渠道策略概述

浙江江山："资源＋平台"加大产销对接

深入开展"十县百亿"电商精准助农工程。浙江省江山市先后与8个省、自治区的20个县（其中9个为贫困县）建立了战略合作关系，开创"资源共享＋平台共建"模式，推动产销无缝对接。以江山市“冒个泡”“寻味”“雁子”等大型电商企业为纽带,网罗各县特色农产品,从源头产地直供大型销售终端。同时,每年举办农产品电商资源对接会,为全国农产品集散提供对接平台,推动农产品产销互通有无。自2018年以来,已连续举办三届资源对接会,吸引各地30余个县(市、区)参加,100多种地标性农产品参展。

每年开展农产品资源实地调研,牵线该市电商企业与外地农业主体合作,共享江山电商渠道,推动县域地标农产品集聚江山。筛选龙头电商企业作为人才实训基地,承接合作县域电商企业人才来访交流学习,并组织江山电商企业培训人员赴当地开展免费培训。

开启跨县域直播合作,推动直播电商与县域融合发展,打造“线上吸引流量+实体实景消费”模式。2020年以来,累计开展50余场直播带货,帮助20个东西部县带货近5亿元。帮助广西、四川、新疆等地销售沃柑、脆红李、纸皮核桃等农产品,累计实现网络零售额187.3亿元,助力沐川、马边、周至、蒲城、白水、雷山、乌什、寻乌8个东西部贫困县成功脱贫。

●讨论:该案例涉及了何种渠道策略?存在哪些优缺点?

长期以来,农产品流通问题是困扰农民的核心问题,农民丰产不增收,农产品卖难买难的现象普遍存在。如何合理地选用销售方式,将农产品快速、经济、方便地提供给消费者,达到扩大产品销售、降低流通费用、提高经济效益的目的,是本任务着重要解决的问题。

一、农产品营销渠道的含义

农产品营销渠道指农产品从生产者向消费者转移过程中的路线和途径,即商品实体形态的运转路线和所有权的转移过程。有人认为,一条营销渠道包括某种产品产供销过程中所有的企业和个人,如原料供应商、生产者、中间商、辅助商(运输企业、告代理商、市场研究机构等),以及最终消费者和用户。也有人认为,一条营销渠道主要包括中间商、生产者和消费者(具有交易职能的中间商联络通道),而不包括原料料供应商和辅助商。无论哪一种观点,农产品营销渠道的起点都是生产者,终点都是消费者;农产品在由生产者向消费者转移的过程中,至少要转移商品所有权1次;营销渠道反映了商品实体运动的空间路线。例如,小麦由农户卖给当地粮站,再集中运转地方粮库,再转运到中转粮库,再供给面粉厂。

本模块中,将农产品营销渠道分为农产品直接销售、农产品间接销售、农产品网络营销及其他营销方式。

二、农产品直接销售策略

1. 农产品直接销售

(1)直销的定义。生产厂商不经过中间环节,直接将产品或服务出售给消费者或用户的营销方式为直销。

(2)采用直销方式的条件。一般来说,企业考虑是否进行直接销售,取决于生产与消费在时间、空间、数量上矛盾的大小与企业解决上述矛盾的能力。如果产销矛盾不大,企业能够自行解决,或者自行解决上述矛盾所需花费的费用不太大,可考虑采用直接营销渠道来完成商品销售。

①农产品的条件。体积大、笨重的农产品为减少装卸、运输和储存费用,可以考虑直销;易损或易腐的鲜活农产品应尽量采用直销;对观光旅游农业的产品及服务是用直销形式提供给游客的。

②生产者条件。生产者具有将产品售予最终用户所需的人力、物力和财力,除了经营管理生产外,还有相当的精力能放在产品销售上,而且有能力承担市场风险才可选择直销;能弥补因交易次数增多和成本增多带来的损失,如谈判交易费用、市场信息费等,所得大于支出时才能选择直销;能有效覆盖目标市场,才能以销促产。

③其他条件。例如,竞争商品的销售渠道、空间便利条件及潜在购买者的性质等。

小案例

北京市平谷区大桃协会成立于1998年,由当地区政府搭台兴办的农民专业合作经济组织用来指导生产,建立生产与销售的产业链,通过跑市场,抓销售,协助农民进入流通领域,解决了大桃销售问题。

该区大桃协会成立了市场开发部,主要负责到国内一些大中城市进行实地销售。这一销售渠道减少了中间环节,提高了收购价格,提高了农民收入。平谷大桃协会始终坚持服务于农民,让利于农民的原则。在收购价格上,每千克总要高出0.4～0.6元,带动了全区大桃总体售价的提高,避免了外地客商压价收购。据估计,农民每年至少可增加收入2000多万元。此外,协会还与城八区的20多家商场,还有超市建立了场地直销业务,有效带动了全区大桃销售工作的开展,促进了平谷区大桃产业的发展。大桃生产已成为山区、半山区农民致富的主要途径。

2.农产品订单直销

订单直销是指由农产品加工企业或最终用户与生产者在安排生产之前直接签订购销合同的直销形式。市场变化大,行情不稳定,若产销衔接不好,必然影响生产效益和农民收入的提高。订单直销作为农产品直销的一种形式,在发展中也存在不少困难和问题:企业与农民诚信度较低、发展订单农业必须始终注重提高农产品质量,产量受自然环境影响较大的农产品不适合订单农业,市场变化大的农产品无法开展订单农业,对于较大订单,签订企业负担较重。

小案例

四川省白沙镇充分利用高山气候优势,大力发展米椒订单农业,带动了农户增收,也为当地农业产业结构调整奠定了基础。

家住白沙镇往川坝村的吴大爷，这几天显得特别忙碌，他除了翻耕土地改种米椒外，还要参加技术培训，签订订单合同。

白沙镇以“订单农业”为切入点，引导农民发展品种优质的米椒，以订单种植、保价回收的方式解决农民种得多、销售难的问题。在信息扶持的基础上，还邀请农技人员对种植户进行手把手指导，确保丰产丰收，实现农业增效、农民增收的目标。

3. 农产品观光采摘直销

观光采摘直销就是通过游客观光、采摘、垂钓等方式直接推销自己农产品和服务的一种直销形式。这是一种以农业和农村为载体的新型生态旅游业。消费者收入的增加、闲暇时间的增多，观光采摘直销应运而生。在观光采摘直销中，农村村民通过举办采摘活动或举行开节仪式，可吸引大批中外游客和多家宣传媒体的到来，从而提高了本地区的知名度，对本地区农产品的销售及经济发展状况起到广告宣传作用；另外，通过观光、采摘等活动带动了本地区其他产业的同步发展，促进其农业产业结构的调整。但具体操作起来，有以下几方面的问题需要特别注意：观光农业的优质服务和新奇的产品是扩大销售的重要因素，观光农业要突破季节性的限制，改善观光农业的外部环境、提高观光农业经营档次。

小案例

北京营坊昆利果品专业合作社成立于 2007 年 9 月，是一家种植苹果、樱桃、草莓、葡萄、梨等多种水果的农民专业合作社。近年来，合作社着力开展观光采摘业务，吸引了很多游客前来采摘观光，并以此带动了合作社产品的销售。该合作社主要以苹果为主要产品，同时经营樱桃、草莓等产品。采摘园内的樱桃品种有五六种。在樱桃园，很多前来观光、采摘的游客品尝了酸甜可口的樱桃后纷纷购买。产品的销售一方面取决于过硬的质量，另一方面取决于正确的营销策略。

通过观光采摘的产品，比市场上的产品价格更高一些，如樱桃，市场上价格为 40～60 元/千克，而观光采摘价格则可翻倍。尽管如此，很多游客仍旧选择在周末或节假日来到采摘园，体验采摘的乐趣。

根据采摘团队的大小来划分，100 人以上的团队，采取分户、分片采摘，由合作社统一价格，统一管理；100 人以下的团队，根据顾客需求选择种植面积、果品质量来分配采摘。合作社共为农户安排采摘销售 150 次，实现收入 94 万元。

合作社从一开始就坚持走品牌化道路，提出“以精品销售为主，大力发展观光采摘”的总体销售思路，注册了“蟒山天池”果品商标，取得有机食品认证，并建立了自己的网站。美化果园也是提高销售的重要手段，在提高农产品品质的同时，创建优美的环境，可以让游客开心而来，满意而归。

4. 农产品零售直销

零售直销是指一些鲜活的农产品如蔬菜、水果、水产品等，生产者在田间、地头、农贸市场直接把产品出售给消费者，或直接把农产品送到客户（旅馆、饭店）手中，都属于这种直销形式。直销中，生产者和消费者都处于主动地位，不仅保证了生产者的收入和消费者的合理支出，还保证了农产品的鲜活性和少损耗。当然，这种销售方式要求生产者具备一定的销售能力和承担市场风险的能力。

在农产品直销中，由产品的生产者直接销售产品，这些生产者在市场上推销产品就是直销商。直销商应具备良好的思想道德素质、良好的服务态度，并不断提高商业服务技能，研究不同顾客的心理，且具备一定的文化知识。此外，在农产品直销操作中还有许多问题直接影响农产品销售的质与量，如农产品本身质量的保证、农贸市场的建设，以及信息反馈及时等问题都非常重要。

三、农产品间接销售策略

农产品由生产者转移到消费者的方式可以直接实现，也可以间接实现。现如今，在市场经济的社会里，间接地将农产品所有权、经营权转换主体，最终到达消费者手中，已经成为普遍形式。农产品间接销售具有高效性、灵活性、主动性、规范效益、专业化等特点。直接与间接的营销方式并存，而后者在市场经济中占有重要地位。当农民将农产品转给第三方时，就是间接销售。因此，农产品间接销售指连接农产品生产者与消费者的中间商，包括取得产品所有权或帮助转移产品所有权的企业或个人。例如，分销渠道的代理商和分销商，或从是否具有经营权来区分的独立的中间经营供应商或代销商，或根据是消费市场还是产业市场来区分为前者批发商、零售商，后者销售代理商或批发代理商。农产品间接销售的形式主要有以下三类。

1. 农产品代理商

广义的代理指代理人以自己或被代理人的名义，代理被代理人与第三人实施民事法律行为，其后果直接由被代理人承担。狭义的代理仅指直接代理，代理商一般分为独家代理与多家代理。独家代理是厂商或供应商在某一市场的独家权利，厂家的特定商品全部由该代理商代理销售。多家代理是厂商不授予代理商在某一地区、产品上的独家代理权，代理商之间无区域的划分，都可以为厂家经营订单，而厂家也可以在所在区域或各地直销或批发产品。这种代理商主要靠产品的市场影响力进行销售。

小案例

2014 年 10 月 23 日，上百名买家和卖家参加了“国际水果与国产农产品拍卖会”，这是国内首次农产品拍卖。

在上海西郊国际农产品交易中心的拍卖现场，W草鸡合作社董事长陈某某将拍卖卡插入桌子中间的卡槽，戴上耳麦，按照拍卖师的提示一步步操作起来。此时，拍卖厅前方的大屏幕上显示当前拍卖的是美国红提，开拍价24元/千克。“这是最高价，电子屏自动逐步往下调，调到竞拍者的心理价时，竞拍人就可以按下桌上的按钮，表示他要拍。然后直接对着耳麦报自己要几箱，拍卖师就直接将已卖箱数和剩余箱数都反映在电子屏幕上。”现场总指挥肖堑表示，这样的拍卖形式，所有的交易信息都是公开公正的。本次首拍结束时，成交品种数十个，成交24笔，成交总金额141 425元。

2. 农产品经销商

农产品经销商是生产者指定特定公司为某产品交易的中间商，双方签订合同，生产者提供产品，由该中间商进行销售。在农产品的中间商中，经销商，特别是独家经销商很少见，因为它更适合一些耐用消费品。

3. 农产品经纪人

农产品经纪人是以合法身份在市场上为买卖双方充当中介并收取佣金的商人。经纪人的出现是社会分工的结果，也是商品经济社会商品交换的需要。随着市场经济的发展，我国农村的农产品交易市场上出现了许多经纪人，推动了农村经济的进一步发展。

除上述策略外，农产品营销还有其他的销售方式，如农产品超市营销、农产品期货交易及农产品拍卖交易、网络营销(本模块任务三重点讲述)等。农产品期货交易是在现货交易的基础上发展起来的，是通过在期货交易所买卖标准化的期货合约而进行的一种有组织的交易形式。农产品拍卖交易是通过现场公开或密封出价拍卖，将组织来的农产品逐批次限期拍卖给最高应价者。主要包括电子拍卖和传统离线拍卖。

四、农产品销售渠道发展趋势

随着农产品市场营销的发展，从以农产品生产为中心，到以农产品特色化为中心的营销观念，发展到顾客需求导向和关系营销的观念，农产品营销渠道的发展呈现出新的发展趋势。

1. 农产品渠道结构短化

在新经济背景下，顾客的需求日益个性化。顾客对农产品营销渠道过程的参与程度越来越高，信息技术为异地交易提供了物质基础，便利的运输大大提高了农产品物流的速度。顾客可以在市场上根据需要购买自己的农产品，如美国，78.5%的农产品通过“生产地—配送中心—超市、连锁店—消费者”的渠道通路完成其分销过程，只有20%的农产品通过“生产者—批发市场—销售渠道”的传统农产品营销渠道。农民的集贸市场只占1.5%。我国在倡导和实施“农超对接”的过程中，这种环节少，物流快、成本低、效率高的渠道结构已形成发展趋势。

2. 渠道系统的垂直一体化

渠道系统的一体化分为垂直一体化、水平一体化和渠道集成化。我国农产品销售的垂直一体化主要采取农产品加工商的一体化和农商综合体的形式。

3. 渠道内部关系从交易关系向合作联盟发展

传统的农产品营销渠道成员间，因目标不同而在运作过程也具有差异性。目标不同而操作过程相同，又易产生一种合同不能按时履行的结构。日标相同，过程不同，从而造成一种在管理过程中的错误关系。因此，在简单直接的交易关系基础上逐渐建立起了合作关系，即在合作关系基础上的伙伴关系和在伙伴关系基础上的联盟关系，比如，“公司＋基地＋农户”或者采取“农超对接”等长期联盟关系。

任务二　互联网时代的农产品渠道模式

社区上演农产品销售新模式

“开始上菜了，今天的菜品有农家的小韭菜、菠菜、槐花、小青菜、小蒜薹、香椿……有需要的群友可请给俺留言。”

一大早，打开手机，一个熟悉的微信群消息便如期而至，每天一个问候，一首轻音乐之后，来自社区配送管理群的群主便会发出一条这样的消息，随后还会附上来自田间地头的真实图片，一场来自社区的农产品销售模式由此打开。

社区配送群主来“作媒”

接到群公告后，各社区成员接龙或者私信给群主，群主再根据业主所需确定量的多少。此外，还会在“群公告”里不时的温馨提示各种蔬菜水果的销售情况，如哪类蔬菜已售完等，让更多业主随时了解供货情况。

到了下午时分，各业主将自己的时间和取货位置统一告知群主，群主再按照约定的时间进行送货。就这样，来自田间地头的新鲜蔬菜就到了城市的社区居民手上。由此，一场由社区配送群群主嫁接、社区居民第一时间享受“基地＋社区直供”的农产品社区销售模式得以成功运行。

“小区内自发创建了几个蔬菜、防疫用品等应急群，但其他的多以广告宣传为主，唯独这个社区配送群所供应的货物让我买得舒心、吃得放心。以前在市场上买的蔬菜，不但价钱高，还担心加了各种催红剂、膨大剂等;如今,配送站每天实拍田间地头的蔬菜让我们放心了很多。"一小区业主说。

一边是城市蔬菜水果等产品供不应求,一边是农产品销路不畅,许多瓜果蔬菜滞留在田间,不是腐烂掉就是运输不出去,给农户造成很大的损失。于是,各种以小区或者楼层为单位的团购生鲜产品的鸡蛋群、蔬菜群、水果群等应运而生。就是这种农产品销售模式,不仅解决了市民购买生活必需品的需求,也帮助广大养殖户、种植户找到了新销路,连接起了供销两端。

业主、农户双受益实现"共赢"

"陕西擀面皮,原味、葱香、孜然、麻辣……小区内送货到家,需要的业主接龙了!"

"朋友家散养的大红公鸡,6斤左右,今天下单预订,明天送达……"

"东北大米、新疆大枣、延安小米,只针对小区业主,大家有需要可联系……"

像这样小区业主自发线上拼单购买的农产品销售模式,让广大业主在满足日常所需之外,还享受到了天然无公害的有益食品。

"为大家贴心服务是我的宗旨,做优质的商品是我的初衷。以后,我们会不定期的推出一些来自农户地里的特惠农产品和一些好吃新鲜的食材与大家一起分享……"和许多的社区配送微信群一样,这样的销售模式不仅给小区业主带来了便利,更多的是解决了很多农户的燃眉之急。

西安市长安区的一农户,家里大棚种植的草莓一度销售不出去,眼看色鲜味美的草莓腐烂在地,他真是急在脸上、苦在心里。后来,多亏一亲戚在西安市一小区,通过社区建群的方式以低价的形式将其销售,为其解决了难题。

陕西省咸阳市三原县渠岸镇大王村菜农刘志刚家种了5亩莲花白,因今年上门来收菜的客商比往年少了很多,蔬菜销售不出去,后来在当地供销社的帮助下,才算是把菜销售了出去。

当然,除了农户积极找渠道"自救"、各地供销社的大力协助外,一些商贸流通企业也积极拓展销售渠道,打通农产品进城通道。陕西供销农场贸易有限公司开展平价蔬菜进社区活动,为社区居民提供米、面、油、蔬菜等300余种生活品,受惠家庭达3.7万余户;陕西供销电子商务集团有限公司在自有线上平台开通"小供到家"社区团购,此项服务开通以来,"小供到家"订单量稳步增加。

"如今,农产品销售已从传统的连锁超市、批发市场逐渐转战到线上,线上又从主流网站逐渐转移到微信小程序、社区群和微商销售等渠道。"陕西省供销社经济发展处副调研员毛强曾在报道中说。

如今,有人的地方就有市场,就有营销,社区已成为国内最大又最小的市场了。就农产品零售而言,已经走出单纯的商超、便利店、菜市场,发展为线上订购、集中配送、共享共赢的社区新零售,实现了从田间地头到老百姓餐桌无缝对接新业态。

可以看出,在社区上演的农产品配送模式广受业主的好评,与此同时也解决了许多农户的后顾之忧，在双方均实现“双赢”的同时，也不仅让我们思考：农产品供应链体系如何发展才能赢得更多红利？

农产品供应链体系亟待“一体化”

“以前80%的蔬菜都销往农贸市场，现在不一样，80%的蔬菜通过线上对接销售到了西安市东郊的几个大社区，剩余的再销往农贸市场。”来自泾阳县云阳镇蔬菜种植大户柯兴旺说，“前一阵因为运输不畅导致销售受阻，我们积极发动身边资源联系销路，大力在线上进行推广宣传，没想到一个稳定的销售网络就这样建成了。”一个多月下来，种了大半辈子蔬菜的柯兴旺也成了微信营销能手。

单从农户角度来讲，并不是所有的农户都能像柯兴旺这样有好的销售能力和运气，更多的农户还在田间或者公路边上期盼着更多的客户来买他的水果蔬菜；更多的瓜果和蔬菜因为不能进城，腐烂在地里的例子也很多。

如何避免这样的结果出现，为农户解决后顾之忧？

“农产品想要实现产销无缝对接，单靠农户单打独斗显然难以形成规模。相关部门和企业应联合各方资源，帮农户牵线搭桥，用‘互联网＋’为农产品销售赋能，还要协调产区和销区的供求，构建‘点对点’销售关系，建立完善的产品供应链，着力培育产、供、销龙头企业，以大带小，以强带弱。”陕西供销电子商务集团有限公司总经理魏巍说。

的确，传统的变革已迫在眉睫，相关部门应引导传统农产品供应链企业向生产、加工、销售一体化发展，充分发挥电子商务平台促进产销衔接、缩短流通链条的作用，加强农产品产销对接的数据支持和服务，引导农产品电商不断创新销售方式、丰富营销手段，推动建立线上线下的长效融合对接。此外，农产品销售也要时刻紧跟市场形势，发挥好自身优势，不断推陈出新，在创新中寻求更多发展机会。

农产品销售新模式来到社区是一种应急，更是一种肯定，由此我们期待农产品供应链体系能进一步向一体化迈进，更趋规范化、系统化、人性化，为广大人民群众带来更多福利。

●分析提示：该案例使用了哪些农产品营销创新模式？

一、五种农产品渠道模式

互联网时代，针对不同的农产品，形成了以下五种农产品渠道模式，它们各有优劣势，但无绝对的优劣之分。

1. 消费者定制模式

消费者定制模式包括以下两种。

(1)消费者对农场(C2F，custom to farm)模式，即所谓的订单农业，消费者通过网络向农场定制个性化产品。

(2)消费者对商家(C2B, custom to business)模式,是消费者先通过网络下单,商家根据需求生产,更接近于订单农业。

2. 商家到消费者模式

商家到消费者(B2C, business to custom)模式,是经纪人、批发商、零售商通过网上平台将农产品卖给消费者。此类模式是当前的主流模式,它又可以细分为两种经营形式:一种是平台型的 B2C 模式,如天猫、京东、淘宝等;一种是垂直型的 B2C 模式(即专注于售卖农产品的电商平台的模式),如我买网、顺丰优选、本来生活等。

小案例

2008 年,江西省上饶市鄱阳县凰岗镇詹家墩村的董大姐开始返乡养土鸡。由于自然散养,因此土鸡蛋品质佳、味道好。靠着良好口碑,董大姐赢得了许多回头客,也吸引了一个电商团队的加入。

2015 年,董大姐的土鸡蛋正式“上线”销售。网上销量不错,但光卖土鸡蛋,品种单一且产量不稳定。她开始扩大产品种类,已找到辣椒酱、富硒有机米、莲子、干香菇、百花菜等十几种农特产品,开设了淘宝店和天猫旗舰店,通过差异化运作,每天销售额在 2000 元左右。

3. 商家到商家模式

商家到商家(B2B, business to business)模式是经营者集中采购农产品或生产、加工农产品,然后分发配送给中小农产品经销商的行为。这种模式主要是为中小农产品批发或零售商提供便利,节省其采购和运输成本。

小案例

从每天销售额五六千元、只发二三十箱黄桃罐头,到一日要发五六万元的货品,江西省景德镇市昌江区小伙董志伟的“跨越”只用了一年多时间。

2014 年之前,董志伟和其他当地农民一样,守着自家几亩梨树和桃树,一到丰收季节就为销路发愁;2014 年年底,他接触微商,自家酥梨和黄桃罐头开始不够卖,还得找经营者订货;2015 年年底,董志伟加盟国内一家村镇 O2O 电商平台,成为当地县域管理中心负责人,一年就把销售额做到 3000 万元。

董志伟解释,销量之所以能这么大,是因为他的发货对象也是县级代理,在全国共有 700 多个。“县级代理通过平台订货,再将货品分发给下面的村级线下店销售。”相比个体电商,大宗发货单价偏低,利润空间也小一些,主要靠走量赚钱。“利润总体上能达到销售额的 10%。”

做县级代理近两年,固定客户已积累了不少,可是一有农产品交流会,董志伟还是会带着产品一家家“跑推销”:“再好的东西,也要不断宣传、推广,才能引来更多客户。”

4. 农场直供社区模式

农场直供社区(F2C, farm to customer)模式,即农产品从农场直接到消费者个人的电子商务模式。农业 F2C 模式是线上多渠道模式,即将多品牌农业基地的产品借助电商平台,实现农场与采用预售和订购的模式来销售农产品。

小案例

安徽种田大户联盟是长三角农商会粮油分会旗下的种粮大户社群。目前,在安徽省有规模种粮大户 4000 多人。其中,200 亩以上规模种植户达 3200 人。这其中相当一部分人种植的是绿色、健康甚至有机的农产品,但由于品牌弱、渠道少,无法将优质的农产品以优价销售出去。安徽种田大户联盟与合肥地区 42 家中高档社区的业务委员会(社群)签约一年为试点期,每个小区首批自愿报名组成 200 户以上的直供试吃用户,等到成熟后逐步扩大规模。一般三口之家一天需要消耗大米 2 斤左右,如果是有老人的五口之家,一天需要消耗大米 3 斤。200 户人家一个月的需要吃掉 12 000 斤～18 000 斤大米。一年下来就是 144 000 斤～216 000 斤,正好够一个中等规模的家庭农场全年产出。如果市民吃得好,还会推介更多的左邻右舍、亲朋好友加入消费行列,所以会呈裂变式传播,从而让农场拥有良好的销售渠道。

5. 农业社区模式

农业社区采取了线上线下相融合(O2O, online to offline)的模式,也就是消费者线上买单,线下通过社区的便利店、大型超市或者自建实体店等自提。农产品的 O2O 模式需要选取线上、线下两个渠道进行全方位、立体营销,既要在官网上做广告,又要在微博上做宣传;既要在微信公众号上推活动,又要在网上商城中做展示,还需要利用其他的主流媒体、主流平台来做整合营销。

小案例

盒马鲜生建立线上线下相结合的 O2O 模式,颠覆了传统超市及整个传统零售业的人货场的交互模式。大数据、人工智能等技术的落地应用,打破了传统零售行业人货场三者之间的物理隔阂,实现了线上与线下运营的完整闭环。电子标签的使用实现了生鲜价格的及时调整,并保证线上线下价格的统一,客户可以在线上消费到与门店一致的商品。冷链技术的运用及数字化驱动的供应链体系,可以极大程度地保证盒马鲜生食品种类的丰富及货源的安全。运用大数据、云计算等技术手段,盒马鲜生研制出一系列的智能操作系统,极大地提高了线下门店的场景化体验水平,很大程度上满足了目前消费群体对于吃、喝、玩、乐的一体化需求。另外,盒马鲜生采用 App 统一结账的方式,客户买单时需要下载盒马 App,而只要用 App 消费过的客户就自动成为盒马鲜生的会员。统一的客户管理体系不仅可以避免再单独设立会员中心进行管理的成本支出,更重要的是,此举可以完全打通线上线下客户数据搜集的渠道,从而实现对客户需求的深度挖掘，实现精细化运营和数字化管理。

二、农产品营销的八大创新模式

1. 做爆品，以爆品带动品牌发展

小米创始人雷军曾经说过："在当今互联网时代，要想成功，必须要做出爆品，有引爆市场的产品和策略。温水你哪怕做到99℃，也没啥用。唯有沸腾之后，才有推动历史进步的力量。"尤其在信息海量的今天，爆品战略显得尤为重要。

所谓爆品战略，就是找准用户的需求点，直接切入，做出足够好的产品，集中所有的精力和资源，在这一款产品上做出突破，即单点突破。例如，正官庄高丽参、佳沛奇异果、加多宝凉茶、老干妈、褚橙……都是这样的成功案例。

凡是认知广泛，没有消费障碍的食品品类，适合做爆品营销模式，例如，枸杞、虫草、脐橙、大枣、核桃，等等。同时，爆品作为一个企业的代表性产品，在品质方面有一定的要求，否则会给消费者留下不好的口碑，不利于品牌的长期发展。

2. 网络直播销售农产品

由于网络直播低成本、高效益等特性，以"抖音"为代表的网络直播在近几年热度居高不下，越来越多人加入直播大军的行列。据中国互联网络信息中心发布第45次《中国互联网络发展状况统计报告》的数据显示，截至2020年3月，我国网络直播用户规模达5.6亿人，占网民整体的62%，其中泛娱乐直播行业移动用户规模超过1.5亿人。此外，预计至2024年市场规模将达191.29亿元，行业发展空间巨大。

网络直播的好处：①亲眼所见，提高购买信心；②参与互动，获得满足感；③新奇时髦，很多人都是冲着没有用过的东西而来的。同时，农产品+网络直播能解决"信任问题"。网络直播可以增强用户对产品的信心，还可以快速传播推广产品。因为，网络没有边际，网络直播的方式能很好地推广农产品及品牌。

3. 有规划地铺设农产品专卖店

以产地为中心，向产地外辐射出一个适当的区域，做品牌专卖店。农产品具有一定的地域性及代表性，品牌成立之初，农产品专卖店的选址适宜以本省为主。以这种方式销售农产品，不用担心特产的知名度。相比在全国，省内的消费者大多知道当地有什么特产，在产品的口味和消费方式上的适应性上也比较强。当品牌在当地有一定知名度之后，再以直营，或者加盟等形式，面向全国铺展专卖店。

通过专卖店的形式销售农产品，减少了中间渠道，降低产品单价，提高农产品与用户的互动，而且是专卖店专一经营某类产品的实体店，极具代表性，更容易得到消费者的信赖。

4. 将农产品打造成成品

单一的农产品销售还需要消费者进行二次处理，这在一定程度上阻碍了一部分消费者进行消费。零食小吃是最常见的农产品成品，除此之外，还可以将农产品与餐饮结合。把餐饮店、餐饮体验当作渠道或者平台，之后把农产品的体验、农产品消费、农产品“互动嫁接”在餐饮店里，从而破解农产品销售与推广困局。

有一家餐厅取名“乡村食材体验餐厅”，这家餐厅表面上干的是餐饮生意，能吃到以乡村原生态食材做的各种美味，卖的却是土鸡、土鸭、土猪肉、鸡蛋、鸭蛋等农产品。之后商家通过店内宣传、并结合互联网，刺激用户需求、留住客户、鼓励消费。

5. 农业众筹

简单来说，农业众筹指的是由消费者众筹资金，农户根据订单决定生产，等农作物成熟后，将农产品直接送到消费者手中的一种模式。农业众筹起源自美国，2014 年才正式进入我国，是一种较为新型的农产品销售模式。

目前，市场上也有不少农业项目使用这种方式进行产品的销售，如阳澄湖大闸蟹等。具体的操作是，在膏蟹肥美的季节到来之前，农商在电商平台开始销售阳澄湖大闸蟹消费券，上面附有产品领取日期。此时消费者已经付款确认订购的产品数量，但还不能立即拿到产品，待到产品领取日期时产品才被送货到家。这种销售模式能很好地解决了“种愁”与“众愁”的矛盾，能避免发生农产品产量过剩的情况。

6. 农产品＋可视农业

“可视农业”主要是指依靠互联网、物联网、云计算、雷达技术及现代视频技术，将农作物或牲畜生长过程呈现在公众面前。投资者和消费者可直观地看到各种生态养殖的可食动物、各种绿色的五谷杂粮，能够让大家放心地投资或消费，能够让大家放心地经营或食用的一种模式。这是一种在智慧农业的基础上发展起来的现代农业模式。

近年来，可视农业平台通过改造升级传统农业，贯彻电子商务下乡，升级商店、对接餐饮，派发订单生产等形式活跃农村市场，不断向可视农业生产商派发订单订金，有效解决传统农业市场通路、资金短缺和食品安全三大疑难问题，以低价格好产品，输送到各个市场终端。

7. 社群销售农产品

先以建群的方式，或者搭建基于社群销售食材的 C2B＋O2O 直供平台，以聚集某一个地区人气；然后在群里发布农产品相关信息，有需要的人可以直接在上面下订单购买；最后再配送到家。

社群或者直供平台上发布的农产品相关信息一般是仅限于当天有效，能为消费者营造出产品新鲜的特点。

大部分农产品是我们日常食用的蔬果等，由于它的直接消费者是人，因此社群销售农产品的方法是最直接接触消费者的途径，具有很大的销售潜力。

8. 农产品认养模式

所谓农产品认养，指的是发起众人合伙认养一头（棵或亩）农产品（植物或动物），根据需要认购的数量或部位，一起享受认养的乐趣，共同获得优质产品。可认养的农产品不仅限于家禽、家畜类可食动物，还可以是谷物蔬果类、乡村旅游服务类等。

认养农业是互联网＋时代兴起的一种新的农牧产品供应方式。它的出现，使城里的居民通过手机软件就可以享用到山里面的天然无污染的环境中，以食草、谷物、玉米等长大的家禽、家畜，甚至野猪、野鸡等野味农牧产品，以及稻谷、蔬果产品。

所谓"磨刀不误砍柴工"，想要自家农产品销量可观，不能仅靠营销模式的创新，还需要做好前提准备，如提高产品品质、对产品进行包装、系统的产品规划等。否则，即使有再好的营销模式，也难以维持农产品的长久经营之计。

三、完善农产品网络渠道

新型的网上电子商务贸易为传统农业的发展带来了机遇，完善农产品网络渠道对农村电商经营者而言十分重要。

1. 构建品牌网络推广体系

经营者可以通过现有的互联网媒体平台和农业类网站，从不同角度展示企业或者合作社的发展情况、生产情况及其他有利于企业的新闻信息等。现代网媒的便捷性使得这种展示更为快速有效。

2. 实现产品市场销售全网覆盖

产品信息通过众多的农业网站和农产品交易平台，可以更直接地为消费者所了解，包括农产品的出产时间、产量、品质等信息，实现产品展示、销售对接等，全面提高农产品的交易机会，促进农产品买卖畅通。

3. 构筑稳定网络销售体系

网络平台连接卖家和买家，直接实现农产品卖家和买家的对接，省去诸多中间环节，使供需双方信息交换更加通畅；同时，使卖家获得信息的有效反馈，与买家进行产品销售互动，把握市场动态。

因此，用电子商务进行农产品营销，能有效避免传统农产品营销渠道的诸多缺陷，有效解决时空上的矛盾，充分发挥营销渠道的地点和时间效用，克服农产品易腐、储藏周期短、损耗大等自身特点所引起的流通问题。由于信息获取成本较低，也有利于化解交易风险。

任务三 农产品网络营销

案例导入

网上卖鸡蛋售核桃

刘勇超于大学毕业后到家乡河北省石家庄市赞皇县承包了30多亩地，搭设了鸡舍，决心靠创业带动群众发展高效农业。

创业初期，刘勇超饲养的几百只柴鸡产下的优质鸡蛋销售并不怎么顺畅。一次，刘勇超和同学通过闲聊，同学的一句“通过网络销售”提醒了他。于是，他不断通过网络群发出售优质柴鸡蛋的信息，同时把设在野外的鸡舍、周边的环境、新鲜的柴鸡蛋等图片上传到网上。

很快，山西省运城市的一位商户在网上订购了1000千克柴鸡蛋，市场瞬间被打开。此后，通过线上订购或前来鸡场直接购买柴鸡蛋的客户络绎不绝。

农民经纪人王庆辉家住河北省平山县小觉镇，是当地最早把农产品卖到网上的农民。他发现很多城里人提倡吃粗粮，就特意去学习电脑知识和网页制作，卖这些城里少有的东西。他把家里收来的核桃、小米、红枣都拍成了照片发到网上。这些颗粒饱满、绿色天然的农产品很快就引起了人们的注意。第一笔生意成交后，王庆辉开始背个袋子，走家串户，看谁家的核桃是当年新打的，谁家的红枣个儿大、品质高。

此后，王庆辉利用网络为周边农户查询发布各类信息1000多条，帮助村民销售的农副产品有核桃、大枣、红薯等10多个品种，年销售额近百万元，产品卖到北京、河南、山东等地。

●思考：网络营销究竟是什么？是在网上销售产品，是通过互联网发布供求信息，还是在网上刊登广告？请说说你对网络营销的理解。

一、农产品网络营销概述

（一）农产品网络营销的含义

农产品网络营销又称“鼠标＋大白菜”式营销，是农产品营销的新模式。它主要是利用互联网开展农产品的营销活动，包括网上农产品市场调查、信息发布、促销、交易洽谈、付款结算等。

（二）农产品网络营销的内容

1. 网上调研

利用在线调查表或者电子邮件等方式，可以完成网上市场调研，相对于传统市场调研而言，网上调研具有高效率、低成本的特点。

2. 品牌推广

网络品牌建设以自身网站建设为基础，通过一系列推广措施，达到顾客和公众对自身品牌的认知和认可。

3. 网址推广

因为网站所有功能的发挥都要以一定的访问量为基础，所以网址推广是网络营销的核心工作。

4. 信息发布

利用网站发布信息是网络营销的主要方式之一。无论采用哪种网络营销方式，结果都是将一定的信息传递给目标人群，包括顾客/潜在顾客、合作伙伴、竞争者等。

5. 销售促进

大部分网络营销方法与直接或间接促进销售有关，但促进销售并不限于促进网上销售。事实上，网络营销在很多情况下对促进网下销售十分有效。

6. 网上销售

建立自己的网站，利用自身网站实现销售的全部流程，或利用第三方电子商务平台开设网上商店，以及与电子商务网站建立不同形式的合作，实现农产品的销售。

7. 顾客服务

从形式最简单的常见问题解答到邮件列表，以及聊天室等各种即时信息服务，互联网提供了更加便利的在线顾客服务手段。

8. 顾客关系

利用网站的交互性、顾客参与等方式，在开展顾客服务的同时，也增进了顾客关系。

（三）农产品网络营销的优势

1. 增加交易机会

利用互联网进行农产品营销，能打破传统的时空限制，有利于农户与外界的联系，有利于营销信息的传播和扩散，使更多的客商关注到自己的产品。

2. 节约交易成本

供求双方信息的透明、实时和高度互动性，使农产品在营销过程中的信息搜索、条件谈判（议价）与监督交易实施等各方面的成本显著降低。

3. 有利于形成农业生产的正确决策

利用互联网，可以使农户和农业企业及时了解相关农产品的市场营销信息，以便农户和企业制订自己的农产品生产、加工、销售等计划,适应市场需求。

4. 有利于打造农产品品牌

网络环境下信息传递速度快、覆盖面广、宣传成本低,这些都有利于农产品的展示推广,提高农产品的知名度,从而建立农产品品牌声誉。

(四)开展农产品网络营销的条件

1. 网络营销的外部条件

网络营销的外部条件包括网络营销基础平台、相关的法律环境、政策环境、必要的互联网信息资源、农产品品质分级标准化、包装规格化及产品编码化程度等。

2. 网络营销的内部条件

一般来说,农户或农业企业开展网络营销,需要有三方面的条件,即农产品特性、财务状况和人力资源。

(1)农产品特性。网络营销适用于特色农产品、出口农产品、不容易寻找消费者的农产品等。

(2)财务状况。农户和农业企业应根据自身的财务状况,制定适合自身的网络营销策略。在开展农产品网络营销之前,需要对支出进行统筹规划。

(3)人力资源。网络营销人员既要有营销方面的知识,又要有一定的互联网技术基础。要根据人才的状况确定网络营销的应用层次。

小贴士

阻碍农产品网络营销的因素

(1)农村信息网络基础落后。目前,计算机和互联网在农村的普及率还不高,网络速度较慢、网络运行不稳定等问题还比较普遍。很多地区没有具有区域性影响力的农产品信息网站,农民缺乏信息意识,不知道如何收集、利用、发布信息,不懂得网络信息与他们增收致富的密切关系。

(2)农产品网络营销人才缺乏。目前,既有农产品知识,又有营销方面的知识,还掌握一定的互联网技术的人才很少。在一些地区,很多年龄较大的农产品经纪人还不会使用智能手机。

(3)农产品生产与运销现代化水平较低。目前,农产品品质分级的标准化、包装的规格化、产品的编码化,以及农产品的品牌化程度较低,无法很好地满足网上交易的需要。同时,农产品物流配送需要高质量的保鲜设备、一定规模的运输设备和人力,需要大量的投资。这对我国的农民专业合作组织和农户来说难度较大。

(4)相关的法律体系不完善。由于缺乏完善的法律、法规来约束和规范网上交易行为,网上交易还不十分安全可靠,我国的公共政策也未能跟上,存在一系列问题,如资费问题、隐私权问题等。

拓展阅读

在一位南宁卖家开设的网店"当当××"里，分有时令水果、时令蔬菜、各种干果、婚庆喜糖四大类。虽然店铺主要以出售特色的热带水果和特产为主，但其中"时令蔬菜"中不乏莲藕、萝卜、玉米、洋葱等市场上常见的菜类，大都3.5千克包邮，每千克的价格在14元左右。

店主很细心地介绍了各种蔬菜的营养价值及食用方法，甚至推荐了几种比较典型的菜谱。但在销售记录的排名单上，名列第一位的是在30天内销售了27笔的广西特产红皮甘蔗，跻身前五位的蔬菜类也只有卖出了5笔的荔浦芋头，其他种类的蔬菜似乎无太多人问津。

一位买家的留言或许道出了其中的原因："玉米真的很好，不过可惜运到家都有味了……8天才到……"横亘在网购蔬菜和保鲜期之间的鸿沟依然是距离与保鲜期之间的对决。

二、无站点农产品网络营销

网络营销根据有无自己的网站可以分为两类：无站点网络营销和基于网站的网络营销。

无站点网络营销是指农业企业或农户不建立自己的网站，而是利用互联网上的资源（如电子邮件、即时通读等），借助通用的或专业的电子商务平台（如淘宝、阿里巴巴、中国农业农村信息网等）开展网络营销活动。

无站点网络营销主要开展农产品网上调查、信息发布和在线销售。对于缺少资金实力和互联网技术人才的农户和农业小企业来说，只要拥有上网的条件、学会一般上网的方法就可以。

（一）网上市场调查

在农产品营销过程中，了解农产品的价格、需求等市场信息是非常重要的环节。在传统的方式下，了解市场信息工作量大、时间长，而利用互联网艾产品市场调查，不受时间、地域的限制，具有方便、及时、费用低的优点。

利用各大搜索引擎，如百度、搜狐、新浪等；利用各农业类信息网站，如中国农业农村信息网。

小贴士

国内常用的农业信息网站：

- 中国农业农村信息网（http://www.agri.cn/）
- 中农荟（http://www.ap88.com/）
- 新农网（http://www.xinnong.com/）
- 农博网（http://www.aweb.com.cn/）
- 金农网（http://www.jinnong.cn/）

可通过登录以上农业网站或各省市的农业信息网及其他相关农产品交易网站，来获得农产品价格信息、农产品需求信息等。

2. 农产品网上市场调查的步骤

农产品信息收集的内容主要包括所选农产品市场行业最新动态、竞争对手状况、消费者需求情况、价格行情等，如图图 7 - 1 所示。

选择某一特定农产品，确定调研内容

↓

选择一种或多种网上调研的方法及渠道

↓

制作调研问卷并发布问卷/发表帖子收集信息

↓

整理、分析调查结果，找出对自己有用的信息

图 7 - 1　网上市场调查的步骤

“盆栽蔬菜”网上间接调研收集信息

• 步骤一：利用搜索引擎(如百度)，输入“盆栽蔬菜”关键词，获得相关资讯，如适宜盆栽的蔬菜、盆栽蔬菜种植技术等。

• 步骤二：登录农业网站或蔬菜行业专业网站(如中国蔬菜网)，了解盆栽蔬菜最新动态及交易情况、消费者对盆栽蔬菜的关注热点等信息。

• 步骤三：利用蔬菜行业专业网站或相关网站，查找竞争对手资料，了解客户需求情况。

• 步骤四：整理分析收集到的信息。

(二)网上信息发布

农户与农业企业可以借助各种网络资源发布农产品信息和企业信息，达到宣传和促销的目的。

1. 农产品信息发布平台

(1)供求信息平台。各农业信息网站或知名综合网站的供求信息平台是目前应用最为普遍和有效的网络推广方式，其服务分为收费和免费两类。有许多网站免费为农户和农业企业发布供求信息提供平台。行业专业信息网有时需要缴纳一定的费用，只要可以带来潜在的收益，这些投入是值得的。

(2)企业黄页或企业大全。即企业名录和简介，通常具有一个网页，企业用来发布基本信息，如新浪企业黄页、网络 114 企业黄页、3721 企业名片服务等。

(3)网络分类广告。网络分类广告是网络广告中比较常见的形式,分类广告具有形式简单、费用低廉、发布快捷、信息集中、便于查询等优点。网络分类广告有两大类:专业的分类广告网站和综合性网站开设的频道或栏目,如搜狐分类信息等。

(4)网络社区。网络社区包括网络论坛(BBS),相关网站社区论坛、讨论组、聊天室、博客等形式的网上交流空间。因同一主题集中了具有共同兴趣、爱好的访问者,有众多人的参与,不仅具备了交流的功能,实际上也成为营销场所和工具,如阿里巴巴农业论坛、新浪论坛、搜狐社区、西祠胡同等。

(5)电子邮件。在用户事先许可的前提下,通过电子邮件的方式向目标用户传递有价值的农产品信息和企业信息。基于用户许可的电子邮件与滥发邮件不同,它可以减少广告对用户的干扰、增强与客户的关系、促使潜在顾客成为现实客户等。

(6)常用网络沟通工具。包括QQ、微博、微信等,利用这些便捷的沟通工具,将企业、农产品迅速传递给用户,跟客户进行交流和互动,实现农产品的销售。

拓展阅读

微博推销农产品兴起

2009年11月底,西青区辛口镇小沙窝村丁丙刚的大棚沙窝萝卜就该陆续上市了,小丁并不为销路发愁,他掏出手机通过微博发布消息寻找买家。据悉,近年通过微博推销,丁丙刚的萝卜销路大大拓宽,每年的收入比过去单靠农产品市场销售增加至少5倍。

丁丙刚和父亲在村里种了10多亩大棚沙窝萝卜,年产量大约50吨。

2010年,丁丙刚开始在微博上发布信息推销萝卜。自从开通了微博,他只需动动手指发几条微博就能吸引大量客户,萝卜也被订购一空。而且,萝卜打入了大型超市卖场,一些企事业单位还通过微博订制萝卜礼盒。过去,每千克萝卜的销售价格最低时仅1元钱;如今,最高可卖到8元左右。在丁丙刚的微博中,不仅有沙窝萝卜的种植、成长、销售信息,还有为沙窝萝卜举办的各种展会旅游节的资讯。回复他微博的网友,除了赞美萝卜长势,就是要求订购萝卜。

除蔬菜外,微博上销售的农产品五花八门,有水果、海珍品、花卉等。“我浇地去了!看看肥料,都是农家肥。”在微博上,博主们各展所能推销自己的农产品,不仅将果蔬图片、肥料配方在网上实时展示,有的还将全家福和收获时的图片贴到网页上,让自己的产品更具说服力。

2. 农产品网上信息发布的步骤

农产品网上信息发布内容主要包括农产品名称、类别、特点、所在地、发布人信息等,如图图7-2所示。

选定某一农产品，了解其基本特性，确定发布内容

↓

选择农产品网上信息发布平台

↓

注册成为会员，发布农产品供应信息

↓

管理已发布的信息（增加或删除内容）

图 7－2　农产品网上信息发布的步骤

做一做

在中国农业农村信息网上发布“盆栽蔬菜”供应信息

- 步骤一　了解自己要出售的盆栽蔬菜的基本特性。
- 步骤二　登录中国农业农村信息网。
- 步骤三　选择服务平台下的“一站通商机服务”，注册成为会员。
- 步骤四　进入会员中心，选择“供求信息管理”下的“供求信息发”，填写相关内容。

（三）网上销售

无论是否拥有企业网站，农户和农业企业都可以利用第三方平台开展网上销售工作，让互联网真正成为新型的农产品销售渠道。

1. 农产品的网上销售方式

网上商店是建立在第三方提供的电子商务平台上，由农户或农业企业自行开展网络销售的一种经营形式，如同在大型商场中租用场地开设专卖店。大多数门户网站和专业电子商务公司都提供网上商店平台服务，如淘宝网、易趣网、拍拍网、阿里巴巴、搜狐商城等。

2. 农产品在网上销售的步骤

农产品在网上销售的步骤如图 7－3 所示。

选定农产品类别，了解其特性，确定发布内容

↓

选择农产品网上销售平台

↓

农产品交易管理

图 7－3　农产品在网上销售的步骤

做一做

如何在淘宝上开设好网店

• 步骤一：注册成为会员。登录淘宝网，点击“免费注册”填写相关内容。

• 步骤二：支付宝账户申请与实名认证。登录“我的淘宝”，进入卖家中心，点击“我要开店”完成开店认证、在线考试及完善店铺信息三项任务。开店认证需申请支付宝账户，需到银行柜台办理账户申请，需上传个人手持清晰身份证号码的大头照，以备审核。预计1～3个工作日。

• 步骤三：发布农产品。登录“我的淘宝”，点击“我要卖”，选择“一口价”方式，发布选定的农产品，你自己的淘宝网店就成立了。

• 步骤四：网店装修。登录“我的淘宝”，选择“店铺管理”下的“店铺装修”，即可对店铺进行重新设置。

• 步骤五：网店推广。利用QQ、抖音、快手、微博、微信、百度知道、网上论坛等平台，进行讨论交流，宣传网店，线下印发网店传单、名片等，提高网店的知名度。

• 步骤六：客户服务。利用QQ或阿里旺旺等即时聊天工具，直接与客户交流沟通，及时了解客户的需求、疑问、意见等，做好售前、售中、售后服务。

三、基于自己网站的农产品网络营销

有一定资金实力的农业企业、农民合作组织，以及乡镇村社区组织可以根据需要建立自己的网站，进行农产品网络营销。

（一）农产品营销网站的功能

网站可以实现的功能主要有：网上调查、品牌形象宣传、产品展示、信息发布、顾客服务、顾客关系维护、网上销售等。

（二）农产品营销网站的形式

1. 信息发布型网站

信息发布型网站属于初级形态的网站，它不需要太复杂的技术，主要功能定位于企业信息发布，包括企业新闻、农产品信息、采购信息等用户、销售商和供应商所关心的内容，多用于品牌的宣传推广以及交流沟通等，网站本身并不具备完善的网上订单跟踪处理功能。

2. 网上销售型网站

在发布企业信息的基础上，增加网上接受订单和支付的功能，就具备了网上销售的条件。为了最大限度地满足客户需求，必须制定物流程序，做好产品包装、运输等，要给客户一个明确的承诺，要讲信誉。

3. 电子商务综合网站

电子商务综合网站属于高级形态的企业网站，它不只局限于企业信息发布和在线销售，还集成了包括生产过程在内的整个企业流程一体化的信息处理系统。这种类型的网站在农业行业还很少有应用。

（三）农产品营销网站的建设

农产品营销网站的建设内容包括网站软硬件的选择、域名注册、网站模式设计和网站内容设计、网站的宣传与推广、网站的更新与维护等。

1. 网站软硬件的选择

在网站建设前对市场进行分析，确定网站的目的和功能，选择网站的软件更件，主要包括网站数据库的选择、网站服务器的配置等。

2. 为网站注册域名

域名是网站在互联网上的名字，它是企业在互联网上的品牌，是企业的无形资产，且在全球具有唯一性。域名是企业进入互联网时给人们的第一印象，一个好的域名应该简洁、明了、短小，便于记忆、含义深刻，有自己的个性特征。

3. 网站模式设计

网站模式设计主要包括主页规划和站点导航模式设计。主页规划就是安排主页的版面布局、页面格式等内容。站点导航是方便用户在访问网站某一页面时，可以通过链接直接访问和了解网站其他相关页面。为方便访问，最好在每个页面使用格式相同的导航方式。

4. 网站内容设计

网站内容设计就是根据网站规划和设计好的网站模式，将有关信息内容制作成网页。网页分为静态网页和具有动态交互功能的网页。

网站并不一定要设计得很精美，但一定要简洁明了，一目了然，让客户知道你的网站是做什么产品的，让客户看了就有购买欲望，让客户一看就知道怎样购买，怎样联系。

5. 网站的宣传与推广

卖家利用各种手段宣传自己的网站，让网站出名，使更多的潜在客户点击自己的网站，看到自己的农产品信息。

网站推广的手段包括网络广告、电子邮件营销、搜索引擎营销、友情链接等，其中搜索引擎营销是投资回报较高的一种推广方式。

6. 网站的更新与维护

网站建设成功并正常运营后，要有专人进行网站的更新与与维护。主要包括内容的更新、调整，服务器的维护，数据库的维护，等等。

小贴士

搜索引擎营销方式

(1)注册搜索引擎。登录各知名搜索引擎的注册入口，即可根据提示进行注册。应将自身的网站网址及网站相关内容递交给尽可能多的搜索引擎，以便被众多的搜索引擎收录，提高被用户点击的机会。

(2)优化搜索引擎。网站被搜索引擎收录，但并不一定能让用户关注到，农业企业要尽量使自己的网站在搜索结果中获得靠前的排名，以提高网站的访问量。

网站是否能获得靠前的排名，与网站的设计质量密切相关。要针对各种搜索引擎的检索特点，优化网站设计，使它适合搜索引擎的检索原则，从而获得靠前的排名。

(3)关键词广告。关键词广告属于付费搜索引擎营销方式，关键词竞价排名，付费最高者排名靠前。不同的搜索引擎有不同的关键词广告显示，有的将付费关键词的检索结果排在搜索结果的最前面，有的放在搜索结果的专用位置。

任务四　社区营销与社群营销

零钱兑换

某银行支行在某村菜市场开展以“反假币”为主题的金融知识活动时，了解到一些菜场私营个体户因手头零钞紧缺而苦恼，便采用“为摊主提供零钱兑换”的服务为营销切入点，在较短的时间内赢得了菜场小商户的认同和信任，为后续营销奠定了良好的情感基础。

●分析：根据区域特点，确定目标客户，分析目标客户的实际需求，作为营销突破口。案例中，目标菜市场个体商户普遍存在零钞紧缺和兑换苦恼的问题，商户去银行兑换，遇到人流高峰要排很长时间的队，他们又怕长时间办理业务会耽误摊位的生意，非常期待“银行进菜场兑零钱”的服务活动。银行这种精准的客户需求把握和针对性服务为全面营销工作开启了良好的局面。

一、社区营销

随着中国社会经济与房地产业的蓬勃发展，城市中绝大多数人口已经按照自身居住的业态形成了一种社区化的生活方式，“社区营销”恰恰是在这样的大环境与背景下所诞生的事物。传统分销渠道竞争的日益加剧，让渠道创新成为一些企业出奇制胜的法宝。在城市中，星罗棋布的社区蕴藏着巨大无比的潜力。“在社区中营销”逐渐被一些企业视为一种全新的分销方式，并被越来越多的企业所关注。

（一）社区概念及其主要形式

1. 社区概念

互联网以社区为基层活动场所。网友大都参加不同社区活动，且参与程度高、互动性强、主题特定。具有心理归属感的网络社区便于企业向用户传达品牌信息，尤其是通过用户间口碑传播的力量更使品牌传播效果已不仅是单个的累加，而是呈几何级数增长。市场调查显示：77%的在线购物者会参考其他用户所写的产品评价，而这些人往往对网站拥有更高的忠诚度；超过90%的大公司相信，用户推荐在影响用户是否购买的决定性因素中是非常重要的。

互联网上各类社区很多，仅阿里巴巴就有数十个社区。这些社区在网络上聚合，形成各类（如兴趣型、幻想型、交易型等）专区，也能形成一种交流互动。

以上各种社区都是在某些方面具有同质性的消费者的集合，或角色或兴趣的共通使信息在社区中的传播非常有效。因此，合理利用舆论导向影响消费者的品牌舆论非常重要。

一些社区不仅成为公司和产品的品牌营销平台，而且成为顾客对采购产品或品牌发表看法的信息集散地，成为建立数据库继而研究消费者行为的信息来源。

2. 主要形式

网络社区的主要形式是关系型社区。也就是说，网络用户在某些方面具有一定的天然性关联，在网络上集结，建立共同的网络社区，如商人论坛、高校论坛、车友论坛、住宅小区论坛等。在关系型社区中，由于人与人之间具有相对稳定的同学、邻里和爱好等关系，能够使品牌顺利地在同质人群中广泛传播。

（二）营销特点

（1）直接面对消费人群，目标人群集中，宣传比较直接，可信度高，更有利于口碑宣传。

（2）氛围制造销售，投入少，见效快，利于资金迅速回笼。

（3）可以作为普遍宣传手段使用，也可以针对特定目标，组织特殊人群进行重点宣传。

（4）直接掌握消费者反馈信息，针对消费者需求及时对宣传战术和宣传方向进行调查与调整。

（三）选择方式

社区管理以安全为重。诸如社区居委会或物业管理公司等单位抱有“不求有功，但求无过”的管理思路，很难抵制厂家进驻社区做推广活动，一旦管理失控，就会引发各种治安问题。厂家的活动对于他们而言，百害而无一利。因此，社区或物业公司往往会向他们索取很高的管理费，实则是间接拒厂家于门外。

居民也对这种纯商业活动常抱有抵触情绪，因为他们对这些陌生的“游击队”不大放心，害怕上当受骗，而且一旦有什么问题也是欲告无门。

如果以常规的营销模式进入社区，无疑是自讨没趣；而走“上兵伐谋”的路线，站在更高的位置上来整合社区各方资源。先以社区管理单位作为切入点，分析其的实际工作目标或所期望的更高目标，然后站在其立场上做 SWOT 分析，找到其现实情况距达到目标所缺少的资源，最后看哪些是在活动中现有资源可与之匹配，优势互补，相得益彰，从而找到双赢合作的机会点。

更重要的是，要借此机会促进各方面的关系。推销者与社区管理单位的关系尤为重要，要多制造机会跟居委会联系，“一回生，二回熟”。争取找到跟居委会建立好长期合作关系的切入点，为将来组织推广活动铺平道路。

一般而言，可以通过等待机会、发掘机会或主动创造机会等方法进入社区。等待机会是指厂家也可“搭车”进入社区，如当居委会在开展社区活动时，厂家可通过支援的方式，给社区居委会补充人力物力，顺势而为，巧妙宣传产品。发掘机会指的是厂家主动与社区居委会联系，共同协商联合举办传统节日活动或社区特有活动，以社区人力、物力资源不足的问题作为切入点，并借此机会与社区取得长期合作关系。主动创造机会是指厂家主动创造双赢的事件，以占据主动地位，获得社区管理单位的支持与协助。

为解决“进社区”的问题，策略是先联系电影公司，让他们出面，以联合社区居委会开展“丰富小区生活，活跃小区氛围”为主题的公益性文化活动，厂家成为提供赞助的角色。一方面，社区领导确实想为居民做点实事，给他们创造了为居民谋福利的大好机会；另一方面，厂家不仅顺利打入社区，还能得到社区居委会的鼎力支持。在活动前期准备期间，可利用居委会资源，做好前期宣传，可大大消除居民的疑虑，进一步保证活动的效果。在活动开展时，此举成功地将厂家的纯商业行为转化为对群众行使公共社会责任的公益社会性活动，并能整合多方资源，顿时在居民心目中提升了公司的企业形象。

（四）方式

1. 早餐车

很多社区都会有专门销售早点的流动早餐车，早餐车的车体是一个不错的媒体。

2. 食杂零售店

在食杂零售店中，比较常见的宣传载体是墙壁海报、店招广告和太阳伞三种。我们重点推荐的是“堆箱广告”，所谓“堆箱广告”就是在食杂零售店门口将产品外包装箱整齐地堆砌，通常是以“双排八个高”为一组，费用的支出只有少量，但宣传的效果十分不错。

3. DM 直邮

DM(direct magzine，直投杂志)直邮广告比较常见，几乎每个城市的邮政广告公司都有这项业务。虽然单位成本仅0.5元左右，其效果却不可估量。因为其较高的到达率，配合促销信息传播尤为有效，如纯净水桶贴。

一般的地市级城市的纯净水品牌不会超过 10 个，卖家(或推销者)与纯净水厂联系(与某个品牌的水站全面合作)，在其纯净水桶上贴上不干胶广告，或是送水过程中直接投递。

3. 留言栏

居民楼的楼道口通常都有一块黑板大小的留言栏，无论是张贴海报还是发布社区推广活动信息，都是一个不错的媒介。

4. 海报张贴选点

建立互相信任的关系，从而达到广告与销售的目的。

小案例　**如何抓住社区营销的机会**

铺开机会

一旦有了机会，适时铺开机会的时间非常关键。一般的经验是，小区有一些活动需要展开，时间非常紧，需要外力的帮助时候，就要有我们的联络员或者启动联络机制，可以发出一些联系卡片来建立关系的纽带。铺开机会的时效性是最重要的，要在第一时间内提出处理意见，积极加入社区的各种公益活动，及时展开促销与扩大基层的影响力。可以由专人负责片区，有常规的姓名、性别、年龄、工作、需求、联系办法、职务、事由、要求与结果等附加的说明，做成说明书一样，简单便捷化处理，也可以协助管理区域的营销工作。铺开机会的关键问题是建立应急社区处理机制，或者档案化管理与数据化管理，将其纳入科学管理的范畴。

挖掘机会

在出现机会或获得机会的时候，营销人员需要懂得去提炼。如何挖掘机会？就是要寻找社区中可能存在的痛点、痒点、兴奋点，以及疑点、忧点、抗拒点。

堂食顾客减少时，“眉州东坡酒楼”充分挖掘机会，走出了一条不同于“等靠要”的自救路子。它一方面积极主动与顾客沟通，把春节订餐押金改为储值卡，又主攻安全外卖，提供年夜饭日常订餐等，另一方面拥抱变革，依托餐厅拓展平价菜站，为周边社区提供瓜果、蔬菜、调味料、生鲜、成品、半成品等。平价菜站既解决了库存，又收获了口碑，还提升了品牌，更创新了“等客来”的营销拓客模式。

长久机会

机会的长久性也很重要，如小区的广告栏利用问题，是一个长久的机会，谁利用好了，就是一个不动的阵地。如何寻找这样的长久机会？在营销空间竞争越来越激烈的情况下，这点是很困难的，但也需要寻找机会。社区的长久机会是一些固定的服务对象，公共部分的机会比较多，如便利店、集会场所等，均是寻找长久机会的合作点。如果利用好了，将会对社区营销工作有一个更深的递进，也是事半功倍的效果保证。

比如，社区物业信息大都是一些看似琐碎却和日常生活密切相关的信息。除了各种收费通知及社区活动的组织安排，还包括各种服务介绍信息。传统的信息发布模式是将这些信息印刷成宣传单发送到每一户，或是张贴在楼道、电梯口、社区信息栏等场所。这种做法是很大的资源浪费，同时经常由于住户的疏忽而造成延误，使得信息到达率大打折扣，传播效率低。

信息化大潮席卷了社会的每个角落，也唤起了人们对住宅的更高要求。数字化、信息化社区将是住宅小区建设的必然趋势，这能够极大地提升物业工作的管理效率，也意味着其具有及时、全面、丰富的资讯报道，优质、高效的信息服务以及全新的社区文化氛围。

刚建成不久的小区多媒体信息发布系统，正在以爆炸式的增长速度冲击着整个传媒广告市场。这一全新的传播模式瞄准了写字楼、商厦、银行、超市、展馆、社区等人流密集场所，填补了传统媒体的空白地域，极大地提高了信息覆盖面。这种以小区电视广告为代表的分散安装、区分不同受众、有针对性地播放广告和多媒体信息的新型媒体也被称为“分众媒体”。据估计，其广告市场空间可能高达50亿元以上，而开发的尚不到1/10，潜力相当惊人。

（五）策略

1. 对社区的前期调查，建立社区档案

对小区进行深入调查是开展社区营销的第一步。首先要掌握小区的人口规模、居民年龄结构、文化层次水平、居民作息习惯，以及小区的地理情况等资料。这是我们在拟订营销组合策略时的必备条件。

房地产开发商在设计伊始，就依据收入、年龄和教育等维度进行市场细分，有很精确的客户定位，以个性化的楼盘圈住特定的消费群体。所谓“物以类聚，人以群分”，故此，社区居民大多从属一个特定的相关群体，社区形成有很强的亚文化氛围，尤其在个性化、概念性的现代社区，这种文化深刻影响着居民的消费行为。

一般而言，年龄较长(40～50岁)的居民对自我教育，娱乐等比较感兴趣，而对广告不感兴趣；年轻(30岁左右)的居民喜欢新产品，如广告宣扬的产品，追求浪漫，喜好交际等特点。传统社区一般平均年龄较长，而新社区正好相反，这决定着厂家对营销主题和营销方式的选择。

在做送电影进社区时，为了调动居民的互动积极性，针对不同的社区拟订不同主题的方案。比如，在年龄水平较低的新社区，以“怀旧情怀，看露天电影”为主题塑造一种怀旧的气氛。在炎

夏的晚上，在露天放映诸如《小兵张嘎》等革命老片，独特的活动方式，勾起了20世纪六七十年代的人们童年时看露天电影的美好记忆，瞬时对产品产生一种亲切感，提升品牌的亲和力。而在传统老社区，以“看电影，享清凉”为主题，以题材轻松、幽默的轻喜剧电影为主，由于居民年龄较长，更注重保健等方面，在宣传时，着重宣传解释“茶多酚可清除体内自由基”的产品利益点，以吸引眼球。

2. 采取有针对性营销方式

年龄是决定购买模式的一个重要因素。调查显示，70%的购买是冲动性购买，而35岁以下的占75%左右，35～44岁的占64%左右，45～54岁的达到68%。总体上，年轻的消费者总是瞬间做出决定的，而且购买量较大。在拟订促销方案时，以鼓励整箱批量购买为主，利用生动化的现场陈列展示，选择年轻人所喜欢的畅销书，购物券等促销赠品来刺激消费者购买。对年长的消费群体，鼓励购买一两瓶以亲身体验产品利益点，加强他们对产品的认知。

3. 选择正确的时间、地点

掌握居民的作息习惯很重要如一般社区居民早出晚归，白天在家的主要是以老年人为主，而他们对广告不太关心。晚上和周末是社区居民最集中和空闲的时候，这些因素决定了活动在时间上受到很大的限制，这也是决定放露天电影的主要原因，既可给更多的居民参与互动沟通的机会，以确保传播受众尽可能地多，又可以喜闻乐见的活动方式贴近居民生活习惯。

在调查时，要弄清楚人流集中、人流量最大的位置及时段，这决定着如何设计活动方案的各个细节。要达到活动宣传效果，就要最大限度地吸引目标消费者人潮，最大化提升资源的运用效率。调查完毕，一定要将各个社区的信息建档，以备后用。

4. 平衡各方顾客关系

在活动进行时，现场促销特卖很重要。广告宣传得再多，也抵不上让消费者亲自尝试产品本身，这种体验式的感受可让消费者深刻的记住品牌，也就有机会使他们成为品牌的忠实顾客。现场促销特卖作为直销形式，与层级渠道从来都是格格不入的，虽短时期内无大碍，但当社区营销成为一种经常性的活动时，也就冲突了厂家的渠道体系。

在特卖时，更要注意平衡各方顾客关系，尤其是负责当区的经销商和小区便利店，这主要涉及零售定价、促销方式和销量等方面的问题。终端零售点的价格往往比KA卖场价格高，按照KA价，居民会抱怨便利店老板赚昧心钱，而激发厂家与零售点的矛盾，甚至会导致后期零售点不进货；而按照零售点的价格的话，居民会说厂家不诚信，居然比零售价（KA价）还高，他们认定厂家的价格应该是最低的，还真有点“秀才遇到兵，有理说不清”的感觉。但此时，最关键的是要考虑到零售点的利益。以便利店价格，通过促销让度价值，让消费者受利。

更重要的是要考虑到对渠道的拉力，在社区促销，有时特卖效果好，厂家应该在当区经销商调货，防止通路堵塞。另外，还要防止激发厂商在当期销量上的争议，因为厂家的返利往往是跟销量挂钩的。

5. 活动过程精益求精

社区毕竟不是公共娱乐场所，活动本身不能持续时间太长，否则会打扰社区居民的正常作息等，而招致居民的反感情绪；加上居民仅在少数时段集中在社区内，因此营销活动往往是很短暂的。要在尽量短的时间内给居民以最深刻、最满意的印象，对厂家是一个巨大的挑战。

风险总是与收益成正比，社区营销也是如此。传统社区往往有许多基于共同爱好而形成的非正式组织，如棋牌乐老年协会等，而这些非正式组织成了居民交际与沟通的主要渠道，组织成员之间的影响力很大。在新社区，从社会性的角度来看，大多数居民属于一个相关群体，互相在行为上有很强的示范效应，因此在社区活动中，往往是“成也萧何，败也萧何”，好事坏事都可“传千里”，活动的正面影响与负面影响往往会同样地因口碑效应而放大，直接影响着产品在本地区的市场成绩，这要求厂家在活动的各个环节做到尽善尽美。

6. 活动创意要深刻

社区活动必须有一个很特别的主题与形式。社区活动的形式上可以是多种多样，如儿童绘画比赛，趣味运动会，各种文体比赛，等等。但不论是哪种形式，都必须有很深刻的创意。尽量不要在同一个小区重复举办同一个活动，否则活动效果给居民带来的满意程度往往因缺乏新意而递减。

特别注意，不要刻板的模仿竞争对手。因为活动本身没了新意，提不起消费者的参与积极性，而且会无形中降低自己在消费者心目中的相对地位。不管是什么活动，怎么操作，总是难以面面俱到，而消费者常常放大工作中的失误而给自己造成的不满意感觉，而总是会忘记好的一面。当我们模仿竞争对手的活动时，消费者第一感觉就会想到负面因素，会给品牌打上不好的第一印象分。再者，跟竞争对手展开对垒，后来者往往要有压倒性优势才可达到转移注意力的效果，这意味着大投入。总之，缺乏新意的活动是不经济的。

7. 宣传方式创新

最常见的社区宣传是到处做招贴，随处挂横幅，直邮单路路撒、户户塞，既影响社区整体美观，也破坏环境，居民很是反感。一方面，厂家的宣传效果难以落到实处，花钱打水漂；另一方面，弄巧成拙，因公司缺乏社会责任感而损害公司形象。厂家在做宣传时，应有选择性地进行品牌宣传，实物展示与促销往往是居民乐于接受的方式。另外，传统的邮寄、夹报、散发、广告牌、板报等可加以人性化的创新，不再是单纯做广告。比如，在向居民户派发直邮单时，可将居民所需要的信息附载于上，或以居民有实用价值的生活用品、装饰品作为直邮内容的载体，这样居民会因其使用价值而接受这些宣传品，大大增加居民接受厂家广告信息的机会。

8. 规范员工形象

营销人员在服装、语言等方面，应该统一规范。要让居民感受到公司严谨的企业文化，对其产生信任感。社区营销比起其他的营销渠道而言，其服务的要求更高一些。在社区进行促销活动，往往会发生许多难以预料的事情，因此事前对员工培训很重要。比如，对问题的处理，信息的反馈，服务承诺的兑现等方面，要有专业及时的处理方法。

9. 保持活动的长期性

社区的大型促销活动往往是短暂的，要让目标消费者能够记住品牌，需要时时“提醒”他们。我们在活动结束后，会在社区继续开展兑换活动，即消费者集齐指定数量瓶盖，即可在社区指定的便利店兑换到一些日常生活用品，以刺激居民消费者持续购买，延长活动对目标消费者的影响时间，从而形成对产品的偏好。

二、社群营销

社群营销是在网络社区营销及社会化媒体营销基础上发展起来的用户连接及交流更为紧密的网络营销方式。网络社群营销的方式，主要通过连接、沟通等方式实现用户价值，营销方式人性化，不仅受用户欢迎，还可能成为继续传播者。

网络社群的概念是因 Web 2.0 的发展及社交网络的应用才逐步流行起来的。从社交网络服务(SNS, social networking services)发展的时间上推测，网络社群的概念大约出现在 2006 年，社群经济、分享经济等概念也是在同样的背景下逐渐被认识的。可见，社群是以社交化为基础的。

建立和运营网络社群的条件包括人力和资金、内容和服务、时间和耐心、产品及营销模式等。其运营模式和流程与一般的 SNS 营销并无原则性差别，但对沟通和服务方面有更高的要求，而不是简单的通过社交网络实现“内容营销”。

(一) 社群营销的定义

社群营销就是借助互联网沟通类的工具，把目标用户聚集在一起的社群，比如，微信群、QQ 群，通过群内的互动、沟通等，发掘潜在意向客户，最终达成销售的目的。

(二) 社群营销的优势

1. 主题内容多

根据产品的属性搭建群组，行业不限、主题不限(除不法行业)、地域不限、年龄不

在人数上有所限制。

2. 方便快捷

可以随时随地搭建群组，发布主题内容和产品服务等，目标群体可

3. 互动性强

社群的互动性是极强的，除了我们所说的“死群”“僵尸群”，目标用户随时可以在群里咨询和提问，群主和管理员可以进行随时的解答。

（三）如何做好社群营销

1. 活跃群组

大家应该清楚“死群”“僵尸群”，一般分两类，刚建立起来的，没有明确主题等，直接把人拉进来；另外一种就是刚建立起来的时候很活跃，后期疏于管理等，直接变成“死群”。就是群里几乎没人说话，顶多就是每天有人在里面发发广告，也没人管理。想做社群营销，一定得把群组活跃起来，如每天定时定点发红包，分享下最新新闻和热点，发布话题，大家一起讨论等。有奖答题等等手段也要有开始起头的人和所谓的“水军”参考。

2. 分享有价值内容

分享有价值的内容是最关键的。如果每天分享一些“水货”，群友对这个群就不会感兴趣。但是，如果每天分享一个知识点，根据自身产品和服务，以及行业类型进行分享，会让大家觉得，这个群不错，能学到一些东西，知道一些东西。比如，提供心理咨询服务的群，主题一般就是心理知识类的，每天分享的是一些心理知识或者案例。

3. 制定规则

社群营销怕的就是发生同行浑水摸鱼进来做“卧底”，偷偷添加好友等情况。为了避免这种情况，需要制定一些规则来最大限度地避免。比如群主发布群规，通知大家，举报者有奖等激励手段。

社群营销就是在互联网数字化社群的社会环境下，充分运用互联网工具，利用群体失智、情绪化的特点，激发社群所蕴藏的巨大能量，达到营销的目的。社群营销的核心是“人”，辅助因素是产品与服务，目的在于通过赋予品牌人格化的特征，努力在品牌和消费者之间形成感情，让消费者保持对品牌的情怀，即情感依恋，从而积极热情、不计报酬地宣扬自己偏爱的品牌，甚至直接销售产品。

社群营销在今后不仅是一种营销思路，更应该纳入企业的商业模式。它需要打破很多传统的思维方式和解决问题的方法。在互联网社会里，它是企业生存、发展、竞争必不可少的策略与战略。

一、选择题

1. 农产品营销渠道分为(　　)营销方式。

A. 农产品直接销售　B. 农产品间接销售　C. 农产品网络营销　D. 其他

2. 互联网时代针对不同的农产品,形成了(　　)种农产品渠道模式。

A. 3　　B. 4　　C. 5　　D. 6

3. 农产品网络营销的优势有(　　)

A. 增加交易机会　　B. 节约交易成本

C. 形成正确的决策　　D. 打造农产品品牌

二、判断题

1. 互联网时代的农产品渠道模式,它们各有优劣势,但无绝对的优劣之分。(　　)

2. 社区营销就是社群营销。(　　)

3. 社区营销直接面对消费人群,目标人群集中,宣传比较间接,可信度高,更有利于口碑宣传。(　　)

三、案例分析题

成功店主分享网店卖菜秘诀

在网络上开店卖蔬菜,如何保证蔬菜的新鲜、物流走得是否通畅是卖家要解决的最大的两个难题。一些有经验的店主的做法值得借鉴。

• 难题1:蔬菜如何保鲜?

支招:可定位周边地区。

蔬菜的保鲜期比较短,为了使客户吃到新鲜的蔬菜,上海网店"××农场club"只接受上海的订单,上海周边近距离的可以接受配送。他们会根据顾客的订单采取不同的处理方法,如根茎类等一些易保存的蔬菜可能会提前采摘,叶类蔬菜一般都是发货前才采摘。蔬菜包装好后会装进一个很大的密封箱。

• 难题2:运输损耗谁埋单?

支招:商家和快递公司共同承担。

由于蔬菜的保鲜期很短,如果运输时间比较长,那么蔬菜(尤其是叶菜)在运输过程中很容易腐烂,因此运输就是网购蔬菜的关键。

广州一家网店的店主黄先生有自己的办法。像上海青、芥菜等容易损坏的蔬菜,一般都不轻易发货。发货前和快递公司协商好,如果出现蔬菜损坏的现象,损失由卖家和快递公司共同承担,这样快递公司在运送过程中也就特别小心。

• 难题3:如何成功经营店铺?

支招:保证蔬菜的质量。

"××农场club"是开了两年的实体农场后才发展到网络经营的,在上海有自己的农场,根据市场分析安排农场的耕作计划,对各种蔬菜进行合理地耕种。他们的所有蔬菜产自公司的农场,而不是到菜市场上批发加工再卖出去的。蔬菜都是有机的。

那么,这家农场是怎么解决蔬菜保鲜期这一关键问题的呢?首先,他们的农场由自己种植管理，根据客户的订单有计划地进行采摘和合理地搭配；其次，有专门的密封箱和运输车，而不是通过其他公司的物流和快递；最后，设定固定的日期和路线进行配送，种植、采摘、配送一条龙的服务完全可以保证蔬菜的质量。

· 难题 4：如何吸引买家？

支招：买家可以办年卡。

“××农场 club”通过办理购菜年卡吸引买家的注意。以网店价格 2980 元的银卡为例，这张年卡包含的菜量约 200 千克，送菜次数为 52 次，每次四五种，三四天食用量。算下来，平均每天买菜的花费约为 15 元。

另外，办理会员卡不仅可以提前预约，享受××农场基地自助旅游活动，体验耕种与收获的乐趣，还可以参加农场定期举办的偷菜节、番茄大战等特色乡村活动。

· 难题 5：如何做出自己的特色？

支招：可以进行营养搭配。

广州一家网店配备营养师在线搭配业务，帮买家定制菜单，以达到均衡营养的目标，吸引买家的眼球。买家可以根据个人口味选择最喜欢的方案，轻松改变不健康的饮食习惯，时令、口味与营养，在鼠标轻点之下便得以实现。

· 难题 6：菜农品种单一怎么办？

支招：可以组团出击。

蔬菜在菜市场能随便买到。如果想发展网购蔬菜，必须有自己的特色，和菜市场与超市中的蔬菜有所区别，优于菜市场和超市中的蔬菜才不愁销路。

如果蔬菜种植种类单一，不具有自己的特色，放到网上去卖，只能靠大量批发，小单买卖加上路费还不如在菜市场买得便宜。菜农可以联合起来丰富品种或者改变经营模式，建立起自己的品牌；或者菜农与社区合作，邀请居民组团购买。这样不仅省去了中间环节，农民还可根据市场行情对价格进行合理定位，农民和市民才会双赢。

●分析讨论

1. 制约蔬菜网络营销的因素主要有哪些？

2. 针对当地实际谈谈搞好蔬菜网络营销应注意哪些问题。

●提示：产品包装、物流配送、产品差异化、品牌化、网店推广等。

模块八 农产品促销策略

农产品促销是指农产品营销主体通过人员或非人员的方式，向广大消费者传递产品或服务的信息，以便对消费者进行宣传、报道、说服，刺激其需求欲望，从而达到加速和扩大农产品销售的目的。促销可以分为人员推销和非人员推销两大类，采用推动或者拉引两大组合策略，增加农产品的销售量。

学习目标

●知识目标

1. 了解农产品促销的含义。

2. 掌握农产品营销中的人员推销、广告、公共关系、营业推广的具体程序和方法。

●能力目标

1. 能正确运用各种促销手段，占领目标市场，提高销量。

2. 学会农产品促销方案的设计。

●素养目标

提高在实际的农产品营销过程中灵活使用促销手段的能力。

任务一 农产品促销概述

案例导入

湖南省茶陵县农业局积极参加株洲市首届农产品博览会

2019年1月10日，湖南省株洲市首届农产品博览会在株洲保利大厦会展中心开幕。为突出展示茶陵农业产业化发展成果、扩大本土特色农产品的知名度，茶陵县农业局积极组织绿康脐橙种植专业合作社、绿之亮食用菌农民专业合作社两家合作组织参加会展。

株洲市首届农博会以“绿色健康、放心消费”为主题，采取实物展示、现场直销、订单采购、合作洽谈、政策宣传等形式参展，让农产品生产企业(基地)与市民们进行“一站式”交易，减少农产品流通环节，互惠互利。

为了让展品具有耳目一新的感觉，给人留下深刻印象，两家参展单位在产品的选择和摆放上下足了功夫，选择了产品时鲜、品质优良、具备无公害和绿色食品认证的脐橙及新鲜香菇，展现了茶陵县“生态、绿色”的农业产业发展理念。当日，茶陵展位前人头攒动，市民们对“绿康”脐橙和“绿之亮”食用香菇的品质赞不绝口，咨询、购买、订货者络绎不绝。近年来，茶陵县大力发展现代农业产业示范园，积极培育农业合作组织和发展种植大户，不断优化农业产业结构，在从传统农业向现代农业转变的热潮中，具有一定规模的农民合作组织不断涌现，为现代农业的发展注了新的后力。

●思考：根据资料，分析湖南省茶陵县农业局采用了哪种促销方式？

农产品促销是指农业生产经营者运用各种方式方法，传递产品信息，帮助与说服顾客购买本企业的产品；或使顾客对企业产生好感和信任，以激发消费者的购买欲望，促进消费者的消费行为，从而有利于扩大农产品的销售。常见的农产品促销方式有人员推销、广告促销、人员推广、公共关系等四种形式。在考虑农产品促销时，需要根据农业生产的实际情况和农产品的消费特点，选择合适的农产品促销方式。要灵活运用促销策略，与顾客建立长期关系，培养一批忠诚的顾客群。

一、农产品促销的概念

农产品促销是农业生产经营者运用各种方式方法，传递产品信息、帮助与说服顾客购买本企业或本产地的产品或使顾客对该品牌产品产生好感和信任，以激发消费者的购买欲望、促进消费者的消费行为，从而有利于扩大农产品的销售等的一系列活动。

目前，品牌、广告、博览会、公关新闻报道等都成了农产品促销的常用方法。互联网的逐步普及让许多产地也开始实行网上宣传产品、收集和发布供求信息，广告费用不高且效果好，体现了一种全新的农产品促销方式。

与工业品的促销活动相比，农产品促销活动主要由规模较大的专业户、龙头企业、农产品流通组织或政府来实施，促销的产品具有产地化、差异化和个性化特征。从促销的手段上看，农产品促销形式多样。

二、农产品促销特征

1.从促销主体看，农产品促销活动主要由规模较大的专业户、龙头企业、农产品流通组织或政府来实施

规模较小而且分散的农户，由于受到资金、利润、收益等限制，往往不能也不愿投入产品促销活动，一般只参加与自己利益相关的、规模较小的营业推广活动。广告促销、各种特色的农产

品博览会、交易会、促销会和各种主题的公共关系活动都需要由政府或相应的龙头企业来组织并承担费用。由于这些大型促销活动是农产品促销活动的主要内容，而农民却不是活动参加者，因此农产品促销活动具有很大的外部性。小农户一般从事零散的营业推广活动，这类活动费用少，成本低，而且与摊点农民利益直接相关，因此受到很多小买卖农户的欢迎，但这类促销活动并不是农产品促销的主要内容。

2.从促销的对象来看，促销的农产品具有产地化、差异化和个性化特征。

产地化是指促销活动传递的信息是某个特定产地的农产品信息，促销活动是为了激发顾客对该产地产品的购买行为。一方面某一产地的特色农产品体现了该产地的品牌作用，另一方面产地的大气、水源、土壤环境质量等是影响农产品卫生、安全、质量的主要因素。

差异化是指农产品的促销应该更多地传递本产品“与众不同”的信息，满足顾客多样化的需求。由于农产品的需求弹性较小，不宜采取大幅降低价格的手段进行促销，价格对顾客购买行为的刺激作用并不强，因此农产品促销应该向顾客传递产品的差异之处，依靠产品的差异化（如绿色、安全、营养特性等）影响顾客的购买行为。

个性化是指促销活动传递的信息应该强调产品的个性特征，如地方特色产品的促销。随着人民生活水平的提高，特别是消费观念的变化，人们对多年不变的“大路货”农产品兴趣趋淡，而对供不应求的新、鲜、奇、特、精、优的农产品兴趣盎然，使这些农产品逐渐成为消费热门和新时尚。为解决大宗农产品过剩与消费者需求不足的矛盾，必须把准市场脉搏，紧跟市场竞争形势，大力发展热点、时尚的农产品，并通过促销活动传递这些产品信息，最大限度地刺激和满足人们的需求与欲望，才能使这些农产品雄踞一方，畅销不衰。

3.从促销的手段上看，农产品促销形式多样、手段的独特性

农产品促销除了传统的人员推销、广告和营业推广外，各种网络营销、关系营销的促销方式也多种多样。农业经营者在生产农产品过程中往往获得多种主产品及副产品，如果将产品进行最初级的加工，便能形成更多的派生产品，再对各种产品进行组合，就形成多种多样的赠送、推广促销形式。农产品促销手段的独特性体现在许多方面，如由于农产品需求价格弹性较小，因此降价促销一般效用不大；由于人们对卫生、安全食品需求较大，因此对绿色产品信息进行传递往往效用较大；近年来，由于人们的生活节奏加快，因此“送货上门”“净菜去壳”等新的促销技巧很受消费者的欢迎。

三、农产品促销作用

促销对农业发展具有重要意义。但也应看到，在生产农产品的同时，不少农户市场意识较差，只停留在生产观念和产品观念上，坐等中间商或消费者上门购买，往往错过最佳销售时机，只好降价出售；少数地区甚至出现自毁农产品的现象，损失巨大。所以，促进农产品销售应引起

农业生产者的重视。

1. 传播信息、收集市场情报

如今，农产品的种类繁多，品种特性各异。如何使消费者的需求和希望得到满足，是促销活动的中心。例如，传播待售农产品的特点、价格、什么地方可以买到等信息，使顾客感兴趣并逐渐产生购买动机、引发购买欲望直至产生购买行为。同时，通过促销不仅可以增进顾客对生产单位和农产品的了解，而且通过观察、询问及消费者的反馈还可以得知农产品及其服务和农产品的竞争力等情况。农业生产者要通过信息反馈，改进工作，使农产品适销对路，扩大市场。

2. 增加农产品需求，协调供求

消费者需求动机有多样性和复杂性，通过促销活动可以诱导和激发消费者对某一农产品种类或品种产生兴趣，从而达到合理安排供货和余缺调剂的目的。

3. 树立农产品品牌形象和公司形象，稳定销售

促销活动的一个重要内容是树立和表现不同农产品种类和品种的个性，传递农产品质量和提供优质服务的信息，树立农产品在消费者中的信誉，引起消费者对农产品的偏爱；同时，树立企业形象，使购买者不仅决定了买什么，还决定了从何处买，从而使自己的农产品在市场中处于稳定的销售地位。

4. 开发新市场

据国外市场研究资料显示，消费市场的商品一年内有20%～25%的顾客会因种种不可控制因素而有所变动。公司要想继续生存或进一步发展，就要不断发掘新顾客，而促销工作正是打开新市场的重要手段。

四、农产品促销方式

从促销方式上看，可以将农产品促销分为人员推销、广告、营业推广、公共关系四种形式。

（一）人员推销

人员推销是指通过销售人员深入中间商或消费者进行直接的宣传介绍活动，使其采取购买行为的促销方式。人员推销是人类最古老的促销手段。远在小商品经济时代，商人的沿街叫卖、上门送货等就属于人员推销。在商品经济高度发展的现代社会，人员推销这种古老的形式更焕发了青春，成为现代社会最重要的促销形式。

同非人员推销相比，人员推销的最大特点是具有直接性。人员推销是一种推销员与消费者面对面的双向沟通的活动，它是非常有效的产品促销方法，具有以下7个主要特点。

（1）人员推销注重人际关系，有利于消费者与销售人员之间建立友谊；

(2)人员推销具有较大的灵活性;

(3)人员推销针对性强,无效劳动较少,具有即时成交性;

(4)人员推销在大多数情况下能实现潜在交换,形成实际销售;

(5)销售人员充当双重角色,有利于企业经营决策;

(6)信息反馈迅速,可提供售后服务;

(7)人员推销的费用较高,覆盖范围有限。

人员推销是促销组合中的一个重要组成部分,我国大量存在的农产品经纪人的行为是农产品人员推销的主要形式之一。

(二)广告

广告是指由广告主采取付费方式,委托广告经营部门通过传播媒体,以现代科学技术和现代化设备为手段,以策划为主体、创意为中心,对受传者进行的以有关企业目标、经营方式、产品或服务项目为主要内容的宣传活动;旨在使受传者心目中牢固树立企业形象、品牌形象及产品形象,从而达到刺激、扩大市场需求,开拓潜在市场、扩大市场份额与产品销售,进而指导消费者、培养受传者新的生活方式的目的。

广告促销具有以下特点:

(1)覆盖范围广;

(2)传播迅速;

(3)形式多样;

(4)人均成本低;

(5)短时间内造势效果好;

(6)单向沟通;

(7)信息量有限;

(8)传播效果受到内外因素影响;

(9)总成本高。

我国许多农产品的营销者仍然遵循着旧观念,固守市场,导致市场范围越来越小,竞争力越来越弱,占有率越来越低。随着市场营销环境的变化,广告已成为促销的主角,肩负着创名牌和增效益两大特殊使命。但纵观国内各类广告媒体,不仅在地方媒体上出现了不少的农产品广告,而且全国性媒体上也逐渐增多农产品广告。扩大的广告范围是使中国的农产品走向国内外市场的,因此应结合农产品个性特征挖掘其独有魅力,加大做好广告宣传。

(三)营业推广

营业推广又称“销售促进”,是指为刺激需求而采取的能够迅速激励购买行为的促销方式。

与其他的促销方式不同，营业推广多用于一定时期、一定任务的短期特别推销。一般来说，人员推销、公共关系、广告等促销方式都带有持续性和常规性，而营业推广常常是上述促销方式的一种辅助手段，用于特定时期和特定商品的销售。

营业推广主要是一种战术性的营销手段，非策略性的营销手段。作为一种短期的促销方式，营业推广一般具有两个相互矛盾的特征。

1. 强烈呈现

营业推广的许多方法是把销售的产品在消费者的选择机遇前强烈地呈现出来，似乎告诉消费者这是一次永不再来的机会，购买该产品可以带来额外的好处。通过这种强烈的刺激，迅速消除顾客疑虑、观望的心理，打破顾客的购买惰性，使其迅速购买。

2. 产品贬低

由于营业推广的很多方法都呈现强烈的吸引氛围，因此有些做法难免显出企业急于出售产品的意图。如果使用不当，就可能使消费者怀疑产品的品质，甚至产生逆反心理。根据农产品的特点，农产品的营业推广适合采用特价、价格折扣与优惠券、免费品尝、展销会、加量不加价等方式。例如，生鲜超市常对某一种蔬菜进行特价限量购买，以树立一种物美价廉的形象，带动其他商品销售。

（四）公共关系

公共关系指一个组织为了改善与社会公众之间的关系，通过双向信息沟通，增进公众对组织的认识、理解与支持，树立良好的组织形象，为自身事业的发展创造最佳社会环境而开展的一系列活动。公共关系是企业促销策略之一，与其他促销策略相比，它具有如下特点。

1. 广泛性

公关客体是与社会组织密切相关的各种社会公众、企业、政府和社会团体。

2. 主动性

在市场经济条件下，公关主体要生存、求发展，就必须积极主动地参与竞争。

3. 长期性

公关活动的目标是在社会公众心目中树立良好的企业形象，使社会公众难以忘怀，对社会公众的影响是长期的。

4. 双向性

社会组织通过一系列公关活动，吸引了大量的社会公众参与，可以将社会组织的信息传递出去，同时还能广泛收集所需要的大量信息，实现信息沟通的双向性。

因为农产品的促销活动一般由政府和当地新闻媒体一起发动，所以依靠公共关系进行产品促销往往能够取得较好的效果。

五、农产品促销策略

（一）价格策略

对于大多数农产品来说，价格是最主要的竞争手段。为了刺激消费者更多地购买，可以采取灵活多样的定价方式。对不同的目标市场、产品形式、销售时间、销售地点实行有差别的价格，从而满足不同的市场需求，以扩大销售，提高经营者的经济效益。

（二）选择适宜的推销技巧

讲究推销技巧，是指经营者在推销自己的产品时要根据消费者心理动态、消费习惯等有针对性地采取推销策略。

(1)注意针对不同阶段的心理特点，采取相应的推销技巧。从消费者购买产品的过程来看，大致可以分成四个阶段，在每个阶段要使用不同的推销方法。

①寻找商品的阶段。消费者出于某种需求，希望寻找某种农产品来满足需求。这时，经营者要积极介绍自己的产品，特别应针对消费者需求来介绍产品的特点，引起消费者的购买欲望。

②比较阶段。消费者可能要将同类农产品作一个比较，其中主要是比质量、比价格。这时经营者要强调自己的产品具有优势的一面，或者给予某种优惠，促成消费者下决心购买。

③购买阶段。要满足消费者在购买时的要求，并且要用热情的态度招呼消费者，希望再次购买。

④评价阶段。有的消费者购买农产品后感觉比较满意，可能再次购买，成为“回头客”。这时，经营者一方面要热情接待，另一方面可利用“回头客”的良好评价说服其他消费者购买。

(2)迎合不同消费者的购买心理，选择不同的营销技巧。面对商品品种繁多的市场，顾客是否购买某一农产品，是由其购买心理动机决定的。顾客的购买心理可分为六种类型，应针对不同的心理状态的消费者，采取不同的推销技巧。

①理智型：这类顾客具有一定的商品知识，注重商品性能和质量，讲究物美价廉。

②选价型：一是以价格低廉为选商品的前提条件，对“优惠价”商品感兴趣；二是对高档、高价商品感兴趣，认为一分钱一分货，要买就买好的。

③求新型：这类顾客追求时尚与款式，往往不讲究价格、质量。

④求名型：崇拜名牌产品，对价格高低并不过多考虑。

⑤习惯型：顾客对某些厂家、商标的商品熟悉、信任，或因生活习惯等的不同，形成一种使用某种商品的习惯。

⑥不定型：不常买东西，对市场情况和商品不熟悉，购买时犹豫不决，反复征求他人意见。

(3)根据消费者的购物习惯，采取不同的推销技巧。购买习惯，主要指顾客何时购买、何处购买。搞好农产品的营销工作，必须认真分析顾客的购物习惯，采取有针对性的促销手段。

（三）搞好售后服务，扩大经营者的影响

经营者要扩大自己的影响，必须搞好产品售后服务。①做好准备，以便及时、准确地处理好各种询问和意见。②必须有实效地解决顾客所提出来的实际问题，这比笑脸相迎更为重要。③提供给顾客多种可供选择的服务价格和服务合同。④在保证服务质量的前提下，可把某些服务项目转包给有关服务行业的厂家。⑤不能怕顾客提意见，应把此看成改进自己的产品和服务，搞好生产经营的重要信息来源。

（四）做好广告宣传，扩大产品知名度

利用广告方式将自己产品的性能、特点、使用方法等广泛地向消费者介绍，引起消费者对自己产品的购买欲望。经营者要制订正确的广告计划，选择适当的广告策略，设计适宜的广告，并选择好广告媒体。

六、农产品促销组合策略

（一）农产品市场营销组合概念

农产品市场营销组合是指农业经营者为了销售农产品，以实现营销目标和进入目标市场而对可控制的各种营销因素的综合运用。

由于企业可控制的市场营销因素很多，人们出于不同的目的从不同的角度提出了各种分类方法，其中，目前最常用的一种分类方法是由美国西北大学教授菲利普·科特勒在美国学者麦卡锡提出的“4Ps”的基础上又提出的“6Ps”营销组合理论。他认为，营销组合因素可概括为“6Ps”，即产品（product）、价格（price）、地点（place）、促销（promotion）、政治力量（political power）和公共关系（public relations）六个组合因素。

市场营销组合是现代营销观念指导下的整体营销思想的体现，是企业的市场战略的重要组成部分。营销组合决策既是企业实现营销目标和进入目标市场的重要步骤，又是协调与联系具体营销因素的纽带。准确地说，它是介于企业的发展战略与营销战术之间的一种营销管理决策活动。

（二）农产品市场营销组合特点

1. 市场营销组合是企业可控制的因素组合

企业的市场营销活动，除受宏观环境的影响外，还受企业本身可控制因素的制约，这些可控制因素又是市场营销的手段，市场营销组合就是对这些营销手段的综合运用。企业可根据目标顾客的需要，选择自己的产品结构和服务，制定销售价格，选择分销渠道和促销手段。但是，这些可控制因素必须适应企业的资源状况和外部环境的变化，这样才能制订出有效的营销组合方案。传统的营销组合理论往往强调营销组合对环境的适应性，营销组合的新理论则有所发展，

如菲利普·科特勒的“大市场营销”理论认为，企业不能单纯地顺从和适应环境，而应在一定程度上影响和改变营销环境。

2. 市场营销组合是一个多层次的复合结构

营销组合的每一个因素又各自包含若干小的因素，形成各自的次组合。例如，产品因素包括质量、特色、品牌、规格等，价格因素又包括基本价格、折扣、信贷条件等，地点又包括渠道、实体分配等，促销又包括广告、人员推销、营业推广等。因此，营销组合是一个多层次的复合结构。企业在进行营销组合决策时，不但要求取得 6Ps 的最佳搭配，而且要实现它们内部的最优组合，使所有因素得到最佳搭配。

3. 市场营销组合是一个动态的变数组合

市场营销组合不是一成不变的静态组合，而是一个千变万化的动态组合。因为企业在根据内外环境制定市场营销组合时，只要其中一个营销组合因素或其亚因素发生变化，就会产生一个新的组合。一家生产蔬菜的农业经营者，由原来生产普通蔬菜转向生产无公害蔬菜，因为产品因素发生变化，所以其他组合因素也相应地进行了调整，价格由低调整为高，地点由集贸市场改为大型超市，促销则可选择运用多种手段。

（三）影响因素

1. 目标市场特点

目标顾客的需求决定着市场营销组合的性质，企业必须分析目标市场各方面条件，并采用排除法先排除掉不能起作用或作用不明显的营销组合因素，再根据以下几个方面的条件，识别一个可能的目标市场对各个基本策略的影响，从而制定最佳的市场营销组合。一是目标市场上潜在顾客的情况，如年龄、文化、收入、分布密度等。二是消费模式和消费者行为。这些既会影响产品的设计、包装、品种系列等策略，也会影响企业制定适应顾客需要、投其所好的促销策略。潜在顾客购买的迫切性、选购商品的意愿等会影响销售渠道的长度、宽度、销售服务标准和顾客愿意支付的价格水平。三是市场竞争的特点。这个条件会影响市场营销组合的各个方面。如果市场处于垄断状态或是开发新的领域而竞争不激烈，仅用一种市场营销组合，企业就可以取得成功；如果竞争较充分，就意味有较多的竞争者和多种营销组合方案，企业可以找出最好的方案加以比较、分析和借鉴，对每一种市场营销组合的效益作出评价，选择最佳方案。

2. 宏观营销环境

在现代市场条件下，各国都加强了对宏观经济的干预。营销环境已从原来仅通过影响目标市场需求从而间接地影响企业市场营销组合，转为直接制约企业市场营销组合。由于农产品市场更容易受到宏观营销环境的影响，特别是国家的农业政策会对农业生产及农产品市场产生直接的影响，因此宏观营销环境对农产品市场营销组合有直接的影响作用。

3. 企业资源状况

企业的资源包括资金实力、技术、设备、专利、公众形象、员工技能、管理水平等，每个企业在资源方面都有同其他企业不相同的实力和弱点。企业市场营销组合必须充分利用本企业的长处，避免同那些具有类似实力的企业发生正面直接竞争。

4. 市场营销预算

市场营销预算与市场营销组合密切联系，市场营销组合策略要耗费大量的财力，并牵涉公司稀有资源的使用，且有周期性特点，如广告需要资金，组织销售队伍需人力，产品开发需要人、财、物等。在预算过程中，目标市场可能发生变化，国家的宏观政策可能改变，竞争对手也会调整市场营销组合等等。另外，市场营销组合还要与市场营销预算计划取得动态的平衡。

5. 营销战略与战术结合

在市场营销理论中，对市场营销组合的战略与技术的认识是不统一的，而在市场营销组合实际中，两者结合却是十分重要的。因为再好的市场营销战略，如果没有灵活机动的战术，就不可能实现战略目标。所以，市场营销组合是市场营销战略的组成部分。在具体决策过程中，企业要经常根据战略决策，灵活准确地做出战术决策。如果说战术决策不能产生预期效果，企业就要重新评价市场营销战略是否适当。

（四）农产品市场营销组合策略

农业经营者将营销组合的各因素视为统一的整体，把产品、价格、渠道、促销等方面的营销因素有机地结合起来，并根据不同的目标市场和不同的市场营销环境，制定出全方位的市场营销组合策略，完成农产品的销售，实现营销目标，取得经营利润。

1. 产品策略

产品是市场营销组合中最重要的因素，任何企业的市场营销活动必须以产品为基础，离开了产品，就无法满足消费者的需要，其他营销活动也就无从谈起。产品策略是市场营销组合策略的基础。

(1)开发优质农产品。目前，我国农产品市场普通产品严重过剩，优质农产品相对不足，而且随着人民生活水平的提高，对优质农产品的需求量越来越大。因此，开发优质农产品、特色农产品前景广阔。要树立市场营销观念，以市场为导向，开发符合市场需要的优质农产品。一方面要提高现有农产品的品质，另一方面要引进国外优良新品种，还要加强与农业科研单位的合作，不断开发优良新品种。

(2)改进包装设计。大多数的农业经营者都不重视农产品的包装工作。其实，包装对于农产品销售更为重要。一方面，包装可以增加农产品的美观度，提高产品档次；另一方面，包装可以保质保鲜，延长农产品的储存时间，有利于农产品的销售。企业要充分重视农产品的包装工作，设计符合农产品特色和风味的包装，增加农产品的价值，提高农产品的价格。

(3)创建农产品品牌。经济的发展让消费变得越来越多样化和个性化。消费者选购农产品也越来越注重品牌，他们喜欢购买具有较高知名度品牌的农产品。企业要有品牌意识，培育强势品牌，创造差异性，提高农产品的市场竞争力。

2.定价策略

定价策略是市场营销组合中最活跃的因素，企业定价既要考虑消费者的承受能力，以利于促进销售，又要考虑企业的成本补偿，以保证获取利润。

农产品价格普遍偏低，同类产品的价格差别不大，再加上农产品自身的特殊性，农产品的定价策略要充分考虑各种因素，遵循优质优价的原则，以优质农产品、特色农产品实行高价，树立价格差异，通过高价策略获得竞争优势。

3.渠道策略

分销渠道是营销组合的重要因素，而且极大地影响着企业营销组合的其他因素。

(1)专业市场。这是最常见的农产品销售渠道。通过影响力大、辐射力强的农产品专业批发市场，集中销售农产品。一方面它具有销售集中、吞吐力强的优势，另一方面还具有集中处理信息和快速反应能力。

(2)贸易公司。通过各种区域性销售公司销售农产品。贸易公司作为农产品销售的中间商，有其自己的利益要求，农业经营者要重视渠道伙伴关系，充分关注中间商的利益，最大限度地调动他们的积极性，实现双赢。

(3)大型超市。利用大型超市的农产品专柜销售农产品。经济的发展让顾客的购买方式发生了变化，越来越多的顾客到大型超市集中购买商品。超市中的农产品专柜吸引了广大的顾客，有利于提高优质农产品的档次。

(4)直接销售。农业经营者可以直接销售农产品。

4.促销策略

促销策略是市场营销组合的重要组成部分，在企业的营销活动中具有十分重要的作用。农产品的营销对于促销策略的运用要慎重，最重要的是要围绕营销目标合理预算促销费用，在促销预算范围内有选择地运用人员推销、营销广告、营业推广和公共关系等促销手段。

(1)人员推销与农产品促销。随着农业产业化的发展、城乡农产品运销员队伍的壮大，人员推销已经成为农民和农业企业对农产品进行促销的重要手段。

国内农产品的人员推销类型主要有以下三种。

①农民本人作为推销员，直接销售产品。例如，城郊和乡下的一些农业生产者在城市的农贸市场向市民出售农产品。

②城乡中介推销员。这些农产品流通中介运销员主要是一些农民贩运户、经纪人、个体营

销户，他们走南闯北，为我国的农产品流通做出了突出贡献。

③农民专业协会或龙头企业的专门推销员。这类推销员一般受过专门技术训练，也有固定收入，推销能力较强，是农产品推销人员队伍中的骨干力量。

在农产品营销活动中，销售人员使用多种方式，对消费者、生产用户和中间商三种推销对象进行推销。在推销过程中一般采用试探性策略、针对性策略、诱导性策略、“爱达”(AIDA)公式策略等。

(2)广告与农产品促销。在农产品供求信息的发布和各种新产品的促销中，广告起到了很多作用。但是，广告费用大，受农业企业费用承受能力所限；在媒体的选择上，农业企业一般采用电视或全国性媒体做广告的不多，大都利用地方性报刊、电台传播广告信息，只有国家市场管理部门才利用中央电视台、全国性报刊或电台定期发布全国各地农副产品的供求信息。

对于农业企业来讲，采用广告促进农产品销售，应当考虑产品供应量大小、产品销售利润和广告投入的收效。小生产者推销农副产品仍沿袭实物展示和叫卖等原始促销形式，一般农场或专业化农产品服务组织销售产品都采用传统的合同定购或集市贸易方式，只有那些称得上龙头企业的农产品生产基地、大公司或加工企业才有实力实施广告促销。

(3)推广与农产品促销。营业推销的方式灵活多样，每个农业企业不可能全部使用。这就需要农业企业根据各种营销方式的特点、促销目标、目标市场的类型及市场环境等因素选择适合本企业的营销推广方式。农业企业在运用营销推广方式时，必须确定目标、制定、实施和控制方案及时评价结果。营业推广是企业开展的一项促销活动，要想取得预期效果，就必须按一定的流程进行。一般来讲，首先要确定营业推广目标，其次制定营业推广方案，再次进行试验、实施和控制营业推广方案，最后评估营业推广效果。

(4)公共关系与农产品促销。公共关系一般包括主动公关宣传和被动公关宣传。公共关系主要通过以下四种主要方式来实现。

①塑造企业形象。企业形象的传播，一个重要的方面是要通过全体职工的言谈举止来塑造的。社会各界从与之交往的企业职工身上，可以感受到该企业的形象。

②参与社会活动。企业是社会的一分子，在从事生产经营活动的同时，也应积极参与广泛的社会活动，在广泛的社会交往中发挥自身作用，从而赢得社会公众的信任。

③利用新闻媒体。利用新闻媒体宣传企业及其产品是企业乐意运用的公关手段。新闻媒介宣传是一种免费广告。由大众传媒进行的宣传，具有客观性或真实感，消费者在心理上往往不设防。传媒客观性带来的社会经济效益往往高于单纯的商业广告。

④组织宣传展览。企业可通过组织编印宣传性的文字、图像材料，拍摄宣传影像带及组织展览等方式开展公共关系活动，通过一系列形式多样、活泼生动的宣传，让社会各界认识企业、了解企业，从而达到树立企业形象的目的。

阅读案例

奶酪中有金币

著名的食品批发商立普顿，在某年12月25日到来之前，为使其代理的奶酪畅销，在每50块奶酪中选一块装进一枚英镑金币，同时用气球在空中散发传单大造声势。于是成千上万的消费者涌进销售立普顿的代销店，立普顿奶酪顿时成了市场上的抢手货。立普顿的行为引起了同行的抗议和警察干涉。但立普顿以退为进，在各经销店前张贴通告“亲爱的顾客，感谢大家厚爱立普顿奶酪。若发现奶酪中有金币者，请将金币送回。”通知一贴出，消费者在“奶酪中有金币”的声浪中，反而更踊跃地购买。当警方再度干预时，立普顿又在报纸上刊登了一大版广告提示：“大家要注意奶酪中的金币，应小心谨慎，避免危险。”这则广告表面上是应付警方，实际上是更有效的一次新闻造势和促销。同行们在“立普顿奶酪中有金币”这一强大优势中毫无招架之力。

●分析讨论：“立普顿奶酪中有金币”这一促销活动使用了哪些巧妙的策略和公关手段？对企业公关有何启示？

●提示

(1)“立普顿奶酪中有金币”这一促销活动策划巧妙，一次活动两次高潮，全方位地把活动投资利用到最大限度，强烈吸引了消费者的注意力，达到了促销活动的根本目的。

(2)以退为进、巧妙提醒的策略，既堵住了同行和警察的嘴，又制造了更大更多的新闻，使消费者在“奶酪中有金币”的声浪中，反而更加踊跃购买，让同行和警察都无可奈何。

(3)善于“制造新闻”，这是企业扩大知名度和美誉度、取得竞争优势的重要手段。“制造新闻”的公关，形式能使组织积极主动地寻求扩大爆冷门的机会，抓住时机，以激起新闻媒介采访、报道的兴趣。立普顿巧妙地利用这一公关手段，为促进商品销售做了一次效果显著的免费广告宣传。

任务二　农产品促销方案设计

线上线下推广农产品校园促销方案

一、促销

(1)可以通过海报、展板等形式宣传，及时地将产品信息传递给广大师生。这种宣传方式比较方便快捷，廉价，是实行低成本战略的一种体现方式。

(2)人员促销,针对学生群体,最传统也是最有效的方式就是深入学生宿舍,直接将商品带到宿舍中去任其选购。发放农产品促销单箱,增强活动力度。

(3)网上宣传农产品网络营销策略,如微信、朋友圈转发农产品促销活动获赞66个即可获得尝鲜价农产品1箱。

二、促销策略

1.数量折扣

当顾客购买达到一定数量时,再给予一定的优惠。如在本店一次性购买2箱享9折优惠;一次性购买3箱享8折优惠;一次性购买4箱享7折优惠;一次性买5箱及以上享6折优惠。

2.会员折扣

(1)当消费满足一定金额的同时,可享受会员折扣。

(2)一次性消费满300元,即送会员卡1张(内含500积分)

活动一:积分兑换。

每消费10元积1会员积分,积分抵金额(100∶1)。每月还有积分兑换超值二手产品,以及积分抽奖、积分兑券等,累积的积分可在下次购买时抵扣消费金额,每100个积分抵扣1元金额,每次抵扣无最低消费限制、抵扣积分无上限。

活动二:优选农产品送上门。

临近暑假,农产品网络营销策略。为了减轻学生们的负担,凡是购买农产品类产品都可送达宿舍。

活动三:老带新。

凡购买过本门店的老会员老顾客,带新顾客上门购买金额超200元以上,老顾客即可获得1000积分奖励和精美礼包一份,新顾客可获得500积分奖励。

活动四:吃农产品大赛。

每天在活动现场均举行吃农产品大赛,参赛人员不限,一次吃得最多者将获赠精美礼品一份,其他参与者将获赠参与奖1份。

●启示:农产品营销方案书写方法有哪些?

一、农产品营销方案书写方法和原则

每个企业的农产品不同,营销目标不同,所侧重的各项内容在策划编制上也可有详略取舍。

农产品市场营销随着市场经济的发展不断扩展、延伸,在营销发展的新思路、新趋势中出现了策划营销。它是在一般市场营销基础上的一门更高层次的艺术,其实际操作性更强。随着市场竞争日益激烈,好的农产品营销策划更成为企业创名牌,迎战市场的决胜利器。策划书是农产品营销策划的反映。如何撰写农产品营销策划书呢?

（一）农产品营销策划书编制的原则

为了提高农产品策划书撰写的准确性与科学性，应先把握其编制的几个主要原则。

1. 逻辑思维原则

策划的目的在于解决企业营销中的问题，按照逻辑性思维的构思来编制策划书。首先是设定情况，交代策划背景，分析农产品市场现状，再把策划中心目的全盘托出；其次进行具体策划内容详细阐述；最后明确提出解决问题的对策。

2. 简洁朴实原则

要注意突出重点，抓住企业营销中所要解决的核心问题，深入分析；提出可行性的相应对策，针对性强，具有实际操作指导意义。

3. 可操作原则

编制的策划书主要用于指导营销活动，其指导性涉及营销活动中的每个人的工作及各环节关系的处理。因此，其可操作性非常重要。不能操作的方案，创意再好也无任何价值。不易于操作也必然要耗费大量人、财、物，管理复杂、显效低。

4. 创意新颖原则

要求策划的“点子”（创意）新、内容新、表现手法也要新，给人以全新的感受。新颖的创意是策划书的核心内容。

（二）农产品营销策划书的基本内容

策划书通常没有固定的格式，它依据产品或营销活动的不同要求，在策划的内容与编制格式上也有变化。但是，从农产品营销策划书一般包括封面和正文。策划书的封面可提供以下信息：①策划书的名称；②被策划的客户；③策划机构或策划人的名称；④策划完成日期及本策划适用时间段。因为农产品营销策划具有一定时间性，不同时间段上市场的状况不同，所以营销执行效果也不一样。

（三）策划书的正文部分主要内容

1. 农产品营销策划目的

要对本农产品营销策划达到的目标、宗旨树立明确的观点（如提高市场占有率，扩大产品知名度，树立规模、优质、专业、服务的良好形象），作为执行本策划的动力或强调其执行的意义所在，以要求全员统一思想，协调行动，共同努力保证策划高质量地完成。

企业营销上存在的问题纷繁多样，但概而言之，无非六个方面。

(1)企业开张伊始，尚无一套系统营销方略，因而需要根据市场特点策划出一套农产品营销计划。

(2)企业发展壮大,原有的营销方案已不适应新的形势,因而需要重新设计新的农产品营销方案。

(3)企业改革经营方向,需要相应地调整营销策略。

(4)企业原营销方案严重失误,不能再作为企业的营销计划。

(5)市场行情发生变化,原经销方案已不适应变化后的市场。

(6)企业在总的营销方案下,需在不同的时段,根据市场的特征和行情变化,设计新的阶段性方案。如首先强调“农产品的市场营销不仅仅是公司的一个普通产品的市场营销”,然后说明农产品营销成败对公司长远、近期利益对长城系列的影响的重要性,要求公司各级人员及各环节部门达成共识,完成好任务,这一部分使整个方案的目标方向非常明确、突出。

2. 分析当前的农产品营销环境状况

企业对同类产品市场状况,竞争状况及宏观环境要有一个清醒的认识。它是为制定相应的营销策略,采取正确的营销手段提供依据的。“知己知彼,百战不殆”,因此这一部分需要策划者对市场比较了解,这部分主要分析以下两方面。

(1)当前市场状况及市场前景分析

①产品的市场性、现实市场及潜在市场状况。

②市场成长状况,产品目前处于市场生命周期的哪一阶段上。对不同市场阶段上的产品,公司营销侧重点如何,相应营销策略效果怎样,需求变化对产品市场的影响。

③消费者的接受性,这一内容需要策划者凭借已掌握的资料分析产品市场发展前景。

(2)对产品市场影响因素进行分析

主要是对影响产品的不可控因素进行分析:如宏观环境、政治环境、居民经济条件;如消费者收入水平、消费结构的变化、消费心理等。对一些受科技发展影响较大的产品(如计算机、家用电器等产品)的营销策划中还需要考虑技术发展趋势方向的影响。

3. 市场机会与问题分析

农产品营销方案是对市场机会的把握和策略的运用,因此分析市场机会就成了农产品营销策划的关键。只要找准了市场机会,策划就成功了一半。

(1)针对目前农产品营销现状进行问题分析。一般营销中存在的具体问题,表现为多方面:

①企业知名度不高,形象不佳,影响产品销售;

②农产品质量不过关,功能不全,被消费者冷落;

③农产品包装太差,提不起消费者的购买兴趣;

④农产品价格定位不当;

⑤销售渠道不畅,或渠道选择有误,使销售受阻;

⑥促销方式不务实,消费者不了解企业产品;

⑦服务质量太差，令消费者不满；

⑧售后保证缺乏，消费者购后顾虑多等都可以是营销中存在的问题。

(2)针对产品特点分析优、劣势。从问题中找劣势予以克服，从优势中找机会，发掘其市场潜力。分析各目标市场或消费群特点进行市场细分，对不同的消费需求尽量予以满足，抓住主要消费群作为营销重点，找出与竞争对手差距，把握利用好市场机会。

4. 农产品营销目标

营销目标是在前面目的任务基础上公司要实现的具体目标，即农产品营销策划方案执行期间，经济效益目标达到总销售量为×××万件，预计毛利×××万元，市场占有率实现××。分析市场，找出市场机会，提炼自身优势，确定销售目标。例如，确定的目标市场——以行业销售为主(利润和稳定市场)、渠道销售为辅(提高知名度，扩大市场占有率)；行业主要主要系指工矿、交通、建筑、消防、制造工厂等有一定采购规模的目标客户；渠道销售主要系指区县级的加盟或者代理商。

拓展阅读

农产品营销策划方案怎么写

在进行农产品品牌营销策划时，农业国企应重新定位，利用资源优势切实为广大农民服务。借鉴新西兰模式，放弃盈利目的，改成公益性，组织农民入股，引入第三方监督。

对于农业民企而言，应立足长远，真正为产业而服务。生产合作社模式是大势所趋，农民要真正获得生产流通效益，农产品流通的中间环节就要减少。农产品的网络化在进行品牌营销策划时，要通过控制生产环节来控制整个产业链，让新型资本从生产入手进入农业领域，走出一条品牌化道路。

那么，如何将农产品做成大品牌呢？想将产品做成品牌，要树立品牌意识，创建品牌。具体可分为以下三步。

一是抢占品类。如今，食品、工业品的品类已经无限细分，而农产品品类的细分才刚刚开始。如果企业能够在消费者心中抢先占据了某个品类，并且成为品类里面最优秀的那个就是最成功的。例如，鲁花抢占了花生油品类，六个核桃抢占了核桃露品类，加多宝抢占了凉茶品类。

二是抢占地域资源。企业要抢占所在区域的地域品牌，有一个形象的说法是“地域品牌是还没有嫁出去的姑娘，谁能娶回家就是谁的”。如果从法律层面讲，区域名品属于农产品公共品牌资源，企业是不能独占的。但是，企业可以抢占区域品牌的消费者心智资源。区域农产品为什么会成为名品，是因为其独特的地理环境、产品品质、历史人文等特点在消费者心中留下了美好印象。企业只要将这种美好印象据为己有，即抢占消费者心智资源，就会赢得市场。

三是赋予品牌价值。企业一定要给自己的品牌赋予价值，品牌的独特价值是企业成功的基础。企业赋予和提升品牌价值，可以从两个方面着手：一是提升品牌附加值，二是赋予品牌表现价值。

二、适合新产品上市的促销计划要点

新产品上市策划，首先要通过调查分析确定上市时间、上市地点和目标顾客群，其次有针对性地采取营销策略。

1. 上市时机的选择

季节性产品最好应季上市，利用节假日推出。如果竞争对手也推出类似新产品，可以选择：①抢先进入，以获得先入为主的优势；②同时进入，可以分担广告费用和风险；③延后进入，节省费用，减少风险。

2. 上市地点的选择

要结合产品的特性和企业的市场状况选择上市地点，如选择在核心市场或市场占有率最高的地方上市，在重点城市上市，等等。

3. 目标顾客的选择

新产品的目标顾客应具备以下条件：①产品的早期使用者；②产品的大量使用者；③对产品有好评并在社会上有一定影响力的消费者；④用最少的促销费用可以争取到的消费者。

4. 营销策略的选择

新产品上市推广，一般可分为导入期、成长期、成熟期三个阶段。推广策略要根据每个阶段的特性灵活调整。

导入期的重点工作：价格体系的制订和新产品的上柜。如果是高档且并不追求高市场覆盖率的产品，就采用低价撇脂战略；如果是中低档产品且追求高市场覆盖率，就采用低价渗透战略。促销要针对渠道、终端、人员、消费者各个环节进行促销，提高渠道进货的积极性、终端与人员推广积极性、消费者重复购买的兴趣。产品陈列要突出整齐，视觉冲击力要强。

成长期的重点工作：出现消费者重复购买后，制订出新产品成长期的推广方案，方案主要内容是做好产品的理货，保持先进先出和产品的新鲜度。

考核重点：产品的铺面率、生动化和新产品的增长率，市场活动的推广及终端热销氛围的启动。

促销重点：针对销售人员和消费者，使业务人员更加努力推广，使新产品迈向更高的销量目标。同时，培训消费者的忠诚度。

成熟期的重点工作：采用综合的营销手段，使产品尽快走向成熟。

考核重点：产品的个性化陈列，终端品牌的个性化塑造。

5. 加大投入力度

新产品在前期市场投放后，如果市场反映效果不错，就要加大对新产品的投入力度，从而推动产品尽快走向成熟，降低产品的费用率。另外，还要鼓励与支持客户与办事处投入人员、车辆、广告、促销等。

拓展阅读

加强绿牡丹品牌建设　发展江山生态茶产业

浙江省江山市茶叶生产起于唐、兴于宋、盛于明，已有1000多年历史。近年来，江山市着力做大做强做优茶产业，逐步形成了以“江山绿牡丹茶”为主导，红茶、扁茶、珠茶等为补充的茶产业结构，江山市被评为全国十大生态产茶县。

苏东坡在任杭州通判时，品尝到江山仙霞山茶后赞不绝口，称之为“奇茗极精”。江山绿牡丹目前已成为江山市的一张金名片。

江山市作为全国十大生态产茶县，在生态产茶方面积累了一定经验。未来将继续按照“优质、高效、生态、安全”的要求，突出江山绿牡丹茶区域品牌提升，发展生态茶业。一是强化基础建设，提升产业优势。推进美丽茶园建设，每年争取建设1～2个100亩以上“设施完善、环境优美、功能多元、产品优质、管理规范”的美丽茶园，引导建设一批茶庄园、茶博园、茶主题公园，争创名茶特色小镇。推进茶叶行业机器换人，提高茶园机械化生产水平。二是培育龙头企业，促进产业发展。着力建设标准化茶厂，推进茶叶加工现代化改造，提升名优茶加工水平和生产能力。培育茶业发展龙头企业。加快培育茶叶产业生产全程社会化服务组织，构建茶产业生产全程社会化服务体系。三是加强品牌建设，提升产业效益。牢固树立质量兴茶、品牌兴业的理念。规范江山绿牡丹茶公共品牌的准入、使用、管理，建立健全品牌保护机制和体系。在市外茶叶主销区举办大型茶叶展销宣传推介活动，为企业搭建更多、更好的宣传展示平台。引导企业加强自主品牌建设。组织企业参加有影响力的各类茶叶节会展会、茶叶评比等活动。四是创新营销模式，拓展市场空间。优化茶叶产品结构和包装，大力发展有机茶、绿色食品茶，扩大有机茶、小包装茶销售比例，积极推行“统一分级、统一标识、统一定价”制度，提高产品附加值。鼓励茶叶生产经营主体在江山市内外开设江山绿牡丹茶为主的茶叶店铺，鼓励在淘宝、京东等电子商务平台开设江山绿牡丹茶网络专营店。五是强化科技支撑，提升茶叶品质。实施茶叶产品质量提升工程，全面推行茶叶标准化生产，大力推进茶树良种化普及，推行茶叶质量追溯体系建设，推广茶树绿色防控技术及茶园统防统治工作，发展无公害、绿色、有机茶园，提升江山绿牡丹茶品质。

江山绿牡丹被正德皇帝命名为绿茗，列为御茶，可见品质极佳。

江山绿牡丹有三大特点。一是江山绿牡丹是一款全生态的茶。江山地处北纬30°全球最佳产茶带，境内山高雾重，雨量充沛，漫射光多，土壤肥沃，有机质含量丰富。江山绿牡丹茶在加工工艺上,有摊青→杀青→揉捻→初烘→理条→复烘→足干(提香)等7道工序,比大部分绿茶加工工序都多。特殊的地理气候条件、优越的自然生态环境和多道加工工序,孕育了江山茶叶香高、味醇、耐泡的特有品质。二是江山绿牡丹是一款有故事的茶。江山绿牡丹原名"仙霞化龙""仙霞山茶",始制于唐代,北宋文豪苏东坡誉之为"奇茗",后明代正德皇帝命名为绿茗,列为御茶。据考究,江山绿牡丹极可能在南宋年间已经进入皇宫。三是江山绿牡丹是一款有文化的茶。江山境内拥有仙霞古道这一古茶道,江山绿牡丹还拥有《生活如茶》《好茶绿牡丹》等江山绿牡丹茶歌,有朗朗上口的宣传语:"好客江山人 好茶绿牡丹;一杯绿牡丹 一生江山缘。"同时,还有自己的开茶节。

任务三　农产品绿色营销策略

白沙绿茶产于海南省白沙黎族自治县的国有白沙农场,当地特有的自然环境成就了它的独特品质。产茶区方圆10千米的陨石冲击坑中矿物质达50多种,气温适宜,年均降水量1725毫米,是天然产茶之地。是海南省唯一一家进入中国茶叶百强的茶叶企业。

在生产过程中,茶毛虫是对茶叶影响非常大的一种害虫,如喷洒农药会影响茶叶品质,而在20世纪70年代以前,也没有什么农药可使用。有一年,茶厂职工在作业时发现了部分茶毛虫染病死亡,于是就把这些死亡的茶毛虫收集起来,泡水,等到来年在茶园喷洒,让新生的茶毛虫幼虫也染病,从而防治虫害,再收集染病的茶毛虫,等待来年使用。

白沙茶农经过上百年的经验积累,形成了一套"古老笨拙"的防治害虫方法。自制"土生物农药"来防治害虫秋末结合施基肥,进行茶园深耕,将根际附近的落叶及表土清理至行间深埋,减少病虫源。

●启示:传统的方法、独特的品质,造就了海南白沙绿茶日益辉煌的绿色营销之路。

一、绿色营销的内涵

"绿色"的含义是多方面的,既不能简单地认为"绿色=植物=农产品",也不能将绿色理解为"纯天然""回归自然"的代名词,它泛指保护地球生态环境的活动、行为、计划、思想和观念等。绿色营销是指企业以环境保护和生态平衡理念作为其经营哲学思想,以绿色文化为其价值观念,把消费者利益、企业利益、社会利益和环境利益四者有机结合统一起来的有利于人类社会可持续发展的一种新型的营销活动过程。

二、农产品绿色营销组合策略

1. 绿色产品策略

绿色产品策略主要包括开发和生产绿色农产品、发展生态农业和有机农业、做好绿色农产品的分级、加工、包装工作、采用绿色产品标志、创建绿色农产品品牌等。

小案例

为了提高海南省冬季瓜菜在国内外市场的竞争力，海南省大力发展绿色食品、有机食品和无公害农产品，积极推进名牌战略。据有关部门统计，海南省已建成20多个万亩以上的瓜果菜基地，绿色食品生产和加工企业规模不断壮大。

2015年12月15日，海南省21家企业29个产品被认定为海南名牌农产品，准许使用海南名牌农产品标志。目前，全省规模以上品牌农业企业达到1095家，注册商标的合作社突破1000家。创建省级标准化基地建设示范县5个，省级农产品质量安全示范县7个。全省认证无公害农产品生产基地385个，被批准允许使用无公害农产品标志的有176个企业376个产品，有效使用绿色食品标志的有18家企业27个产品，中绿华夏有机食品认证产品15个。

2. 绿色价格策略

一般而言，绿色农产品的生产对环境和管理要求较高，生产过程所付出的成本较普通产品要高。同时，绿色农产品又需要拥有那些有比较稳定的高收入和一定购买能力的消费群体，他们愿意以较高的价格购买绿色健康产品。据有关资料显示，德国的绿色食品价格比一般食品高50%～200%，日本的高20%以上，而我国无公害蔬菜比普通蔬菜高5%～10%。在欧美国家，半数以上的消费者在购买产品时要考虑绿色因素，并愿意多支付30%～100%的费用。另据调查，在发达国家，75%以上的消费者在购物时会考虑消费安全。

在定价策略方面，绿色农产品可供选择的策略如下。

①薄利多销策略。这种策略一方面可以让更多的消费者买得起绿色农产品，通过提高市场占有率来实现规模经济，从而获得更大收益；另一方面还可以阻止竞争对手的进入，防止同业之间的过度竞争。

②厚利适销策略。利用消费者求新、求异、崇尚自然的心理，采用“理解价值”来定价，对部分稀缺的绿色农产品采取高价销售的策略。

3. 绿色渠道策略

渠道的畅通是成功实施农产品绿色营销的关键，既关系到绿色农产品在消费者心中的定位，又关系到绿色营销的成本。为此，设计和选择绿色农产品的营销渠道时，一是要考虑绿色农产品的有效配送和快速分销；二是要实现绿色农产品与普通农产品的差异化，体现其“绿色”特征；三是所选定的中间商一般要不经营与绿色农产品相互排斥或相互竞争的非绿色农产品，以使中间商诚心地分销绿色农产品；四要考虑不同的农产品特性。

由于农产品的储藏性较差，容易受到污染，因此在选择销售渠道上必须遵循保鲜、快速的原则，从田头到餐桌的各个环节都要“清洁生产”“清洁物流”和“清洁分销”。例如，使用“绿色通道”保证产地与销地的畅通，采取保鲜交通工具封闭运行，努力降低销售过程中的浪费和污染。针对鲜活农产品或大批量农产品，可在大型农贸批发市场批发或与大型零售商店、专业商店签订合同直接销售；针对保质期较长的农产品，可通过中间商或利用农民贩运组织销售，也可与各地批发商、加工企业签订合同直接销售。

4. 绿色促销策略

绿色促销是指通过绿色媒体传递绿色产品及绿色企业的信息，从而引起消费者对绿色产品的需求及购买行为。在绿色促销中，绿色广告、绿色公关等具有重要的作用，它们同传统广告、公共关系、人员推销不同，营销人员必须了解消费者的绿色消费兴趣，回答消费者所关心的环境问题，掌握企业产品的绿色表现，通过多种形式展示绿色农产品的优势。农业企业或营销者应大力宣传绿色消费时尚，劝告消费者使用绿色农产品，宣传支持绿色营销就是对社会、自然、他人、未来的奉献理念，提高公众的绿色意识，引导绿色消费需求。

企业必须加大绿色农产品促销力度，开展适当的促销活动以刺激绿色农产品的需求。可以通过人员推销、广告、公共关系、参加各种展览会、商品交易会，或开发生态旅游和田园旅游，推销和扩大绿色农产品销售范围、举办各种绿色农产品的现场销售咨询活动，直接向消费者讲解、对比绿色农产品的优势或体验促销来促进绿色农产品的销售。

小案例

长白山区绿色产品生产经营企业若想在激烈的市场竞争中占有一席之地，为绿色农产品争得一席之地，除以自然资源优势为依托外，还要采取专业化生产，规模化、集团化经营。企业，尤其是中小型企业无时不面临竞争的危机，只有企业间联合起来，组建企业集团，形成规模化、专业化生产，才能降低成本、提高质量、增强实力、实现规模经营效益，从而扩大经营范围、提高市场占有率、树立起良好的产品和企业形象及信誉、提高市场竞争力。从长白山区企业现状来看，示范区内现已形成各种类型的生产经营专业户，有生态综合型、果药型、粮药型、林药型、林畜型、菜畜型、加工型等，并形成了几个规模效益的龙头企业。虽然这些企业已实施了规模化、专业化生产经营、集团化组合，但仍处于集团化发展初期，有许多不完善之处，与同类集团相比仍显实力不足，其营销观念、营销手段和方式还有许多不尽如人意的地方。

一、选择题

1. 公共关系一般包括主动公关宣传和被动公关宣传。公共关系主要通过(　　)主要方式来实现。

A. 塑造企业形象　　B. 参与社会活动　　C. 利用新闻媒体　　D. 组织宣传展览

2. 农产品营销策划的原则是(　　)。

A. 逻辑思维　　B. 简洁朴实　　C. 可操作　　D. 创意新颖

3. 是指企业以环境保护和生态平衡理念作为其经营哲学思想,以绿色文化为其价值观念,把(　　)有机结合统一起来的有利于人类社会可持续发展的一种新型的营销活动过程。

A. 消费者利益　　B. 企业利益　　C. 社会利益　　D. 环境利益

二、判断题

1. 营业推销的方式灵活多样,每个农业企业都可能全部使用。(　　)

2. 新产品上市推销,一般可分为导入期、成长期、成熟期三个阶段,推销策略要根据每个阶段的特性灵活调整。(　　)

3. 绿色就是纯天然、回归自然的代名词。(　　)

三、思考论述题

1. 农产品营销的产品策略有哪些?怎样应用这些策略?

2. 农产品营销的促销策略有哪些?怎样应用促销策略增加销量创造收入?

3. 农产品营销的价格策略有哪些?怎样应用价格策略增加农业收入?

4. 农产品营销的渠道策略有哪些?怎样应用这些策略为农产品打开销路?

5. 农产品绿色营销策略包括哪些内容?怎样运用这些策略促进农业增效增收?

模块九

主要农产品分类营销

学习目标

●知识目标

掌握我国主要农产品的生产与消费特点。

●能力目标

掌握我国主要农产品的营销策略。

●素养目标

培养增强无粮不稳、节约粮食的意识。

任务一　粮油作物产品营销

案例导入

近年来，食品安全问题频发，送健康礼品成为一种时尚。在各大超市里，泰国香米、五常大米和生态有机米最受大单客户青睐；而在某食品销售网站专设的中秋专区里，有机大米也成为了热销产品，部分商家更是推出“大米礼盒”。某集团出品的一种日本进口大米(2千克)卖到200元，泰国进口大米礼盒(1千克装)卖到100元；在广州，一家主打健康概念的餐厅销售的一款2.5千克装的有机大米售价为75元。但即使如此，大米礼盒依旧热销。主要源于三个方面：健康、实用、包装有档次。无论米还是油，食品天然的健康优势，是市场热销的真正原因。

●启示：粮油农产品大都与人们日常生活密切相关，是关系到国计民生的必需品，在农产品营销中占有重要地位。

一、稻谷市场营销

1. 稻谷的生产与消费

我国稻谷的播种面积占我国粮食作物播种面积的1/4以上，产量约占全国粮食总产量的

2/5。普通栽培稻谷可分为籼稻和粳稻两个亚种；根据其生长期长短的不同，可以分为早稻、中稻和晚稻三类；根据栽种地区土壤水分的不同，可分为水稻、陆稻和海稻。稻谷产区主要分布在长江中下游的湖南、湖北、江西、安徽、江苏以及华南的广东、广西、福建和东北三省，形成明显的南方稻区和北方稻区；其中湖南、黑龙江、江西、江苏、湖北和安徽是全国稻谷种植面积最大的6个省（区），年产量都在1000万吨以上，总播种面积和产量占全国的2/3左右，决定着全国稻谷生产的大局。

近年来，稻谷消费量呈上升趋势，其中食用占比大约为85%；其他消费在个别年份有小幅波动，但总体呈稳定态势。2012年，国内稻谷消费需求刚性增长，消费量约1957亿千克，同比增加6亿千克。其中，口粮消费1611.5亿千克，饲料用粮166亿千克，工业用粮136.5亿千克，其他用粮43亿千克。2021年，我国稻谷产量2129亿千克，比上年增加10亿千克，增长0.5%，全年供需形势良好。

2. 稻谷市场需求

目前，我国稻谷消费主要包括口粮消费、饲料消费、工业消费、种用消费四项。近年来，我国稻谷消费总量稳步增长，需求结构呈口粮消费下降、饲料和工业消费增加的趋势。

3. 稻谷的营销

（1）稻谷的营销渠道。我国谷物营销渠道包括收购渠道和销售渠道。除国有粮食企业外，工业用粮企业、经工商部门批准的各类粮食经营企业，都可直接到农村参与粮食收购。销售渠道包括批发市场、零售市场，批发市场是我国省际商品粮食流通的重要渠道，也是各类粮食企业经营的主要渠道。

（2）稻谷的营销模式。粮食产业化的经营模式始终按照“产业链中各市场主体一体化运作”模式进行操作，主要有“公司＋基地”型、“公司＋相关组织＋农户”型、“龙头企业＋购销企业＋农户”型。

4. 稻谷的市场价格

稻谷市场价格是指反映稻谷价值，由稻谷市场供求决定的价格。稻谷的市场价格具有灵活性、自发性及波动性的特征。目前，我国稻谷价格基本上由市场供求关系所决定，但在市场机制不完善的情况下，需要政府的政策调控纠正市场机制的偏差。

二、小麦市场营销

1. 小麦的生产与消费

我国种植的小麦以冬小麦为主，约占全国小麦总播种面积的85%，主产区集中在华北平原、黄淮海和长江流域的山东、河南、河北、江苏、安徽、四川、陕西、湖北、陕西、甘肃等省份；春小麦则集中在中国北部的寒冷地区，种植面积占全国小麦总面积的15%，主产区有黑龙江、新疆、内蒙古、青海、宁夏等省自治区。小麦主产区的种植面积和产量都占全国的90%以上，年均播种面积为23 985千公顷，年均产量保持在1亿吨左右。根据国家统计局数据显示，2021年中国小麦产量1369亿千克，比2020年增加27亿千克，增长2.0%。

一直以来，我国都是一个小麦生产大国，即便如此，小麦仍供不应求。我国的小麦进口长期以来占世界小麦进口总量的比例很大，特别是高品质小麦。我国的小麦消费在很大程度上依赖进口。

2. 小麦市场需求

小麦作为主要的粮食产品，其需求受人口数量、经济发展、小麦生产情况、城乡居民收入水平及消费习惯、饮食偏好等多方面因素的影响。

目前，我国小麦消费主要包括口粮消费(制粉消费)、饲料消费、工业消费、种用消费四项。近年来，我国小麦消费格局呈现制粉消费下降、饲料和工业消费增加的态势。

3. 小麦的营销

我国的小麦主要是以面粉的形式出售给消费者。过去，小麦是北方居民的传统主食，但近些年来南方和东部小麦消费水平也有了大幅度的提高。东部经济发达地区，小麦消费数量较大，食物消费不再追求解决温饱，而是讲究营养，以精细粮和精细加工产品消费为主。因此，精细加工是影响小麦消费水平的重要因素。中西部地区主要以原粮消费为主，面粉加工消费量远小于东部沿海地区。

4. 小麦的市场价格

我国小麦市场分为现货市场和期货市场，两种市场价格的形成规律有很大差异。从历史上看，控制我国小麦价格形成的力量主要是政府与市场。

小麦的价格体系。我国小麦价格体系十分复杂，小麦市场主要的价格形成均集中在小麦的收购环节，既有政策价格又有市场价格(集市贸易价格，它是产地自由市场价格，直接受市场供求影响)。

三、玉米市场营销

1. 玉米的分类及其商品特点

(1)玉米商品的分类。按品质分可分为常规玉米和特用玉米。常规玉米是最普通、最普遍种植的玉米；特用玉米是除常规玉米以外的各种类型的玉米，包括甜玉米、糯玉米、高油玉米、优质蛋白玉米、紫玉米等。按形态结构，包括硬粒型、马齿形、半马齿形、粉质型、甜质型、甜粉型、蜡质型、爆裂型、有秤型等。

(2)玉米商品的特点。玉米的营养价值高,产品需求最大,作物生长具有一定的地域性和季节性,价格容易发生变动。

2. 玉米的销售策略

玉米的销售策略主要包括提升品质策略、玉米加工化策略、新品种策略及品牌策略。

四、大豆市场营销

1. 大豆的分类及其商品特点

(1)大豆的分类。大豆按种皮的颜色和粒形分为黄大豆、青大豆、黑大豆、其他色大豆及饲料豆。

(2)大豆的商品特征。大豆营养价值高、利用价值高、市场化程度高、生产的地域性较强。其中,东北和黄淮海是我国大豆种植面积最大、产量最高的两个地区。

2. 大豆的生产与供给

美国已成为世界最大的大豆生产、消费和出口国。从国际市场占有率指标来看,美国、巴西、阿根廷三国分列大豆出口市场占有率的前三名,多年以来这三个国家的市场占有率都保持在85%以上。

20世纪50年代可以说是我国大豆生产的黄金时期。1957年,我国大豆的种植面积达1270万公顷,年总产量曾超过1000万吨。

进入21世纪后,随着大豆种植面积的逐渐增长,大豆产量也不断增加:2005年达到959万公顷,产量也达到1636万吨。从长期来看,我国一直是大豆出口大国,大豆也一直是我国传统出口创汇产品。从1996年我国成为大豆净进口国开始,我国大豆进口量从2001年的1395万吨剧增到2012年的58 380万吨,成为世界上最大的大豆进口国。2020—2021年度我国进口大豆9979万吨。

3. 大豆的市场需求

与产量相比,全球大豆消费量年际间波动相对较小。2011—2012年度全球大豆因旱减产,导致产不足需,产需缺口达到1663万吨;2012—2013年度全球大豆产量恢复性增长后,产需结余由负转正,结余量达到657万吨。

4. 大豆的营销策略

大豆的营销主要可以采用新品种策略、调整种植结构策略、品牌策略及产品深加工策略,各种营销策略使得大豆市场前景广阔。

任务二　园艺类农产品

案例导入

新凤蜜露桃业合作社产品已通过国家有关部门的安全卫生优质农产品认证、无公害认证、有机认证，上海市名牌产品。凭借标准化种植和品牌优势，合作社的水蜜桃价格比一般水蜜桃价格高出15%。具体做法如下。

(1)对外打品牌、做广告。注册了石笋商标；赞助电视娱乐节目；参加拍卖会，2个桃子拍出4万元。

(2)明确定位，做团购、定位高端市场。

(3)对内注重质量、重视包装。与科研机构合作，提升生产技能。

(4)加强回访，稳定客户群体。建立销售档案，对新老客户进行回访联系，也便于了解市场动向和消费信息。

(5)有带头人。熟悉水蜜桃行业、熟悉当地桃农，眼界开阔，富有闯劲，对市场的认识敏锐，富有创业经验和社会人脉资源。

(6)建立营销队伍。吸纳了18名富有经验的经纪人及电子商务行业的大学生。

一、水果营销

1. 水果的分类及其商品特点

(1)水果的分类

①按水果商品习惯分类

鲜果类，包括柑橘、苹果、柿子、油桃、山楂和鲜枣等；干果类，包括干枣、核桃、栗子、柿饼、松子、瓜子等；瓜类，包括西瓜、甜瓜等。

②按果实构造分类

核果类，包括桃、李、杏、梅、樱桃等；仁果类，包括苹果、梨、山楂等；浆果类，包括葡萄、草莓、猕猴桃、柿子等；坚果类，包括核桃、板栗、榛子、松子、山核桃、银杏等；柑橘类，包括柑橘、橙、柚、柠檬等；复果类，包括菠萝、菠萝蜜、桑葚、树莓、面包果等。

③按水果加工方法分类

鲜果类，包括柑橘、苹果、柿子、油桃、山楂和鲜枣等；罐头类，包括菠萝罐头、柑橘罐头、核桃罐头、果酱罐头等；蜜饯类，包括杏蜜饯、红枣蜜饯、梨蜜饯等；冷冻果品类，包括速冻草莓、速冻黄桃等。

(2)水果的商品特征。水果的商品特征非常明显，具有高附加值、市场容量大、生产的地域性和季节性明显、鲜活易腐性及副食品特性。

2. 水果的消费特征与心理

(1)水果的消费特征。消费的层次性明显，消费的多样化和一次购买的少量化，追求品牌和创新，礼品消费越来越受重视，菜肴化消费增加。

(2)水果消费的心理特征。①追求"早"的消费心态。早，即想尽早尝鲜，以饱口福。12 月尝草莓，1 月吃西瓜，2 月品伊丽莎白甜瓜，3 月尝樱桃，4 月吃杨梅，5 月品荔枝等。②追求尝新的消费心态。近年来一些大中城市水果新品种入市较多，受到消费者的青睐。③追求"名牌"心态。随着人们生活质量的提高，水果消费讲究口味，要求汁多味甜，口感惬意，口碑优良。④追求反季消费的心态。夏瓜冬吃，西瓜、甜瓜在冬季消费十分走俏，成为时尚。⑤追求包装方便漂亮的消费心态。如今，节日中小包装水果花样多，精巧美观，携带方便，十分走俏。水果花篮也悄悄地在市场上兴起，成为走亲访友的好礼品。

3. 水果的生产与消费

我国地域辽阔，地跨寒、温、热三带，地形气候条件复杂多样。果树品种繁多，水果资源十分丰富。从 1993 年开始，我国水果总产量跃居世界第一，超过印度、古巴和美国，水果总产量约占世界的 20%。其中，苹果和梨的产量均居世界第一位；全世界有 70%的荔枝产于我国；葡萄、香蕉、菠萝和猕猴桃的产量居世界总产量前五位。苹果、柑橘、梨、香蕉是我国主要的水果产品，分布在山东、河北、广东、陕西、福建、广西、河南、辽宁、黑龙江、江苏、浙江、安徽、湖北、湖南等省(区)。苹果以北方种植为主，其主要产地是山东、陕西、河南和辽宁等省，这几个省的苹果产量占全国苹果产量的 80%以上；柑橘以南方种植为主，其主要产地是浙江、福建、湖南、广东、湖北、广西、四川等省(区)；梨的主要产地是河北、山东、湖北、辽宁、江苏等省；香蕉的主产区是广西、海南、重庆、江西等省(区)，其中广西是香蕉产量最大的地方。目前已形成以苹果、柑橘、梨、香蕉、桃为主的水果消费结构，这 5 种水果消费量占水果总消费量的 70%以上，尤其是苹果的消费量占水果总消费量的 30%左右。消费者对健康、天然的果汁等水果加工品消费开始增加，我国的果汁消费量已位居世界第三。

4. 水果的营销策略

(1)产品策略。

①高品质策略。随着人们生活水平的不断提高，优质优价正成为新的消费动向。

②加工化策略。发展水果加工既可以满足市场的需要，也可提高附加值，是水果业发展的新方向、新潮流。

③新产品策略。水果消费需求的多样化决定了要引进、开发和推广优、新、特、稀品种，以新品种引导新需求、开拓新市场，应积极研究和开发水果的流行元素和时尚元素。

④品牌化策略。要成功打造水果品牌就必须在地域文化以及地域水果的“发展史”上做文章，有计划、有步骤地向目标顾客展示，一步一步地提高水果品牌的美誉度和知名度。

⑤包装化策略。包装上的每一个新变化都能刺激一种新的消费欲望，要以小包装、精美化、透明化、组合化、多样化的包装，达到扩大销售的目的。

(2)价格策略。

①水果分等级定价策略。对同类水果进行分级分等，按不同的等级分别定价，会使消费者产生货真价实、按质论价的感觉，比较容易被消费者接受，从而有利于扩大水果销量。

②针对细分市场定价策略。水果经营者要对全球市场进行细分，根据不同国家和地区消费者收入水平、消费习惯、消费心理等因素的不同，实行区域差别定价。

③水果生产周期定价策略。目前，我国的水果还不能保证常年均匀供货，在收获期，水果大量上市，应该采取低价策略促进水果销售；在非收获期，可以根据水果的供给状况适当提高价格。

(3)渠道策略。水果种植者直销渠道，即水果种植者—消费者。水果种植者直接将水果销售给消费者，一般是在水果的种植地距离消费者较近的情况下，种植者在当地的自由市场设摊出售，或与大宗水果消费团体签订合同，按合同销售。另外，也有些省市发展建设高标准旅游观光果园，策划实施观光果园采摘活动，一部分果品直接在地头被消费者买走。可以通过产地批发渠道，主要有产地批发＋销地零售渠道，产地批发＋销地批发＋销地零售渠道，产地批发＋各级中间批发＋销地批发＋销地零售渠道。

(4)促销策略。

①提高产品质量。促销的最根本目的是在不损害企业整体利益的基础上，快速提高产品或服务在某个阶段的销售，以帮助企业实现经营目标。

②维护品牌形象。品牌作为营销的利剑，越来越引起企业的重视，许多企业都想以品牌的提升带动营销工作的开展。

③保持价格稳定。促销降价必须有技巧，必须保持整体的价格稳定，避免出现消费者“心理失衡”的状况，尽量提高消费者的品牌满意度。

二、蔬菜营销

1. 蔬菜的分类及其商品特点

(1)蔬菜的分类。

①白菜类。包括大白菜、普通白菜、花菜等。

②直根类。以肥大的肉质根为产品,包括白萝卜、胡萝卜等。

③茄果类。包括茄子、番茄、辣椒等。

④瓜类。包括黄瓜、冬瓜、南瓜、丝瓜、苦瓜等。

⑤豆类。包括菜豆、豇豆、蚕豆、豌豆等。

⑥葱蒜类。包括洋葱、大葱、大蒜等。

⑦薯芋类。包括马铃薯、芋头、山药等含淀粉丰富的块茎类、块根类蔬菜。

⑧绿叶菜类。绿叶菜的食用部分以鲜嫩茎叶为主,包括菠菜、芹菜、莴笋、苋菜、茼蒿等。

⑨水生菜类。包括藕、茭白、慈姑、菱角、荸荠等。

⑩多年生菜类。包括黄花菜、芦笋、竹笋、香椿、百合等。

⑪食用菌类。包括蘑菇、银耳、猴头菇、香菇、黑木耳等。

(2)蔬菜的商品特点:品种繁多、生产的地域性和季节性强,鲜嫩易变质,市场化程度高,生产的适地性较强。

2. 蔬菜的消费心理特征及其消费趋势

(1)蔬菜的消费心理特征。追求“早”的消费心理、追求尝新的消费心理、追求反季节的消费心理、追求包装方便漂亮的消费心理、追求绿色食品的消费心理。

(2)蔬菜消费的发展趋势。大路蔬菜逐渐下降,蔬菜消费的地域差异逐渐缩小;对营养、保健型蔬菜的需求增加,对无污染、安全优质的有机蔬菜的需求越来越大;蔬菜消费趋于常年均衡化,向净菜方便型及蔬菜工业食品型转化。

3. 蔬菜的生产与消费

(1)蔬菜的生产。世界蔬菜生产分布广泛,除南极洲以外的大洲均有蔬菜生产。其中亚洲、非洲和欧洲是占世界蔬菜产量比例最大的 3 个生产地区,而亚洲无论从新鲜蔬菜产量还是种植面积来看,都是世界最大的生产地区。亚洲蔬菜产量占世界新鲜蔬菜总产量的 80%～90%,亚洲蔬菜种植面积占世界的 75%～80%,但是亚洲蔬菜生产主要集中在劳动力资源丰富、工资成本低廉的发展中国家,亚洲发展中国家的蔬菜种植面积占世界蔬菜种植面积的 90%以上。中国、印度、意大利、美国等是世界蔬菜主要的生产大国。特别是中国和印度,这两国的新鲜蔬菜产量占世界新鲜蔬菜产量的 70%～80%。中国作为世界最大的蔬菜生产国,其新鲜蔬菜产量占世界新鲜蔬菜产量的 60%左右。目前世界主要种植和生产的蔬菜种类有马铃薯、甘薯、番茄、甘蓝、洋葱、黄瓜、茄子、胡萝卜、辣椒、大蒜、菠菜、青豆、豌豆、芦笋、蘑菇等。在种植的各类蔬菜品种中,马铃薯是最大宗的蔬菜品种,其次是番茄、甘蓝、黄瓜等。

我国蔬菜生产主要分布在山东、河北、河南、江苏、湖北、四川、广东、湖南、辽宁、广西、安徽等省(自治区)。山东省为我国蔬菜生产第一大省,其次分别为河北、河南、江苏、广东、广西等省(自治区)。种植蔬菜品种以大白菜、黄瓜、萝卜、番茄、辣椒、茄子、大葱为主,尤以大白菜的生产量多。大白菜主要的生产省份是山东、河南、河北。黄瓜主要的生产省份是山东、辽宁、江苏、河南、河北和广东。山东黄瓜产量占全国比例最高。萝卜在几个大省的分布比较均衡。茄子生产以山东和河北两省为主。全国大葱生产地主要集中在山东、河南和河北,其他省份产量比例较低。

(2)蔬菜的消费量。蔬菜消费量的大小在一定程度上和一个国家的膳食结构有关系。亚洲地区居民大多数是以植物性食物为主,动物性食物为辅的膳食结构,或者动植性食物合理搭配的膳食结构。亚洲地区居民对蔬菜的消费量大于世界其他地区居民的蔬菜消费量,是世界上最大的蔬菜消费市场。就人均蔬菜消费量看,亚洲国家人均蔬菜消费量居第一位,北美洲、欧洲分别位列第二和第三位。

我国居民的膳食结构以植物性食物为主,动物性食物为辅。蔬菜在我国居民食物消费构成中所占的比达33.7%。由于蔬菜的生产供应方式以及居民饮食习惯的复杂多样,因此各地居民对蔬菜的消费存在差异,城镇居民在蔬菜消费质量上优于农村居民。各类高档菜、进口菜、加工蔬菜的消费主要在城镇,城镇居民购买的新鲜蔬菜中有相当一部分是经过初步加工的蔬菜,如净菜。相比之下,农村居民蔬菜消费方式主要是自给自足,以当地生产的蔬菜品种为主。从消费习惯和烹饪方式上看,南方城市居民蔬菜消费明显高于北方。

4.蔬菜营销策略

(1)产品策略。蔬菜的产品营销策略主要包括新型产品策略、品牌策略、文化营销策略、产品加工策略。

(2)价格策略。蔬菜由于其供给和市场的特殊性,无法对某产品定制一个稳定的价格。有的产地或批发市场,蔬菜的价格每天都不同,而且一天价格从上午到晚上都不同,但作为蔬菜配送企业,则要化解这部分价格波动给顾客带来的影响。根据企业的产品定出一个相对稳定的价格,高端产品价格不管经历何种因素的影响都确保“稳”和“平”;中低档蔬菜价格则根据产地进行地理价格定价,将企业的运营成本合理计入价格中,由顾客自由选择不同的产品和价格。

(3)渠道策略。蔬菜流通的特点,蔬菜的易腐性、季节性和原料性使得蔬菜流通过程中的保鲜、储存、加工等环节具有重要的地位并具有很强的技术性,储藏运输的难度大;蔬菜生产的分散性使得蔬菜流通风险大;蔬菜流通过程呈现出由分散到集中,再由集中到分散的基本特点。蔬菜的“小生产”和“大市场”之间存在矛盾;蔬菜易腐,蔬菜种植者一般是即采即卖,表现出交易频率高的特征。蔬菜物流渠道类型如下。

①农户—农村经纪人—批发市场—农贸市场/超市—消费者。这是目前最广泛的蔬菜流通渠道,但农户和收购商贩关系松散,不确定因素较多。

②农户合作组织/龙头企业—农村经纪人—批发市场—农贸市场/超市—消费者。在这条渠道中,合作组织将松散的农户组织起来,通过签订合约,统一组织生产、收购和销售。近年来

还出现了“订单农业”，也是一条好的销售渠道。

③农户合作组织/生产基地—采购供应商—超市—消费者。在这种流通渠道中，采购供应商连接着生产者和零售者。采购供应商还在整个渠道中传递产品信息，保证渠道畅通，是该流通渠道的核心环节。

④农户合作组织/生产基地—超市—消费者。这是目前推广的新型蔬菜流通模式，即农超对接。农超对接是一种“三赢”的模式。

(4)促销策略。目前我国蔬菜的人员推销主要依靠农民经纪人和销售大户，但是越来越多的农产品进入超市、专柜销售后，使用现场促销人员显得越来越重要。同时，加强广告促销，通过广告传播市场商品信息，引导消费、甚至创造需求。在报刊、广播、电视、网络媒体或户外等各种场所为蔬菜产品做广告，让消费者了解了蔬菜的营养价值，也可以强化消费者对产品的感知度、对企业和品牌产生认可。再者，电子商务突破了时间、空间上的限制，而且成本低廉，比较适合出口企业。

三、花卉营销

1. 花卉的分类及其商品特点

(1)花卉的分类。

①根据生态习性分类如下。

一、二年生及多年生花卉：一年生花卉包括凤仙花、鸡冠花、波斯菊、万寿菊、半枝莲等，二年生花卉包括三色堇、紫罗兰、桂竹香、虞美人等，多年生花卉包括芍药、美人蕉、大丽花、水仙等。

球根花卉：包括晚香玉、番红花、玉帘、百子莲、君子兰、仙客来等。

宿根花卉：包括芍药、菊花、香石竹、非洲菊、红秋葵、天竺葵、文竹等。

多浆及仙人掌类包括玉树、豹皮花、吊灯花、仙人掌、仙人指等。

室内观叶植物：包括翠云草、铁线蕨、凤尾蕨、苏铁、印度橡皮树、一品红、棕竹等。

兰科花卉：包括春兰、蕙兰、墨兰、建兰、万代兰等。

水生花卉：包括荷花、睡莲等。

木本花卉：以赏花为主的木本植物，尤其指一些乔木。

②根据园林用途分类如下。

花坛花卉：包括金盏菊、半枝莲、万寿菊、珍珠梅、凤仙花、一串红等。

盆栽花卉：包括朱顶红、仙客来、倒挂金钟等。

室内花卉：包括棕竹、龟背竹、文竹、君子兰等。

切花花卉：包括月季、百合、马蹄莲、郁金香、满天星、康乃馨等。

观叶花卉：包括花烛、万年青、南洋杉、虎耳草等。

棚架花卉:包括凌霄、紫藤、金银花等。

③根据贸易商业习惯分类如下。

盆花类:各种盆花、各种室内观叶植物、观果植物。

切花类:包括月季、康乃馨、切花菊等。

球根类:包括郁金香、风信子、百合、大丽花、香红花等。

盆景类:各种树木、山水盆景。

香科花卉类:包括玫瑰、茉莉、紫罗兰、留兰香、桂花、晚香玉、白兰花等。

(2)花卉的商品特点:时间性、时令性,区域性强、生产周期长,投入高,经济效益高,消费弹性系数较大,对自然资源依赖性大。

2. 花卉消费的特点

(1)人均花卉消费水平较低。截至 2020 年底,全国花卉年销售额达 2500 多亿元。与其他国家相比,我国的人均花卉消费水平较低,我国人均花卉消费金额每年仅有 170 元,仅为世界人均水平的 3/10。

(2)花卉消费市场主要在大中城市。因为城市工商业发达,居民收入水平较高,整体消费水平高于农村。另外,城市居民对精神生活的追求程度要普遍高于农村,对花卉的消费也较多。

(3)消费季节性明显。花卉消费主要集中在节假日,如元旦、春节、劳动节等重大节日,其次情人节、母亲节、教师节等也成为花卉消费的火爆节日。节日花卉消费火爆是我国花卉消费市场的一个显著特征,而又以春节花卉消费为甚,年花卉市场的特征是由于多年的消费习惯形成的。

(4)消费礼品性突出。“买花的人不看花,看花的人不买花”是对我国花卉消费礼品性的形象描述。花卉消费以礼品消费为主,城市居民是最大的潜在消费群体,通过花卉知识传播,引导这一消费群体,将他们升级为参与消费群体,对花卉的生产和消费都有促进作用。

(5)集团消费仍是重点。从消费层次来分析,长期以来形成的以团体消费为主的花卉消费现象虽然发生了较大的改变,但并未发生根本性的变化,集团消费仍是主流。

3. 花卉的生产与消费

近 20 年来,我国花卉业发展迅速。我国花卉业以传统的绿化苗木和工业用花为主,鲜切花的发展落后,仅占整个花卉业的 10%左右;但花卉出口增长较快,呈螺旋式上升趋势。我国对 80 多个国家(地区)出口花卉,出口额较大的国家(地区)主要有日本、荷兰、美国、韩国,出口额居前五位的省和直辖市是云南、广东、福建、上海、浙江,出口额占总出口额的 70%以上。

4. 花卉的营销策略

(1)产品策略。

①产品定位策略。注重花卉产品质量,重视对新品种知识产权的保护。引导花卉产品的组合栽培、水培花卉、易拉罐花卉等新产品消费。注重不同群体的需求差别。

②品牌策略。花卉从原产品质量到包装质量都应有自己的品牌。目前,不少切花已有分级标准和级别层次,创品牌要求的是花卉本身的内在品质和外观,这是产品营销的核心。

(2)定价策略。一般花卉的定价策略包括节日定价法、分级定价法、服务性定价法、折扣定价策略、地区定价策略及心理定价策略。

(3)渠道策略。在现有花卉市场中,花卉从生产基地进入消费者的所有环节及其中介机构,构成了花卉产品的分销渠道。其途径有:生产者—消费者,生产者—零售商—消费者,生产者—批发商—零售商—消费者,生产者—代理商—零售商—消费者,生产者—代理商—批发商—零售商—消费者。

(4)促销策略。在花卉销售中常用的促销方式包括人员推销、营业推广、广告和公共关系。推销人员可以与顾客面对面地接触,及时了解消费者对产品的质量要求、包装式样等反馈的意见,供企业制定生产和销售策略时参考。当生产基地推出某一种新的花卉种类及花色或花店推出新的花卉装饰式样时,可采用营业推广的方式,以有奖销售、让利等销售方式抵御竞争对手。现代花卉企业很注重广告效应,广告具有传递信息、塑造产品形象、诱导和刺激需求等多种功能。花卉企业要通过地方报纸、刊物、广播电台、电视台等媒体宣传市场、扩大市场影响,使人们了解市场、光顾市场。

任务三　畜牧产品营销

案例导入

2013 年 12 月,研究生毕业的向平东带着他的销售团队穿梭于各个商会的年会店动上,将自己养殖的土猪肉作为年会的抽奖奖品。通过这样的“圈子营销”,他 1 个月就卖出了近 400 头黑猪。营销策略主要如下。

(1)创立品牌掌握定价权。黑猪比普通猪的饲养成本高,因此必须走高端品牌的发展路线。同时创立品牌,设立体验式会所。

(2)土法养猪新法营销。尽管向平东坚持最土的养殖方法,但在营销模式上他却玩起了创新,混进了商会,进行精准的圈子营销,不少企业家当场就下了订单。

他给商会组织的年会免费提供黑猪肉作为奖品,表面看是一笔亏本买卖,但实际获益很大。去参加商会年会的都是老板,正是他们的目标销售人群。他们提供一些免费的黑猪肉就能做一次精准的广告投放,当然划算。

对未来的发展,向平东重点打造电商平台及会员卡消费模式。此前一直在做“年猪”,明年他们将做到每周都能给会员配送新鲜猪肉。将来还要在武汉建立3个同品牌的原生态酒店，预计仅酒店一年就能消耗2000头黑猪。

●思考：向平东成功的秘诀是什么？

畜牧类农产品生产动物性产品，指将已经被人类驯化的动物，如猪、牛、羊、马、驴、鸡、鸭、鹅、兔、蜂、骆驼等各种禽畜，通过人工饲养、繁殖，利用其生理机能，将植物性产品转化为肉、蛋、奶、毛、绒、皮、丝、蜜等动物性产品。

畜牧业经过30余年的发展已成为我国农业和农村经济中的支柱产业，畜产品消费在中国居民生活消费中占有重要地位。畜牧业具有较高的风险性，畜牧不同于其他行业，不仅要面临市场风险，还要面临疫病风险。此外，畜牧业还有较高的专业性和技术性，畜牧业生态化关系着整个生态系统的平衡与安全。

畜牧类农产品营销是市场营销的一个重要分支。畜牧类农产品营销是畜牧或与畜牧相关经营企业开展的创造性的适应动态变化畜牧市场的活动，以及由这些活动综合形成的畜牧商品、服务和信息从经营者流向畜产品或相关服务购买者的社会活动和管理过程。

一、猪肉营销

猪肉是百姓生活的必需品，随着我国人民生活水平的逐年提高，我国猪肉产品的增长率也呈稳步增长势头。我国是世界第一大猪肉生产和消费国，猪肉产量占世界总产量的一半以上。猪肉作为养猪生产的终端产品，是我国人民传统和主要的肉食来源。

1. 猪肉市场供给

2021年，我国猪肉产量为5296万吨，比2020年增长28.8%。这使猪肉占总体猪牛羊禽肉总产量的比例再度逼近60%。2021年，我国全年猪牛羊禽肉产量8887万吨，比上年增长16.3%。由于生猪养殖对饲料消耗量大，因此其主产区都集中在粮食主产区。长江流域、华北、西南和东北地区是我国主要的生猪、猪肉产区和调出区。生猪的主销区为长江三角洲、珠江三角洲和环渤海三大经济圈。长三角地区的猪源来自长江中下游和华北地区，珠三角则主要来自湖南、广东、广西、四川和云南等西南主产区，而环渤海地区的猪源由华北和东北地区供给。

2. 猪肉消费需求

猪肉是我国消费者日常饮食中最重要的蛋白质来源。2021年，中国的猪肉消费量为5600万吨，占全球猪肉消费总量的50%，远高于欧盟和美国。猪肉在中国消费者主要的肉类消费中占比近60%，但随着人们生活水平的提高以及食物种类的多样化，猪肉所占比重呈小幅下滑的态势，增速慢于其他肉类。今后，应稳步发展猪肉产品，重点发展牛羊肉、禽肉生产。

3. 猪肉流通状况

（1）猪肉市场流通主体。有集中交易市场，集散公共市场，拍卖市场，地方合作协会，乡村经销商，佣金商，订单买主，猪肉生产与加工厂商的集货及其他形式。绝大多数生猪买主和卖主都利用多种市场和代理商。生产者关心的是当地买主和销售方式选择的数量对生猪价格的影响。当然，生猪市场的竞争程度并不完全取决于生猪买主的数量，还可以利用电子商务手段，如长途电话、传真、电子邮件、国际互联网，再加上现代运输，快速地扩展卖主的营销选择，进而维持当地市场的竞争状态。

(2)猪肉市场的营销模式。其营销模式有分散、集中两种。

①分散营销。分散营销又称直接营销。指生猪销售在畜牧生产者与猪肉加工商之间直接进行，没有使用集散市场设施的服务。分散营销使生猪定价的地点由中央化的集散市场转移到众多的乡村地点。分散营销代表情形为猪肉加工厂商从畜牧产区拍卖市场、乡村经销商那里购买生猪。

②集中营销。指某些畜牧生产者利用集散市场销售生猪。现代通讯网络和电子商务可以把所有当地市场与集散市场联结起来，成为一个虚拟的统一市场。

4. 猪肉市场价格

(1)猪肉价格波动规律分析。猪肉价格的波动是影响产业链各环节盈利能力的重要因素。猪肉价格自 1978 年改革开放后便显示出一定的周期性，而且在经历 2～3 个较平稳的周期后，会出现一个很大幅度的波动周期。自 2000 年以来，几个周期的波动频率更接近，呈现出市场普遍认为的 3～4 年。以波谷划分的周期来看，最短为 3 年，最长为 8 年。再从周期频率的近期数据来看，受饮食文化影响.中秋、国庆和春节为猪肉的重度消费期。因此，猪肉价格每年的 9～10 月和 12 月都有明显提升，但在夏季的消费淡季多出现下滑。

(2)猪肉价格波动的影响因素。猪肉的需求基本保持稳定小幅增长的态势，因此猪肉价格波动更主要的是受供求端的波动所致。而大量外部因素将加剧或缓和供需矛盾。生猪规律的养殖周期和养殖户补栏的积极性是产量波动的根本原因；因生猪疫病导致猪肉供应减少，增加亏损、抑制补栏；成本和养殖效益预期也影响补栏积极性。

二、禽蛋营销

1. 禽蛋市场供给

自 1985 年我国成为世界禽蛋生产第一大国后，禽蛋产量逐年稳步上涨，连续 37 年稳居世界第一。2021 年，我国全年禽蛋产量达到 3409 万吨，同比下降 1.7%。目前，国内的蛋鸡养殖密集区主要集中在河北、山东、河南、辽宁、江苏、吉林、四川等省。

2. 禽蛋消费需求

影响我国禽蛋消费需求的因素主要为消费者偏好、营养知识和健康知识、居民收入水平、城市化水平、价格水平、人口增长及人口结构、宏观经济政策等。城市化水平提高是禽蛋消费需求的新动因。同时,近年来我国把家禽业作为重点鼓励发展的产业。在农村产业结构调整中,家禽业具有投资少、收益见效快等特点,在解决"三农"问题、满足人民群众对蛋白质的需求方面扮演着越来越重要的角色。

3. 禽蛋流通状况

我国的禽蛋营销渠道模式包括批发渠道、包装商渠道、加工渠道、出口渠道、零售渠道和直销渠道 6 种。

4. 禽蛋的营销策略

(1)品牌化策略。鲜蛋必须拥有品牌意识,有品牌的禽蛋要逐步向"绿色"和"有机"过渡。除了在国内取得有关部门认证外,出口欧盟、日本等国家时,还要取得进口国的认证,大力发展特种蛋和保健蛋生产等。

(2)土特化策略。改革开放以来,人们的消费需求开始崇尚自然风味、热衷土特产品。鸡要吃家养草鸡,鸭要吃土鸭,这就要搞好地方传统土特产品的挖掘和提升工作,积极发展品质优良、风味独特的自然养殖畜禽,以特色禽蛋产品抢占市场,以自然养殖禽蛋产品开拓市场,不断适应变化着的市场需求。

(3)产品差异化策略。利用禽蛋产品提供给消费者的主要利益效用的差异,对普通禽蛋产品重新定位,发现、开拓禽蛋产品新的功能效用,以满足消费者的需求。运用禽蛋产品的形式产品的差异化,在构成实体产品的质量、特征、式样、品牌和包装的独特性上进行改革。运用销售差异化,在销售时间和销售渠道的差异上进行改革。

(4)产品组合策略。产品组合是指营销产品在类型、品种和数量之间的组成比例关系。产品组合包括三方面因素,即产品线的广度、深度和相互之间的关联程度。

(5)促销及沟通组合策略。在禽蛋产品市场营销中,经营者与消费者沟通的方式多种多样,但主要有以下几种:①劝诱沟通,如设立免费咨询电话、上门走访、开座谈会、成立消费者联谊会、赠品赠券、提供购买便利条件等;②媒体沟通,如利用广告、包装、展示会、陈列馆、销售辅助物(产品说明书、目录、录像)等促销工具;③网络沟通,即利用互联网络的一对一和交互式功能实现经营者与消费者的组合沟通。

(6)价格策略。综合考虑价格总体水平和国际市场价格等,积极利用季节差价、区域差价和消费者求新、求异、求廉等不同消费心理,应用定价技巧,选择季节性调价、区域定价、折扣定价、理解价值定价、促销定价等不同定价方式进行定价,使禽蛋产品具有较好的市场吸引力和价格竞争力。

拓展阅读

一枚小鸡蛋做出大文章

一枚鸡蛋很小，平均重量约五六十克。一枚枚小鸡蛋，要聚起28吨的重量，需要多少枚？答案是：大约50万枚！

在浙江省江山市双塔街道大夫第村，有一家看似很不起眼的蛋鸡养殖场，这里平均每天能产出40万枚鸡蛋。年轻帅气的姜龙磊就是这座鸡场的"鸡司令"。2018年初，当他放弃上海金融行业的工作来到鸡场时，养殖规模约25万羽。经过逐年发展，现在已经拥有70万羽的养殖规模。同时，一座拥有100万羽规模的新鸡场正在加快建设中。

传承对土地的一腔情怀

在鸡场的分级包装车间，两条中央输蛋线上，还带着温度的鸡蛋整齐排列，缓缓而来。输蛋线一头连着几米开外的鸡舍，一头连着鸡蛋包装机。2月28日，姜龙磊领着记者边参观边介绍，新下的鸡蛋当天就运往各地销售市场，"在杭州等市场，我们主推的就是日日鲜"。

蛋鸡场于2015年开始建设，初始养殖规模5万羽。姜龙磊告诉记者，建设这座蛋鸡场，原因之一是父亲对农业、对土地的情怀。其父姜德贵创办了一家化工企业，办厂赚到钱，用于反哺农业。

"年轻人有知识，做大产业还是要靠他们。"姜德贵谈起当初把儿子从上海召回改行养鸡的初衷时说。

大学毕业就在大城市从事金融相关工作，姜龙磊坦言一开始不是很喜欢养鸡这一行，是"硬着头皮先干起来"的。干一行爱一行，他开始理解父亲的情怀。姜龙磊在大学二年级时曾休学参军两年，他说养殖行业的工作生活跟部队很像，全年无休、全天候战备。除了偶尔出差，姜龙磊每天忙在鸡场里。

2018年、2019年，他先后到美国、英国、日本、乌克兰考察，当地既有规模又高度自动化的先进养鸡场让他信心倍增，回来后决定好好干一场。"国内蛋鸡产业的小户、散户还不少，这部分会被逐步淘汰，规模养殖目前还看不到天花板。"他说，"鸡蛋市场竞争激烈，但浙江省内鸡蛋缺口很大，大部分还需从外省调入。"

至2019年底，鸡场达到70万羽的养殖规模，其中产蛋鸡45万羽，青年鸡25万羽。这一规模，位列全省单体鸡场第二。

山顶上共建"空中鸡场"

江山市坛石镇占村鲁家运山顶，削峰填谷、气势宏大、占地200多亩的一片工地正在施工中。这是姜龙磊的第二个蛋鸡养殖基地。

这里远离村庄，原来连条上山的小路都没有。但正因远离村子，方便生物安全防控，建设蛋鸡场具有天然优势。据介绍,该示范园的设计养殖规模已从80万羽扩大至100万羽。“浙江单体规模最大的蛋鸡场是正大集团的慈溪基地,有75万羽蛋鸡。我们这个100万羽的基地建成后,排位将列全省第一。”姜龙磊说。

鲁家运基地实行新的产权模式。坛石镇人大主任周宁介绍,该镇的村集体经济普遍底子薄,好项目很难找到。姜龙磊要扩大鸡场规模,村里有山地资源,双方商谈村企共建一拍即合。

新的蛋鸡生态示范园项目于2020年敲定,项目总投资2亿元,以土地流转的方式由所在村为鸡场提供场地。项目一期建设40万羽蛋鸡养殖小区,由坛石镇13个行政村以上级扶持资金2100万元投资建设厂房等,建成后交由企业经营。双方已签订15年租用协议,由企业向相关行政村每年发放190万元固定租金收益。所得租金收入,将用于帮助所有13个行政村低收入农户和村集体经济增收。项目一期5月底可实现蛋鸡进场。

在新鸡场建设的同时,今年企业方和政府联合,又成功申报了浙江省年度乡村振兴综合试点项目,由江山市30个省重点帮促村联合企业以饲料加工、蛋品加工为主,向两头延伸产业链。新项目选址坛石镇占塘村大石山,由省级财政专项资金、地方财政资金、村级自筹、企业投资等共同投入4200万元,计划今年5月开始施工。该项目实施后,公司每年将拿出295万元兜底收益,用于江山全市30个省重点帮促村的低收入农户和村集体经济发展,同时解决周边至少100人的就业问题。

低效资源牵手能人出高效

姜龙磊经营的蛋鸡场,经过几年科学经营,有技术、有市场、有资金实力,意欲进一步做大做强。一方面鸡场扩张需要场地,另一方面山区村低效资源需要盘活,资源与能人的牵手,双方实现合作共赢。

山区发展需要有好项目,需要能把闲置、低效资源合理开发利用起来。这其中起关键作用的是人,由其将项目和资源进行对接和整合。远离人烟的高山,在过去几乎一文不值。对于建鸡场来说,偏远却成了其最大的优势。一个能人、一个合适的项目,将低效资源的潜在价值充分挖掘出来。这样,乡村产业得以发展,低效资源得以盘活,村集体经济和低收入农户增收有了新路,乡村振兴、共同富裕也就有了产业的“硬核”支撑。

三、奶产品营销

1. 奶产品市场供给

我国的奶类生产以牛奶为主,牛奶产量占中国奶类总产量的95%以上。近几年,个别牧区生产少量的羊奶、骆驼奶等供给当地居民食用。2008年,奶牛存栏量增长趋势放缓,奶类产量在2009年出现下降。为应对危机,国家及时出台了相关产业政策,对奶牛养殖业给予了大力引导、鼓励、扶持。2011 年末，我国液体乳及乳制品制造工业企业达 644 家，行业总资产达 1543.15 亿元，同比增长 18.88%。到 2013 年，全国奶牛存栏达 1500 万头，奶类产量达 4800 万吨，成年母牛平均每年单产水平提高到 5.7 吨。产量第一的是内蒙古，其产量占到全国总产量的15.03%。2011 年末，我国液体乳及乳制品制造工业企业达 644 家，其中亏损企业 104 家，占 16.15%；行业总资产达 1543.15 亿元，同比增长 18.88%，至 12 月末，规模以上企业工业总产值 2361.3 亿元。受国家政策的支持、市场需求的强劲增长及奶业一体化进程的加快，我国奶牛存栏数量及奶类产量将进入下一个持续上升期，为我国奶产业的快速发展提供保证。2020 年，我国乳制品产量 2780.38 万吨，同比增长 2.84%。

2. 奶产品消费需求

虽然我国奶产品人均占有量持续增长，但奶产品整体消费水平仍然很低。目前，我国奶类消费市场不均衡，城镇、农村奶类消费水平悬殊。全国人均奶类消费水平低，奶类食品消费支出占食品消费总支出的比例低。近几年，中国奶类消费增长趋于平缓。我国奶产品消费量在经历快速增长后，近几年增长适度回落，奶类消费趋于低水平饱和。城镇居民液态奶的消费趋于饱和，而其他奶产品（如干酪、黄油、奶油）消费量又很少，不像奶业发达国家奶产品消费结构中的液态奶消费量约占奶类消费总量的 1/3，其他奶产品约占 2/3，其中干酪、黄油、奶油占其他奶产品消费总量的绝大多数。

3. 奶产品流通状况

（1）零售业态。快速消费品，销售渠道必须依赖零售渠道，即便利店、连锁超市、大卖场、网络销售等。液体奶、酸奶和奶酪依托连锁超市和便利店。目前奶粉销售越来越集中在大卖场和大型连锁超市。

（2）城市级别。一线城市，渠道渗透相对饱和，基本上呈现“无处不在”的状态，是高端产品的沃土，它们在这里生根发芽，茁壮成长；二线城市，表现出“阵地”风范，以其庞大的市场容量和相对较强的顾客购买力，成为乳制品市场的核心市场；三线城市，是相对比较复杂的“未来主战场”。农村市场是山寨及假冒品牌猖獗的地方。

4. 奶产品市场营销讨论

（1）关于奶产品销售。奶产品属于快速消费品，销售渠道必须依赖零售渠道，即便利店、连锁超市及大卖场。液态奶、酸奶和奶酪依托连锁超市和便利店（含奶亭、杂货店）较多，尤其是液体奶对便利店的利用较为普遍。由于酸奶和奶酪必须依托冷链支持，只能在有冷链的零售商店销售，普通的便利店基本上没有铺货。奶粉越来越集中在大卖场和大型连锁超市，而在便利店基本上没有奶粉销售，甚至有些连锁超市的奶粉销量也逐渐下滑，这说明奶粉越来越失去快速消费品的特点，从渠道驱动完全转向消费者驱动。不过，对婴幼儿奶粉还有两个渠道的发展也是值得关注的：一个是婴幼儿用品专卖店，另一个是网络营销。这两个渠道目前的绝对成交额虽然不是很多，但增长率高得惊人，尤其是网络销售的增长率基本每年以翻番的速度增长。

(2)关于奶产品市场需求的讨论。从奶产品总体趋势上看，一、二、三线市场及农村市场都得到了良好的发展，可以说，乳制品正在被全国人民接受。

小案例

三元食品有限公司的前身是成立于1956年的北京市牛奶公司，长期以来，其一直承担着北京牛奶的生产销售任务。为扭转其“有市无名”的格局，企业果断实施了品牌战略。请广告公司对其品牌进行全面的分析和设计，共同制订并确认了一个“一揽子计划”，整合营销传播的手段，运用广告、公关、人员促销、营业推广、CI(corporate identity，企业身份)导入等传播工具和明星效应，塑造了健康、新鲜、营养、极具亲和力的品牌个性形象，成功地居于京城液体牛奶品牌首位，真正成为首都千家万户所信赖的知名品牌。

三元的营销策略如下。

(1)让消费者乐于买。三元公司的产品在品种、品味和包装上大幅度提升，通过了ISO 9001质量认证，成功完成了从单一品种的消毒奶、瓶酸奶、桶酸奶向多元化和现代化的产品结构的大跨度转变。

(2)让消费者买得起。之所以能保持低价格的竞争优势，根本上是因为三元建立了具有相当规模的自有奶源基地。企业日处理鲜奶能力超过750吨。不仅如此，三元公司在不断扩大自有奶源基地的同时，还积极与北京周边的顺义、怀柔等郊区县进行联营合作、共同建设，挖掘奶源潜力，从而确立了成本优势领先的地位。

(3)让消费者买得到。为改变原有的8个生产厂各有销售部门、市场交叉、互相覆盖的局面，减少资源浪费、内部竞争、销售力量分散的现象，三元公司成立了营销公司，全方位整合市场、实现统一销售。企业已形成集生产、运输、销售为一体的现代化营销网络。

同时，三元广告创意紧紧抓住了“深爱滋味，细心品味”这样一个发生在姐弟俩之间围绕牛奶展开的动人故事，使“三元牛奶，爱的滋味”深入人心。

任务四　水产品类农产品营销

2010年，湖北省成功打造了“楚江红”小龙虾、“梁子”牌梁子湖大河蟹和“洪湖渔家”生态鱼

三大水产公共品牌，带动了全省水产业的良好发展态势。其激活效应、传导效应和联动效应正在不断放大，成为推动湖北省水产业新一轮发展的加速器。

此前，在行业协会的推动下，三大品牌产品生产规模也迅速扩大，在洪湖、潜江两大水产品加工园区内，相关企业生产甲壳素及其衍生产品、鱼胶原蛋白、水解氨基酸、鲟鱼鱼子酱等高附加值精深产品实现批量生产，形成了以常规品种为基础、精深产品为核心的产业链条。特优生产在湖北省渔业发展中唱主角，小龙虾、黄鳝、泥鳅等名特优品种产量稳居全国前列；名特优产品新增产值20亿元，占全省渔业产值增量的80%。

水产品是指水生的、具有一定食用价值的动植物及其腌制、干制的各种初加工品。水产品，特别是鱼、虾、贝类等，自古以来一直是人们重要的食物之一。随着人们生活水平的不断提高和对蛋白质需求量的不断增长，水产品作为动物性蛋白质的来源，其重要性日益显著。

水产业是以栖息、繁殖在海洋和内陆淡水水域的鱼类、虾蟹类、贝类、藻类和海兽类等水产资源为开发对象，进行人工养殖、合理捕捞和加工利用的综合性产业。我国海洋鱼类约有1700种。我国淡水鱼类有800种以上，其中有经济价值的有250多种，体型较大、产量较高的有50多种。我国发展水产业的方针是以养殖为主，养殖、捕捞、加工并举，因地制宜，重在保护。近年来，我国采取了积极有效的措施，严格采取休渔制度，使我国的海水、淡水捕捞和海水、淡水养殖持续稳定发展。截至2020年，我国水产品总产量为6545万吨，较2019年增加了95万吨，同比增长1%。

一、水产品分类

1. 按生物学分类

(1)藻类植物。包括海带、紫菜等。

(2)腔肠动物。包括海蜇、海葵等。

(3)软体动物。包括扇贝、鲍鱼、鱿鱼等。

(4)甲壳动物。包括对虾、河蟹等。

(5)棘皮动物。包括海参、海胆等。

(6)鱼类。包括带鱼、鲅鱼、鲤鱼、鲫鱼等。

(7)爬行类。包括中华鳖等。

2. 按商业分类

(1)活水产品。包括海水鱼、淡水鱼、河蟹、贝类等。

(2)鲜水产品。含冷冻品和冰鲜品，包括海水鱼、淡水鱼、虾、蟹等。

(3)水产加工品。按加工方法分为水产腌制品和水产干制品，包括淡干品、盐干品、熟干品等;按加工原料分为咸干鱼、虾蟹加工品、海藻加工品、其他水产加工品。

二、水产品生产的特征

目前,水产品生产的主要特征主要表现为:捕捞业发展停滞、养殖业增长迅猛;淡水养殖、海水养殖各有千秋,海水养殖增长迅速;天然养殖成为未来水产养殖的发展趋势。

三、水产品市场需求

1. 水产品消费结构

我国水产品市场的消费主要由四部分构成。

(1)城乡居民食用消费部分。具体包括城乡居民的家庭消费和社会消费,各约占居民食用消费总量的50%。城乡居民食用消费的水产品主要是冷冻水产品、鲜活水产品和半成品、熟制品、干制品等加工水产品,其中鲜活水产品和加工品越来越受到消费者欢迎,所占比例日益增加。

(2)加工工业原料消费部分。水产品可用于加工动物性蛋白质饲料(包括鱼粉)、添加剂和医药保健品等。随着我国水产品产量的大幅度提升和水产品加工技术的不断提高,该部分消费量增加很快。

(3)出口贸易部分。海关出口、海上贸易、边境口岸易货等形式的出口贸易也是水产品市场消费的一个重要组成部分。

(4)其他消费部分。具体包括自食消费、鲜活饲料消费和损耗。

2. 水产品消费特征

鱼和渔业产品代表着多样化和健康食物中基本营养物质的有价值来源。尽管对于多数消费者来说可以获得的水产品强劲增长,但国家和区域之间水产品消费在总量和人均增长方面均有相当大的差异。区域和国家之间,水产品总消费量及食用鱼供应量的物种构成不同,反映了水产品和其他食品可获得性的不同水平。发达国家和欠发达国家之间的水产品消费也存在较大差异。

四、水产品的流通状况

1. 水产品流通渠道

水产品流通渠道是水产品从生产(养殖或捕捞)领域到消费领域所经过的途径或通道。中国自1985年取消水产品统购统销,1992年全面放开水产品经营、实行市场调节以来,水产品流通已形成了国有商业、集体和合作商业、个体商业等经济成分共同参与竞争的多渠道经营格局。

当生产主体的核心能力及谈判地位较强时，整个水产品供应链表现为生产主体主导型，如常见的农业合作组织主导的物流模式；当中介组织地位较强时，表现为中介组织主导型的物流模式；当加工企业较强时，表现为龙头企业主导型的物流模式；当物流配送较强时，表现为物流配送主导的物流模式；当批发市场较强时，表现为批发市场主导型的物流模式；当零售企业较强时，表现为商超主导型的物流模式。

2. 水产品流通环节

商品流通一般都要经过收购、批发和零售几个基本环节，然而水产业的生产特点使得收购与产地批发市场一体化的现象日益普遍，内陆和海洋捕捞业更是如此。储藏和运输是每一环节必要的辅助手段。水产品具有鲜活易腐性，有时还需经过加工后才能进入批发和零售环节。

(1)水产品的批发。批发是生产者和零售商之间、产地和销地之间的流通环节，是较大规模的商品流通不可或缺的一环。除沿海主要港口城市外，由于大城市人口密集、交通便利，因此也都建立了适合本地特点的水产品专业批发市场，如大连的水产品交易中心、广州的黄沙市场、北京的大钟寺、天津的红旗路水产品批发市场等。中国的水产品专业批发市场已发展到 333 个(城市 169 个，农村 164 个)，其中主产区、主销区和主要集散地有 13 个农业农村部定点专业批发市场。

(2)水产品的零售。零售是把水产品销售给最终消费者的流通环节，是水产品流通中最活跃的一环。我国水产品的零售除国有副食品商店、个体水产商店和生产企业直销外，主要是遍及各地的城乡集贸市场。集贸市场零售在水产品零售市场中占据了重要地位。

(3)水产品的储运和加工。水产品的特点决定了其特有的储藏与运输方式。中国沿海省市已在近海渔船上推广普及了隔热仓冰藏保鲜方式，国有、集体渔业公司的外海、远洋渔船上大多配有冷冻、冷藏装置，有的还配备了冷藏运输船，基本做到了近海渔船保鲜冰鲜化，远洋、外海渔船保鲜冷冻化，水产品的鲜度、质量明显提高。当水产品运抵港口基地后，有的由加工企业收购，有的由冷藏运输车运到批发市场销售。

小案例

“海鲜水产”App 是一款专业性垂直细分海鲜水产平台。鱼、肉、贝、虾、蟹、藻、螺、干货、应有尽有。集行业资讯、供求商机、企业黄页、微博登录、微博分享、地图定位、一键拨号、浏览信息等功能于一体。以其便捷的浏览方式、强大的应用功能，以及最新的资讯信息为广大客户展示一个丰富多样的信息平台。

能力转化

一、选择题

1.(　　)已成为世界上最大的大豆进口国。

A. 美国　　B. 中国　　C. 印度　　D. 俄罗斯

2. 水果的营销策略是(　　)。

A. 高品质　　B. 新产品　　C. 品牌化　　D. 包装化

3. 禽蛋的营销策略是(　　)。

A. 品牌化　　B. 土特化　　C. 产品差异化　　D. 价格

二、判断题

1. 近年来,我国稻谷消费总量稳步增长,需求结构呈口粮消费下降、饲料和工业消费增加的趋势。(　　)

2. 从奶产品总体趋势上看,一、二、三线城市市场及农村市场都得到了良好的发展,可以说,乳制品正在被全国人民接受。(　　)

3. 零售是把水产品销售给最终消费者的流通环节,是水产品流通中最不活跃的一环。(　　)

三、思考论述题

1. 就你所种植的一种作物设计一个营销方案。

2. 思考在某一类农产品营销中应注意哪些问题。

模块十 农产品国际营销

学习目标

●知识目标

1. 了解国际市场营销的含义。
2. 了解农产品国际市场营销的特点及必要性。
3. 了解如何进行国际市场的开发。
4. 能够应用国际营销组织进行国际市场的营销。

●能力目标

1. 掌握国际市场的营销环境分析。
2. 掌握农产品国际市场的开发方式。
3. 能够对农产品国际市场营销进行一定的观察分析。
4. 能够进行一定的市场经营活动。

●素养目标

形成主动了解农产品国际市场信息的意识。

任务一 农产品国际市场营销环境

案例导入

在中国所有的日本料理店、几百家的超市大卖场和很多餐馆中都可以吃到和买到新鲜的挪威三文鱼。挪威三文鱼作为进口海产品的代表，已成为中国百姓最喜爱和知名度最高的健康海产品。

挪威海产外贸局(Norwegian Seafood Export Council，NSEC)是挪威渔业部直属的负责所有挪威海产品在全球推广的机构。多年来不断将以挪威三文鱼为代表的挪威海产品融入当地居民的饮食习惯和餐饮文化中，并通过持续的宣传和推广使挪威三文鱼和挪威海产品在中国的知名度和消费量不断提高和增长。

从2008年开始，NSEC根据行业客户各自不同的特点和需求，深入企业调研，并在调研的基础上写出培训教材。有针对性地帮助中的行业客户开展以挪威三文鱼为原料的新产品研发和推广方案策划、帮助重点行业客户实施方案。

●启示：挪威三文鱼在中国的推广及借鉴意义。

当今世界，由于科学技术和生产水平的发展，流通领域的扩大和跨国公司的兴起，国际上正在逐步实现各种生产要素在多国范围内的优化配置，经济全球化趋势不可逆转，已将各国的经济生活同国际市场有机地联系在一起。特别是我国加入WTO后，农业面临越来越广阔而复杂的国际营销环境，进一步扩大农业对外开放、大力发展与世界各国的农业经贸合作是我国农业和农村经济发展的必然趋势。因此，农户和农业企业十分有必要了解国际市场营销的知识。

一、农产品国际市场营销环境

营销环境是指影响营销活动的因素，由于农产品国际市场营销把市场营销活动放大到国际，因此与国内市场营销相比，国际市场营销的环境具有差异性和复杂性。差异性是指世界上有众多的国家，各国都有其特定的政治、法律制度，不同的经济发展状况、文化和风俗习惯等，开展营销活动时要区别对待。复杂性是指开展营销活动时要受到多层次的环境影响，如世界经济、政治等，这些因素极易变动，难以估测。要做好农产品国际市场营销，先要了解农产品国际市场营销的环境。

（一）文化环境

世界各国社会文化的差异，导致了各国消费者的购买方式、消费偏好、需求指向具有较大差别。在一个国家行之有效的营销策略，在另一个国家未必可行，要注意了解各国的文化背景。

1. 语言

语言是不同文化之间最显著的差异，它是文化的一面镜子，能反映其所代表文化的内容和性质。语言不仅是词语和声音的组合，更是一种人类行为。要想顺利地进入国际市场、掌握当地的市场信息、为营销决策服务，就要了解各个国家的语言状况。了解当地语言并能进行正确翻译，才能使企业的产品顺利进入目标市场，扩大销售。

2. 传统消费习惯

不同的文化风俗，使得人们消费习惯差异很大。比如，东方人以米饭为主食，西方人以面包为主食。要做好国际市场营销，必须要了解和适应目标市场国的习俗。

3. 价值观和态度

人类的大多数行为是由价值观和态度决定的，人们的价值观和态度令人能判定哪些是正确的和错误的，哪些是理想的和重要的。消费行为和商业行为都是与价值观有直接联系的。

对待时间的态度也是很具文化特色的，在不同文化之间甚至同一文化内部也互不相同。时间观念不同，会使同类产品在不同市场有不同的命运。例如，快餐速溶营养食品在一些时间观念很强的国家很受欢迎，而在一些不重视时间的国家，这些产品就不那么畅销。

（二）经济环境

1. 各国的经济发展水平

一国的经济发展水平和农业发展水平对农产品营销有很大影响。比如，经济发展水平高的国家和地区，居民进行农产品消费时注重产品质量、营养安全，且讲究品牌、精美的包装，对绿色食品和快餐食品有较大的需求，对广告与营业推广手段运用较高，品质竞争多于价格竞争。经济不发达的国家和地区居民则偏重于消费品的实用性，产品以人际传播居多，消费者对价格敏感。一般情况下，食物支出会随收入的增加而增长。收入水平提高后，虽然消费者对食品的购买量不会随收入而增长，但是对食品的质量要求会越来越高，消费的档次也越来越高。

2. 各国的农业发展水平

各国的农业发展水平在一定程度上也会影响农产品营销。农业发达的国家，如美国，传统农产品可能很难进入，只有品质好的有机食品及土特产品才可能进入；而自然资源不丰富的某些国家，如日本等，则需要大量进口农产品。

3. 国家的经济状况

一个国家的国际贸易状况、外汇兑换率的变动、消费者信贷等在国际营销中也是不容忽视的因素。

（三）政治环境

国际市场营销中的政治环境主要是指目标市场国和地区中那些对企业的国际营销有直接影响的政治因素。

1. 政治稳定性

由于有稳定的制度，企业可使其制定的业务计划更有确定性。如果政治不稳定，企业就会产生经营的政治风险和政治困扰。所有东道国都会在其国内控制外商的利润和借贷，控制外商对本国公司的冲击，控制外资对本国国内拥有企业的投资。因此，国际市场营销人员必须密切注意东道国的政局，以便及时调整自己的国际市场营销品种和策略，趋利避害。

2. 政治风险

政治风险是指企业在目标市场国和地区从事营销活动时,因该国政府的各种政治行动而使公司的收入下降甚至部分或全部资产所有权丧失。企业在国外的资产所有权可能遭受没收、征用、国有化、本国化等损失。此外,政治阻力、关税壁垒、非关税壁垒及外汇管制等都会对外资企业的利益造成一些或大或小的损害。

(四)法律环境

如果企业要进入国际市场,必然会受到国内法律和国际法律环境的约束,包括本国法律、国际法、介入国法律。不同国家的法规不同,企业只有熟悉和遵守该国法律,才能进入该国市场。

1. 关税壁垒

关税壁垒是提高关税的办法,以阻止削减其竞争力,从而保护国内市场。

2. 非关税壁垒

非关税壁垒就是在法律上和行政上采取限制进口的各种措施,如进口许可证制度,进口配额,复杂的海关手续,过严的卫生、安全、质量标准等。

3. 外汇管制

外汇管制就是一些国家由于国际收支逆差严重,外汇、黄金储备短缺,政府就采取实行外汇管制的方式限制进口。

4. 经济立法

经济立法就是为了保护竞争或者保护社会利益或者保护消费者利益而制定的法律法规。比如,商标法、广告法、投资法、专利法、竞争法、反倾销法、商品检验法、环境保护法、海关税收法等。

(五)竞争环境

现代市场竞争日趋激烈,各国力量的消长使竞争日趋加剧,新产品、新技术作为国际竞争的物质基础和手段不断涌现。一般情况下,当一个国家在一个产品质量、成本和生产要素等方面具有较大优势时,该国将成为这一产品市场的主要生产国,其产品也会很快进入其他国家市场。国际市场竞争主要包括以下三种类型。

1. 成本型

即主要依靠降低成本来进行竞争。

2. 品种型

即主要依靠提高产品的质量,增加品种,翻新花样,改进服务进行竞争。

3. 专业型

着重于市场上某一类产品的开发和大规模的专业化生产进行竞争。

(六)自然环境

自然环境包括气候、地形、资源分布等。

(1)从气候上看,世界上许多国家的气候差别较大。不同的海拔高度、湿度和温度将影响产品和设备的使用和性能。在温带地区使用良好的产品,在热带地区可能会很快变质,或需冷藏等措施才能发挥其适当的作用。

(2)地理条件对市场营销的影响也很直接。不同地理条件的国家和地区,其经济的发展和富庶程度大不相同,从而影响到各国的市场容量。在地势不同的国家开展营销活动,其运输成本和相关费用也不相同。

(3)自然资源分布及其利用程度和可供量也将影响到世界经济发展与贸易的结构。资源分布特点和资源可供量是国际营销中必须考虑的重要环境问题。

二、WTO与国际农产品营销

1. 什么是WTO

世界贸易组织(World Trade Organization,WTO)是一个独立于联合国的永久性国际组织,1995年开始运作,负责管理世界经济和贸易秩序,在调解成员争端方面具有很高的权威性。WTO有"经济联合国"之称,与世界货币基金组织、世界银行合称为三大全球性国际经济组织。2001年12月11日,中国正式加入世界贸易组织,成为其第143个成员。加入WTO,使我国在国际经济舞台上拥有更大的发言权,可以为建立公平合理的国际经济新秩序、维护包括我国在内的发展中国家的利益作出更大的贡献。

WTO规则是一把双刃剑。加入WTO有利于减少对我国农产品出口的不公平待遇,赋予我国参与制定国际贸易等规则的主动权,与其他国家建立广泛、稳定的农产品贸易关系。但同时也要求我国敞开大门,特别是中美农业合作协议规定,对于美国的初级产品平均关税下降到14.5%,而我国的农业属于弱势产业,而且我国大宗农产品在国际市场上也不具有竞争优势,这给我国农产品国际营销带来很多困难。

2. WTO对农产品贸易的有关规定

加入世界贸易组织后,我国农产品国际贸易和营销机制受到WTO的规则制约,最主要的是乌拉圭回合农业多边贸易谈判签署的《乌拉圭回合农业协议》和《中美农业合作协议》。接下来我们主要了解一下《乌拉圭回合农业协议》(以下简称《农业协议》)的主要内容。

《农业协议》的主要内容是为推进全球农产品贸易自由化进程,要求减少并规范农业的国内生产支持、削减对出口的直接补贴、提高市场准入程度、对发展中国家的差别待遇和建立农产品贸易以单一关税制作为调节的约束机制。该协议共有21项条款和5个附件，主要包括：

(1)减少成员方的国内农业生产支持。各国为了保护和支持本国农业生产，采取了各种支持政策，这无疑是十分必要的。但是，一国过多的支持会扭曲真实的生产成本和贸易成本，从而造成农产品贸易商的不公平竞争。在《农业协议》里，将各成员方政府对农产品的各项价格支持和其他补贴制定了规则，目的在于减少成员方的国内农业生产支持。

(2)逐步削减对农产品的出口补贴。

(3)降低关税水平，提高市场准入程度。以往由于许多国家用高关税和名目繁多的非关税壁垒来限制他国农产品进入本国市场，影响了农产品贸易自由化和公平竞争。为此，《农业协议》通过采取非关税壁垒关税化、关税削减和规定最低市场准入量等三项措施来提高市场准入程度。

(4)对发展中国家的优惠和差别待遇。《农业协议》最大限度地改善了对发展中国家有特殊利益的、农产品市场准入条件，特别是茶叶、咖啡、可可、黄麻、棉花、水果等农产品。同时，允许发展中国家在市场准入、国内支持和出口竞争等领域享有较低减让的灵活性。

(5)重视环境与动植物卫生保护。各成员方应以现行的国际标准、准则为依据，有权采取保护人类、动植物生命或健康所必需的措施；但同时，应防止以此为借口而成为歧视性或变相限制国际贸易的壁垒。

3.《农业协议》对我国农产品国际营销的影响

在我国农产品中，粮食类属于土地密集型产品，不具有出口比较优势，专家预测入世后我国粮食进口将会逐渐增加。而畜产品及水果、蔬菜、花卉等农产品属于劳动密集型产品，是我国最具有出口比较优势的农产品，这类产品的出口保持了快速增长的势头。但是，“入世”后我国农产品的出口并不是一帆风顺的，一些进口国担心本国产业受到冲击，纷纷实施贸易保护主义，对我国的农产品实行限制措施，贸易争端接连发生。已经发生过日本、韩国限制我国大葱、大蒜等农产品大量进口而导致两国贸易争端的事件，欧盟和美国也在技术标准和卫生标准上做文章，禁止或限制我国农产品的进入。

由于WTO成员方中发达国家的科学技术和生活水平较高，对农产品质量和卫生安全的要求也相应较高，我国市场上的农产品常常很难达到他们的要求。因此，在WTO农业协议框架下，一方面，我国政府和出口企业要尽快建立起与国际接轨的农产品质量标准体系，完善动植物疫病防治、检测和卫生质量标准系统，减少农产品中化学农药残留，大力发展可持续农业和绿色农业，提高我国农产品的质量；另一方面，作为世贸成员方，我国要加强对其他成员方动植物检验检疫标准、程序的研究，探讨对策，在碰到问题时充分运用争端解决机制，对一些国家以不合理的标准限制我国农产品的行为给予坚决反击。

任务二 我国农产品国际营销现状

信丰农民照国际市场标准种果蔬

戴手套摘果—清洗—分级—打蜡—包装—上车。脐橙采摘季节，记者在“中国脐橙之乡”江西省信丰县长安村农民的果园惊喜地看到这样一条现代化脐橙采摘流水线。种植大户朱清能告诉记者，他们按国际市场标准组织生产的脐橙已远销日韩及东南亚地区，并受到欧洲客商的欢迎。

信丰是个农业大县，脐橙、草菇、红瓜子、萝卜等传统优质农产品享誉已久。但因为长期以来都是采用多施化肥、农药和产品粗包装的生产方式，降低了产品的品质，缩小了国内外销售空间。1997 年，信丰按协议将 5 吨脐橙运抵广州，准备出口至东南亚，却因检测时发现农药残留超标而被退回。这个教训逼得信丰人学着用国际化的眼光重新审视本县农业的发展。

信丰县先从脐橙产业入手，帮农民转变生产经营方式，按国际市场标准组织生产。有关国际市场上对脐橙品种、品质、安全性、包装、保鲜、运输等方面的技术指标，被技术人员一次次带进果园和种植大户，对果农们进行一场场培训。无公害脐橙生产、生物防治、套袋保果、戴手套摘果等技术，在与中科院、省农业院等单位合作下，也得到大面积推广。2000 年，全县有 3 万亩脐橙按国际市场的标准组织生产，果品被前来参观考察的国内外专家、客商看好，早在下树前就有很大一部分被高价订购。

按国际市场标准组织生产脐橙的方式，还辐射到了信丰草菇、红瓜子、萝卜等产业。昔日，信丰农民销售这些农产品，只会草捆筐装；如今由于品种增多，安全性、包装水平都大大提高，出口销售量比往年大大增加。按国际市场标准种地，不仅使信丰农民的收益成倍增长，无形中还促进了当地农业结构的调优、调精。朱清能的 1000 亩脐橙园总产值接近 200 万元，并带动周边农民发展了 3000 亩“国际化”精品果园。

●启示：信丰农民如何实现“国际化”精品果园？

一、我国农产品国际营销优势

1. 农产品生产结构已经得到一定程度的优化

近年来，随着农业生产技术的进步与普及，我国农产品生产结构得到了一定程度的优化，主要体现在以下几个方面。

(1)多样化。在国际农产品市场,我国农产品开始从以初级农产品为主向以初加工甚至深加工农产品为主的方向转变,农产品附加值得以提升。

(2)优质化。长期以来,我国农产品出口多为初级产品,但目前无论是谷物、糖料还是水果、蔬菜等农产品,大多经过了品种分类与品质分级,采取了一定的加工与保鲜措施,农产品在国际市场上具备了更强的竞争力。

(3)功能化。一些农业生产龙头企业大力引进国际先进加工技术,不断赋予农产品特定功能,以满足国际市场(特别是西方发达国家农产品消费者)的需求。

(4)健康化。相比于我国农产品市场,发达国家市场对农产品的健康及安全属性要求非常高,迫使我国农产品健康指标得到较大提升。

2. 农产品营销企业不断发展壮大

一方面,在改革开放进程中,我国农产品营销企业得到了较大发展,越来越多的农业龙头企业成为带动农产品出口增长的主力军,特别是农产品外资企业与民营企业的崛起,在很大程度上推动了我国农产品的国际营销。目前,我国有超过 2 万家农产品产销企业,贸工农一体化企业在农产品出口中扮演着主要角色。另一方面,农产品企业营销模式发生巨大改变。传统农产品出口企业大多是从农民手中收购农产品再进行加工出口,现在越来越多的农产品出口企业采取了“公司+基地+农户”的经营模式,有利于其更好地把握市场变化。我国刚刚加入 WTO 时,农产品主要出口日本、欧盟、美国、韩国、东盟五大市场并销往中国香港。近年来,我国农产品出口企业加大了对新兴市开发力度,南美、中东等市场农产品出口增长速度远远高于传统市场的增长速度。截至 2021 年底,我国农产品出口已遍及全球 200 多个国家和地区。

二、我国农产品国际营销劣势

1. 营销观念落后

一直以来,我国农产品营销都处于较低水平,很多农民甚至没有农产品营销的概念,重生产、轻营销是他们的普遍特点。作为我国农产品国际营销的主力军,农产品生产企业主要将精力放在如何提高产量与降低成本上,对国际农产品市场需求研究不够,难以跟上国际农产品市场发展步伐。营销观念的落后,严重阻碍了中国农产品进军国际市场的脚步,不注重包装、不注重市场需求,使农产品在国际市场上被贴上了“低质”的标签,影响了农产品品牌培育和附加值的提高。

2. 品牌营销不力

品牌是影响现代市场农产品营销的重要因素,也是产品价值的保证。我国大多数农产品出口企业经营核心依然是产品，不注重品牌的价值与作用。在国内已经鼎鼎有名的完达山、北大荒等农产品品牌，还只是刚刚步入国际农产品市场的新军，其品牌营销与国际成熟农产品品牌营销根本无法相提并论。不重视品牌营销加剧了我国农产品在国际市场上的低价竞争程度和我国农产品对国际农产品代理商的依赖度。

3. 国际市场分布不合理

一方面，我国农产品出口市场长期依赖日本、美国、韩国、欧盟、东盟和我国香港等市场，在这些市场中，欧盟、美国、日本都采用全球农产品质量标准、进入门槛最严格，我国农产品向这些市场出口，往往需要付出更高的成本。另一方面，虽然中东、东欧和南美市场农产品的进入门槛不高，但由于国内出口企业在这些国家和地区的营销渠道不健全，导致我国在这些国家和地区的农产品出口并不顺畅。

4. 营销策略不科学

无论是在产品策略、价格策略还是渠道策略和促销策略上，我国农产品国际营销都还处于较低水平。例如，国内农产品往往倚重于通过价格打开营销市场，不仅不利于体现农产品价值，也给农产品国际形象造成不利影响。我国农产品出口主要依赖出口代理商和各节点中间商渠道进行分销，由于各方利益难以协调，操作极不规范，不仅增加了我国农产品的营销成本，也不利于提升农产品国际市场竞争力。

三、我国农产品国际营销面临的困境

1. 我国农产品国际营销的效率低下

一是不太注重国际市场需求的调研与预测，在农产品国际市场的开拓与组织营销方面缺乏科学决策；二是不太注重实行农产品分级与标准化工作，使我国农产品生产的专业化和商品化水平较低；三是没有意识到消费者的需求已经向更高层次、更高质量、更高安全性的方向发展，在国际竞争中仍以初级产品行销市场；四是没有意识到农产品注册商标的重要性，不重视品牌效应，参与国际竞争的农产品存在内在质量与外在包装不统一的问题；五是政府没有完全发挥为农产品国际营销服务的职能。

2. 在国际营销中受到贸易保护主义的压力

作为一个以出口导向型经济为主的发展中国家，我国在国际竞争舞台上感到了贸易保护主义的压力。从近年来出口商品所遭遇的国外新贸易主义壁垒情况来看，已经涉及肉、禽、食品、水产、蔬菜、纺织服装、玩具、机械、电子、中草药及保健品，其中农产品更是成为了国外贸易保护主义的牺牲品。新贸易保护主义对中国农产品的出口设置壁垒，使国内农产品的出口遭到严重损害。

3. 外贸人员在国际营销中未能认准销售主渠道

在进行国际营销的过程中，许多农产品出口商不能清楚地认识销售渠道，导致出口受阻，在国际营销中面临一系列困境。目前，我国农产品行业应该循序渐进地开拓国际市场，在空间上还没有能力进行跳跃式发展。南美、北美市场距离遥远，欧洲市场要求较高，中东市场本身实力强大，我国农产品很难进入。

4. 在国际营销中我国的农产品缺乏差异化

随着国际形势的发展，现代农产品消费市场日益呈现“多元化、特色化、个性化、差别化”的趋势，对农产品品种、花色、质量等都提出了新要求，农产品消费已经步入了差异化消费时代。然而，国内农产品在国际营销中缺乏差异化，种类单一、价格单一、品质较低，不仅在风味、质量、口感、价格、外形、包装等方面缺乏差异化，在实用性、营养性、安全性和经济性等方面也缺乏差异化。

任务三　农产品国际目标市场选择

案例导入

山东是我国重要的农产品出口省份，一直以来，大蒜都是山东出口量最大的蔬菜品种，占山东口岸蔬菜出口总量约 1/3。2014 年末，山东临沂市兰陵县蒜农出口韩国的 2200 吨大蒜被退回一事引发广泛关注。

兰陵是山东著名的“大蒜之乡”，全县 28 个乡镇中有 15 个以种植大蒜为主业，种植面积 31 万亩，产值达到 35 亿元，“苍山大蒜”已成为山东农产品中响当当的品牌。宋加才是当地的一名大蒜经销商，他第一次做对外出口生意，知道国外检验严格，所以在对方提出的“大蒜直径 5.5 厘米”的要求上继续提高质量等级，按照 6 厘米的直径收购备货，为此，1 吨大蒜就要多花 200 多元。之后，他们还按照对方要求使用其指定的船运公司，每个集装箱为此比未指定公司多花 3000 元。

出口大蒜被退的根本原因主要是质量被认定为不合格。韩国农管所在这次抽检中，发现“问题大蒜”超过标书要求 5%这个比例，符合标书退回大蒜中的约束条件。

●思考：出口韩国大蒜被退回案例中有何启示？

农产品国际市场是指一个国家或地区与其他国家或地区进行农产品交易时常涉及的领域。近几年，我国农产品进入国际市场不仅是商品数量的增加，商品的质量、市场开拓等其他方面也有了很大的提升，但同时，我国农产品进入国际市场仍然面临着产品的技术含量低、技术创新能力不足、频频遭遇"绿色壁垒"和反倾销等障碍。要克服这些障碍，促进我国农产品快速进入国际市场，需要采取以下措施。

一、农产品国际市场营销细分

1. 农产品国际营销调研

农产品进入国际市场之前，必须先进行国际市场营销调研。农产品国际营销调研是以国外农产品市场为对象，用科学的方法，系统、客观地收集、分析和整理有关农产品市场营销的信息和资料，用以帮助管理人员制定有效的营销决策。一般的市场调查包括以下内容。

(1)世界上对某产品的市场需求情况。

(2)世界潜在市场的份额和开发潜在市场的可能。

(3)竞争者的情况和竞争情况。

(4)国际市场经营的机会情况和国内的机会作比较。

这些资料既可从实地考察获得，也可从联合国、世界银行、世界贸易组织、统计局及行业记录等资料中寻找。

2. 农产品国际市场细分

农产品国际市场是一个庞大的、多变的市场，不同的市场其环境各具特点，当然也存在着一些共同或相似的因素。为了识别企业应进入的市场，进而拓展农产品国际市场，就必须对农产品国际市场进行细分。农产品国际市场细分就是根据国外消费者需求的差异性，把一种农产品的消费市场划分成若干消费者群，进而选择、确定自己国际目标市场的过程。与在农产品国内市场开展市场营销活动相似，农产品国际市场细分也要有选择地依据收入水平、家庭规模、气候条件、职业、文化程度、宗教、民族、社会阶层、爱好、个性、生活方式等因素作进一步区分，使其成为一个具体的、有局限的、有特性的农产品市场。

二、目标市场选择

目标市场营销要求在市场细分之后进行目标市场的选择。在国际市场营销实践中，选择目标市场需考虑如下因素。

1. 目标市场的市场规模和增长速度

(1)考虑目标市场规模。要选择有一定规模的市场，没有规模的市场就不存在规模经济；没有市场规模，市场的发展就非常有限，特别是大宗农产品出口，更要选择有一定规模市场的海外市场。考察市场规模主要看两点内容：人口和收入水平。从世界现状来看，发达国家的人口占世界总人口的1/6,它的进口额却占世界总进口额的2/3,可以说,这是世界上最大的市场。

(2)考虑市场的增长速度。有吸引力的市场不仅有一定的市场规模,还要考虑其他因素,如产品竞争、政治、气候、地理、人文环境等因素,这些因素都影响市场的增长速度。

2. 目标市场的地理位置

这既要考虑目标市场的距离、交通条件、运输成本,又要考虑其消费习惯、文化传统。在中国进口总额中,日本一直居于领先地位。除了政治、经济、文化等因素外,地理因素也促使日本占绝对优势。在其他条件相同的情况下,中日两国的成交机会要远远多于中美两国的成交机会。

3. 目标市场的贸易风险

在国际市场中,贸易风险是一个很突出的问题。贸易风险主要包括目标市场国家或地区与本国的政治经济关系、目标市场国家或地区的政局稳定程度、自然灾害、原料供求变化、货币贬值、通货冻结等,因为这些都会造成合同作废、交货不及时、被没收财产等情况,在农产品国际营销中,这些风险都要考虑到。

4. 目标市场的竞争相对优势

国际市场的竞争优势主要反映在以下三个方面:首先是所进入市场的国别;其次是进入市场的农产品种类,如我国出口的农产品主要集中在劳动密集型产品(蔬菜、水果、花卉等园艺品),在国际市场上具有一定竞争优势;最后是利用某些国家间市场分割的缺口,利用自己的优势,将产品打入目标市场国家。

三、农产品国际营销的四个步骤

针对农产品的国际营销,有如下的"四步曲":

1. 根据市场需求组织生产

目前,国际市场上粮食等大宗农产品市场基本上被发达国家占据,而需要大量劳动力的农产品还有很大的市场空间。国内市场上,低质、大众化、无特色的农产品已经饱和,经常出现卖难现象。农产品生产应该向劳动密集型农业靠拢,即花卉、蔬菜、水产品、水果、畜产品等。

2. 依靠科技提高农产品质量

农产品国内、国际两大市场是朝品质好、无污染、富营养的趋势发展。农业生产者必须充分利用现代农业技术,借助科技推广和科技下乡的机会或其他机会认真学习和掌握新的农业科技,提高农产品质量。

3. 通过规模生产降低成本

加入WTO后,相对于发达国家而言,我国农产品成本普遍偏高。有必要扩大生产规模或组织产业化经营、降低生产经营成本,使产品在国际市场上具备一定的竞争力。

4. 借助龙头企业快速销售产品

单个的农户在市场上没有谈判力，而且单个的农业生产者要及时掌握市场信息、精通市场的营销能力有限。专门从事农产品贸易的龙头企业熟悉市场，资金雄厚，懂营销、善管理，这些龙头企业既可以提高产品销售的速度，又可指导农户生产。加盟龙头企业可以实现双赢。

任务四　农产品国际市场营销策略

浙江衢州椪柑成东南亚高档水果

"椪柑在印尼非常受欢迎，优质果卖到每千克 4.5 美元！"5 月 6 日，刚从印尼雅加达考察回来的衢州市柯城区柴家柑橘专业合作社理事长叶先明高兴地告诉记者，衢州椪柑在东南亚市场已经成为高档水果，尤以印尼销量为大。

4 月 29 日，叶先明赴印尼，5 月 5 日回衢州。此行他考察了当地超市及一些高档水果市场，亲身感受了衢州椪柑在当地的热销情况。他说，前段时间衢州椪柑在当地普遍卖到3.5～4.5美元/千克。近日因集中到货，平均价格仍在 3 美元/千克左右。

记者从市农业部门了解到，衢州椪柑出口以柯城区为龙头，今年已达 8.1 万吨。市柑橘专家、柯城区农业局副局长方培林说，泰国、菲律宾、马来西亚、印尼、新加坡等东南亚国家是主要出口目的地。2020 年柯城区的 22.5 万吨椪柑总产量，出口量达 7.5 万吨，销往境外市场的已占总产量的 1/3。该区柴家村是我市出口柑橘包装加工中心，从事出口柑橘包装加工企业有 7 家，今年以来仅该村就出口椪柑 6 万余吨。

柑橘产业是衢州市农业支柱产业之一，全市以柑橘收入为主要经济来源的农户有 30 多万户，柑橘栽培总面积 50 多万亩。椪柑为衢州市柑橘主栽品种，前些年由于管理粗放等原因，椪柑总体品质不高，果实偏酸，屡屡陷入价低难卖的困境。

从低价难销到走俏海外，这期间发生了什么变化？

橘贱伤农事件时有发生。痛定思痛，2005 年起我市全面开展柑橘品质提升工程，推动柑橘产业转型升级，提升衢州柑橘市场竞争力。2020 年，市里又把柑橘改良提质工作列入全市农业农村八大专项工作之一。

"最近几年，在省农业厅举办的浙江农业吉尼斯擂台赛中，衢州椪柑多次拿到了好名次。"市农业局高级农艺师陈健民说，两年一届的浙江农业吉尼斯擂台赛上，衢州椪柑分获 2009 年、

2011 年的第一名和第二名。几年来，政府和橘农共同努力，效果已开始显现，衢州柑橘品质整体有了较大提升。

以柑橘品质提升为契机，衢州市启动椪柑出口工作，走出国门拓开大市场。衢州市请来多家有实力的水果出口商前来实地考察和洽谈，同时以柯城区为主着手建立一批高质量的柑橘出口基地，加快培育规范化的出口主体。截至 2012 年底，柯城区涌现出 20 家出口柑橘包装企业，注册出境橘园面积达 6.8 万亩，并获"国家级出口柑橘质量安全示范区"称号。

●思考：衢州椪柑何以成为东南亚高档水果？

国际企业经过市场调研和细分，确定了目标市场后就必须从营销战略上找到一条适合我国农产品企业国际化竞争的道路，即我国农产品进入国际市场的营销策略选择。

一、进入国际市场的策略

1. 国内生产、力争出口策略

在本国进行生产、产品进入国际市场的策略，是进入国际市场比较简单，也是风险比较小的一种策略。这种策略不仅可以提供就业机会，还可以得到外汇收入，这对平衡国家的进口贸易差额或偿还外债是有益的，可以得到政府的支持和鼓励。国内生产、力争出口的策略又可分为两种。

(1)间接出口策略。即企业把自己的产品通过国内有关机构销售到有关的国际市场。其特点是企业本身不直接参与国际营销活动，不需要外销的专门知识和人才，但不能选择和控制市场。具体做法如下。

①企业通过外贸出口。企业将自己生产的产品卖给对口的外贸公司，由他们负责产品的外销任务。这与企业内销产品并无两样。此方法适合没有外贸经验和条件的中小企业，企业不介入出口业务，风险小。

②外贸机构代理企业办理各种出口业务。采用这种方法，企业在定价、成交方面都有自主权，对国外市场也具有一定的控制力。这种出口代理制在日、美很有生命力。

③委托某一家在国外有销售机构的公司代销。企业产品是这家公司的互补品。

(2)直接出口策略。企业一切外销业务全部由其独立完成。企业需要设立对外贸易的业务机构，并为之付出较多的代价。优点是企业可以对国际市场有较多的了解和较大的控制，并且能够在实践中学到如何开发国际市场的经验，具体做法如下。

①出口权的企业直接出售给外国政府或外商订货，按量、按质、按期交货。

②有出口权的企业直接与外商签订合同，并按需组织生产。这种方式由企业承担出口的全部风险和盈利。

③有出口权的企业可以参与国外工程项目的招标或海外国家部门订货的竞争。

④在国外寻找合适的代理商。

⑤直接在国外建立销售机构。

(3)工贸联合的半衔接出口方式。由生产企业和外贸公司联合起来成立联合体，各负其责。这种方式可以调动双方的积极性，发挥各自的优势，互相补充，是比较有前途的出口方式。

2. 在外设厂(场)的策略

国内生产、产品出口经常受到某些因素的制约，影响产品的出口量。为了避开关税与非关税壁垒，给国家多创汇，为了利用当地的“三廉”(廉价的劳动力、土地、原材料)以保持产品的竞争能力，直接在国外投资、设厂(场)生产、进行销售，适合于我国某些具有优势的行业开拓国外市场。具体做法如下。

(1)国外装配。制造商在国内生产某一产品的绝大部分或全部零配件，把其运到劳动力比较便宜的国家去装配，以降低产品成本。

(2)签订许可证协议，搞许可证贸易。即我方出口专利技术、设备、工艺和商标，利用当地企业组织生产，收取许可证费。

(3)我方与外商合资在国外某地建厂(场)，共同经营，共担风险，按股分利。

(4)直接在国外投资建厂(场)或设立公司。这种方法可迎合当地市场需要、收益较高，但投资高、风险大，受所在国政策影响大。这种方法适合我方具有投资能力和比所在国技术水平高的情况。

3. 合资经营的策略

合资经营的策略即国内设厂(场)合资经营的策略，目的是引进国外的先进技术。目前，以在我国设厂(场)合资经营为多，具体做法如下。

(1)许可证贸易。外商实际上出口技术专利等软件，我方用这些软件进行生产，出口后双方按比例分成。这种方法可以利用国外有声誉的品牌扩大出口，风险小，但要付专利费，减少了企业收益。

(2)合资推销。我方为了扩大出口，可以与国际著名的市场推销商合资，推销、代理我方产品。这是加快进入国际市场的好办法，能够利用外方的推销网加速出口。

(3)管理合资。外方提供管理技术，以提高产品质量和服务质量。外方提供的先进管理作为投资的股份，当出口获利后参与分利。这种方法适合于发展中国家吸收发达国家先进的管理经验。

(4)合资经营。中外双方投资建厂，共同管理企业，共同出口和内销。目的是得到外方资金(外汇)和技术。

4. 补偿贸易策略

补偿贸易策略是20世纪60年代末发展起来的一种新的国外市场营销策略，特点是技术、设备进口国不用现款支付对方，而是用产品或劳务去偿还。对于出口商来说，这是一种特殊的支付形式；对于进口者来说，则是利用外资和技术发展本国经济的一种方法，其形式有3种。

(1)新产品返销法。如我国进口某国的设备和技术，用生产出的产品偿还进口设备和技术的贷款。这样既引进了先进技术，又扩大了出口，此法很适合中国国情。

(2)易货补偿法。如进口某国设备，而用其他产品来偿还。

(3)部分补偿法。这是处于补偿贸易和现汇贸易之间的方式，即用一部分现汇偿还，一部分用返销产品或易货的办法补偿。

补偿贸易对双方原则上都是有利的，对于出口设备一方来说，扩大了新产品的出口量，并从补偿贸易中得到了价格低廉的制成品；对于利用外资的一方来说，可以不花外汇就引进先进的技术设备，如果生产出口产品，则可以创汇，而且市场也比较稳定。另外，通过这种方式建立起来的企业是完全独立的。

二、农产品国际市场营销策略

农产品国际营销与国内营销一样，也必须制定适应特定市场营销环境的产品策略、渠道策略、价格策略和促销策略。由于国际市场营销环境有自身的特点，因此国际市场营销组合的四个手段的具体内容又不同于国内市场营销。

(一)农产品国际营销产品策略

1. 产品差异化策略

农产品差异化策略是指向国际市场提供不同于其他国家和地区的差异产品，以适应不同国家或地区市场的特殊需求，并获得相应区域的市场优势。产品差异化策略的优点是：能更好地满足消费者的个性需求，赢得国际消费者的喜爱；有利于开拓国际市场，增加产品销售量，也有利于树立产品良好的国际形象。集中精力发展特色农业，培育具有国际比较优势的农产品是农产品差异化策略的主要运用方式。

(1)结合资源条件，发展精细农业。在参与市场竞争中，一定要充分发挥各地的特色优势，寻求各地的最大比较优势，定位农产品的最佳发展品种，把资源优势变为市场优势。

(2)大力发展劳动密集型的特色种养业。目前，我国的优势农产品主要是劳动密集型的农产品(如蔬菜、水果、花卉和畜产品等)。这些农产品在出口方面具有明显的价格优势，特别是畜产品出口占农产品出口总量的40%，具有明显的优势，种粮食的农民可以部分地转入畜产品的生产。发展劳动密集型农业要突出重点，要注重培育具有明显竞争优势的名优茶、瘦肉型猪、蔬菜、花卉、畜禽、淡水产品等劳动密集型的特色种养业。

(3)开发同一产品的不同用途，满足差异化的需求。目前，我国的农产品生产(如蔬菜、花卉等)各具优势，要针对各种用途而生产不同的农产品，经合理调配就可拥有广阔的市场。比如，不同的蔬菜品种，有的只能作饲料，有的则可以提取生物保健品。合理开发同一产品的不同用途，既可以相对分流一般品种，缓解品种单一的压力，又可以更好地满足国际市场的差异化需求。

2. 产品结构优化策略

农产品从育种到加工的过程应该实现多层次、多样化、专用化。在国际竞争日趋激烈的形势下，调整产品结构，提高农产品的专用性，实现农产品竞争的多层次性和多样性，是提高农产品国际竞争优势的关键。

3. 市场结构优化策略

随着经济发展和科学技术水平的提高，主要农产品的专用性逐步增强，加工农产品消费占全部农产品消费的比例不断上升，初级农产品消费占全部农产品消费比例呈下降趋势；产品的同质化倾向逐渐减弱，异质化却不断增强，这使得农产品国际市场细分在农产品市场实现和海外输出中的地位越来越重要。从国际市场看，我国粮食和粮食产品出口的目标国家和地区主要位于东亚、东南亚、南亚等我国周边地区，其主要消费者的收入水平和生活水平与我国相当。我国的粮食等农产品加工品出口的目标国家及地区与初级农产品出口的目标国家及地区基本相同。受地缘和运输成本等因素的影响，这部分农产品的出口市场份额比较稳定，消费群体已经接受包括我国饮食文化在内的产品特性。

4. 品牌营销策略

品牌代表着销售者对交付给购买者的产品特征、利益和服务的一贯性的承诺，久负盛名的品牌就是质量的保证。品牌有利于促进产品销售，树立产品形象；有利于保护品牌所有者的合法权益；有利于督促经营者着眼于长远利益、消费者利益和社会利益，规范自己的营销行为；有利于带动新产品的销售，扩大产品组合。

(二)农产品国际营销定价策略

1. 分级分等，差别定价

我国许多农产品缺乏细分，结果导致好坏一个价，不利于产品价值的实现。对同类产品实行分级分等，按照不同等级分别定价，能使消费者产生货真价实、按质论价的感觉，比较容易为消费者所接受，从而有利于扩大产品的销量。在对产品分级分等时，除考虑产品的内在品质及提供给消费者的基本效用外，还应考虑产品的包装、装饰、附加服务等能给消费者带来的延伸效用的因素。许多国际农产品经销商注重产品延伸效用的创造，为购买者提供比同类产品更多的购买利益，而从产品高位定价中获取更高的附加收益。如国外水果在国内市场备受青睐，价格比国内产品高得多，其产品的内在品质与国内产品差异并不大，主要是国外经营者注重在产品色泽、包装和品牌上创造价值，使消费者获得更多的延伸利益。

2. 国际市场细分，区域差别定价

农产品国际营销者应对全球市场进行细分，根据不同国家和地区的消费者的收入水平、消费习惯、消费心理等因素，实行区域差别定价。例如，西欧的消费者购买力强，消费心理特点是喜欢新事物、追求时髦，他们对食品饮料的消费心理可以概括为营养化和方便化，要求消费品种类多、有营养，能开胃、健脾、强身，又不会使人发胖，同时要求食用方便节省时间。所以，在西欧市场，高热量产品和普通蔬菜的消费比重下降，而新鲜水果、肉、蛋、水产品、奶制品、植物油等产品则相对上升，方便食品、小包装产品和饮料、具有异国风味的菜肴和调味品颇受欢迎。根据这些特点，销往西欧的农产品就应采用高品质配以高价格的策略；相反，销往南亚、东欧等地的产品则适合采取适当的低价策略。

小案例

佳沛奇异果曾推出比基尼、美容、阴阳、武士四个主题的报纸广告。画面上，佳沛的商标被放置在醒目位置，四个主题中的奇异果分别戴着防晒眼镜穿着比基尼、敷着面膜、装扮出太极图案、扎着忍者的头巾。奇异果的形象不仅生动有趣、幽默新奇，很抢眼，而且能够使人望“图”生义，直接明白地传达了广告产品的诉求。

（三）农产品国际营销分销策略

1. 联合分销策略

要迅速打开国际市场，一个重要的办法是与国际农产品经营企业开展联合分销——外联国际市场，内联国内生产基地，努力参与国际市场经营。跨国公司已成为推动全球经济增长的一种动力，它们都在努力寻找合作伙伴。例如，沃尔玛、家乐福等跨国企业，通过采购、联销等手段，把我国大批农产品推向国际市场。

2. 代理分销策略

利用经纪人和代理商也是开拓国际农产品市场的有效途径。以赚取佣金作为报酬的国际农产品经纪人和代理商主要分为产品经纪人、销售代理商、佣金商、拍卖行等。

（四）农产品国际营销促销策略

1. 传统促销方式

传统的国际营销促销方式有人员推销、广告、公共关系和营业推广。在农产品的国际营销中，促销策略的重点应放在国际公共关系和广告宣传上。在国际公共关系方面，应充分利用WTO规则提供的有利条件，积极寻求与主要农产品进口国签订贸易协定，为农产品稳定地进入国际市场铺平道路。在广告宣传上，要突出宣传中国产品的特点，同时配合宣传中国的民族文化和风俗习惯，激发消费者的购买欲望。由于我国农产品主要以农户经营为主，很难独立进行促销宣传，这就需要政府扶持，由农户间的组织以官方或半官方的方式发起，由农产品经销商组团，向各国的政府官员、工商界和消费者宣传中国的改革开放，宣传中国的农产品及营销政策，扩大影响。

2. 现代促销方式

在信息技术快速发展的条件下，贸易全球化将会大大扩展消费者的选择空间，这就要求营销者要及时运用现代信息技术将自己的产品信息传送给消费者，而网络促销就是最典型的现代促销方式。营销者可以用多种方式通过网络向国际消费者提供农产品信息和服务。

第一，发布电子广告。营销者通过网络将农产品信息和服务的方式提供给客户，顾客要了解更详细的信息可以访问公司页面。

第二，建立信息反馈中心。网络促销的一个重要作用是能为企业收集到广泛的信息。它可以通过在网络上发布的调查表来询问经销商或消费者对本（企业）产品的意见，然后进行针对性的改进，从而保证本（企业）产品在市场中的竞争地位。

第三，开展网络服务。网络服务的内容主要是进行顾客管理，包括顾客存货水平的管理，如什么时候需要补充产品，销售情况如何，等等。

能力转化

一、选择题

1.（　　）被称为三大全球性国际经济组织。

A. WTO　　B. 世界货币基金组织

C. 世界银行　　D. 北约组织

2.（　　），中国正式加入世界贸易组织，成为其第143个成员。

A. 2000年12月11日　　B. 2001年12月11日

C. 2002年12月11日　　D. 2003年12月11日

3. 随着农业生产技术的进步与普及，我国农产品生产结构得到了一定程度的优化，主要体现在（　　）。

A. 多样化　　B. 优质化

C. 功能化　　D. 健康化

二、判断题

1. WTO有"经济联合国"之称。( )

2. 我国出口的农产品主要集中在劳动密集型产品(如蔬菜、水果、花卉等园艺品),在国际市场上具有一定竞争优势。( )

3. 我国许多农产品缺乏细分,结果导致好坏一个价,不利于产品价值的实现。( )

三、思考论述题

1. 请结合你生产经营实践说明怎样确定农产品国际营销目标市场。

2. 谈谈怎样运用营销组合策略开展农产品国际营销。

四、案例分析题

衢州椪柑等五种鲜食柑橘获通行证 可出口美国

2020年4月23日,海关总署发布2020年第59号公告,公布中国鲜食柑橘出口美国植物检疫要求,允许蜜柚、南丰蜜橘、芦柑/椪柑、甜橙、温州蜜橘等五种符合相关要求的中国鲜食柑橘出口美国。随着中国鲜食柑橘获得出口美国的通行证,浙江衢州柑橘产业也迎来了重大利好,不少果农也喜上眉梢。

柑橘产业是浙江省衢州市农业支柱产业。2019年,衢州市柑橘种植面积32.51万亩,总产量51.52万吨。椪柑作为传统品种,种植面积最大。通行证的获得,对衢州市柑橘产业无疑是个好消息。

"柑橘出口可以拉动国内市场,稳定或提高柑橘市场价格,促进橘农增收。美国市场的开拓,拓宽了我国柑橘出口市场,有助于我市柑橘产业健康发展。"据衢州海关企业管理科副科长李玲玲介绍,衢州市从2008年开始向印尼、泰国、菲律宾以及俄罗斯、加拿大等国家出口柑橘。其中,2011年和2012年出口量最大,年出口量达三四万吨。截至目前,衢州市共有11家柑橘类果园、5家柑橘类包装厂,获得出境水果果园和包装厂注册登记。

市场影响价格。"近十年,出口量的多少对我市柑橘市场价格影响明显。出口量大,市场价格就高。"据衢州市柯城区农业农村局柑橘专家方培林介绍,2012年,因柑橘出口量大,尾市拉升就十分明显,一天里早、中、晚价格不断攀升,椪柑最高收购价达5元/千克。

质量决定销量。谈及出口美国带来的机遇与挑战,衢州市柑橘产业协会会长叶先明告诉记者,美国市场的大门打开,无疑是件好事。但衢州市柑橘能否顺利出口美国,关键在于两点:一是建立符合质量要求的种植基地。尤其要注意,欧美市场需要的是无核柑橘产品。眼下衢州市椪柑以有核椪柑为主,无核椪柑面积较小,不利于出口。二是海关应做好相关标准的指导,帮助柑橘出口企业顺利出口。

(资料来源:中新网,有改动)

●讨论:衢州椪柑获通行证可出口美国,请运用农产品国际营销策略谈谈原因。

模块十一 农产品物流

学习目标

●知识目标

1. 掌握农产品物流的相关概念。
2. 理解农产品物流的特点和发展趋势。
3. 掌握农产品物流的模式。

●能力目标

掌握生鲜产品农产品物流的特点。

●素养目标

提高对农产品物流的认识。

案例导入

最“鲜”阳澄湖大闸蟹！

为了提升运力，保障大闸蟹“鲜”行，京东物流打造了“公路、航空、高铁”合力的配送模式。数十条航空路线、多条高铁线路和公路冷藏干线，可根据大闸蟹的不同去向和配送需求，合理匹配不同的运送方案。

通过航空路线，大闸蟹可直飞距离较远的沈阳、西安、厦门、成都等地；借助高铁运力受天气影响较小、稳定性较高的特点，大闸蟹可以既快又准时地抵达华北、华中等地，打造“高铁生鲜递”产品；阳澄湖至华东区内的流向，则采用全程冷链车运输的形式。

京东物流“陆空铁”联合矩阵，将阳澄湖大闸蟹的配送范围进一步拓展：全国近300个城市可在48小时内送达，190余个城市可实现24小时内送达。

除运力方面的充足保障外，为了给螃蟹保鲜，京东物流还推出了一系列创新举措，让大闸蟹从打捞到运达消费者手中的每一个环节，均可确保温度可控、时效可控、品质可控。

根据蟹农的出货时间，京东物流从10:00到20:00，安排每两小时一次循环接货，保证当天出水的活蟹，快速包装分拣，马上进入配送环节。在打包环节，京东物流甚至为大闸蟹量身定制了专用包装箱、专业冷媒（冰包、冰袋等）及封箱胶带。

为了确保阳澄湖大闸蟹的“纯正身份”，京东自主研发了大闸蟹溯源系统，从蟹苗投放到捕捞时间，再到包装时是否鲜活，实现全程透明可追溯。

针对商家关心的售后问题，京东物流设立24小时大闸蟹专项客服，建立即时沟通、快捷咨询、极速理赔、应急处理等专项方案，建立一对一异常反馈渠道，承诺“1小时内首次响应、48小时内回复处理结果”。

●讨论：(1)京东物流是如何解决生鲜产品网络下单后的物流配送问题的？(2)目前能满足的是城市配送，如果客户地处城镇，京东物流应如何解决配送问题？

任务一　农产品物流概述

我国物流行业中，城市物流较为发达，农村物流较为落后。随着我国经济发展进入新时代，大力发展农村物流对于实现城乡一体化发展，推进供给侧结构性改革和优化产业结构，都具有十分重要的意义。

一、农产品物流的含义

1. 物流

物流中“物”的概念是指一切可以进行物理性位置移动的物质资料，如原料、半成品、产成品、商品等。“流”泛指物质的一切运动形态，既包括空间位移，也包括时间的延续。

我国2001年8月1日实施的《中华人民共和国国家标准物流术语》将物流定义为：物品从供应地向接收地的实体流动过程，是根据实际需要，将运输储存、装卸搬运、包装、流通加工、配送、信息处理等基本功能有机结合来实现用户要求的过程。著名物流学家王之泰认为“物流是物质资料从供给者到需求者的物理运动，是创造时间价值、场所价值和一定的加工价值的活动”，这是目前国内普遍接受的定义。

2. 农村物流

农村物流指为农村居民的生产、生活及其他经济活动而发生的一系列物质资料提供运输、搬运、装卸、包装、加工、仓储和信息管理及其相关的一切活动的总称。

3. 农产品物流

农产品物流是物流业的一个分支，指的是为了满足消费者需求，实现农产品价值而进行的农产品物质实体及相关信息从生产者到消费者之间的流动。这个过程包括运输、储存、装卸、搬运、包装、流通加工、配送、信息处理等活动的有机组合。

农产品物流的目标是增加农产品附加值，节约流通费用，提高流通效率，降低不必要的损耗，从某种程度上规避市场风险。

二、农产品物流的特点

农产品的自然属性决定了农产品物流有不同于一般物流的特点，主要体现在以下 7 个方面。

1. 对农产品的质量保证要求较高

生鲜产品因其自身特点，在采摘、储藏、运输、包装、配送等过程的非标化造成了生鲜产品的巨大损耗，生鲜产品对储藏和运输要求极高，而消费者单笔订单小，区域分布发散，这对生鲜产品的储藏和品质的保障都带来较高的要求。从农产品种植(养殖)到最终送到消费者手中，整个供应链环节除了采用全面的农产品质量管理体系，保证农产品质量的可监控状态并予以记录外，还需要另外采用一定的技术，保证农产品的可回溯性，从而做到让消费者放心地购买网上的生鲜农产品。

小案例

生鲜产品配送时间的不精确会造成产品质量损坏，而消费者因为工作原因，往往无法满足配送公司的常规配送时间要求。例如，2013 年初，淘宝推出“遂昌高山散养猪”预售，但在品质控制和发货上没有做好，使店铺评分从 4.8 降到 4.4；5 月，四大鲜果的聚划算预售，樱桃预售达 2 万多箱，但是冷链物流的短板导致客户收货后大批投诉，店铺评分从 5.0 降到 4.1 等，这些都是生鲜农产品物流出现问题的鲜活案例。

2. 对物流成本的变化更加敏感

商家通常会在网站日常的运行和维护上花销不菲，为保持盈利，就会在其他成本(尤其是物流成本)上严格控制。如何既保证物流服务的质量，又使物流成本最低就成为商家需要考虑的很重要的问题。虽然农村电商可以缩短农副产品流通的链条，减少中间环节，但物流过程仍存在很多复杂的问题，仍然需要商家不断进行创新，优化物流流程，降低物流成本，提高运营效益。

例如，某省是我国的农业大省，该省在道路建设上也相对发达，加上政府惠农政策的扶持，该省的生鲜农产品发展渠道比较多。但是，由于技术水平、运营理念、经济发展情况等，使该省多样化的物流渠道变得更加繁杂，既提高了物流成本，也增加了流通环节，造成生鲜农产品价格不断上升。

3. 物流配送要求及时、快速

由于农产品的消费者平时上班或忙于农务，收货时间有很大的限制性，这对生鲜农产品的物流配送提出了很高的要求，也是令商家头疼的地方。因此，对于生鲜农产品的物流配送要考虑时间差的问题，做到及时配送。生鲜农产品易腐烂的特性，还要求物流做到快速配送，在保鲜期内送达给消费者，提高消费者的满意度。

同时，农产品生产的季节性这一特点使农产品在收获季节的物流运送需求量巨大，而在其他非收获季节的运送量相对较小。而农业生产地相对较为分散，农产品消费遍布全国，一般需要经过多次的运输、存储、装卸及配送后，才能到达消费者手中，这也对农产品物流的合理规划提出了较高的要求。现在的农产品物流在同城配送中，都已经能做到当天收到订单，次日把货送到消费者手中。

4. 分散—集中—分散的物流节点特征突出

由于参加农业生产的主体众多，离散性强，缺少联合，组织化程度低，导致生产存在盲目性；农产品的消费者却遍布全国城乡，容易造成农产品买难和卖难的交替出现。这种农产品的“小生产”和“大市场”的矛盾决定了农产品流通过程呈现出由分散到集中再到分散的基本特点。

5. 物流配送点比较分散

由于农产品的最终客户多为个体家庭，在城市中比较分散，造成配送点多、面广，大大增加了配送难度。这不像传统的农产品配送模式，由一家大型的食品商贸公司负责向大型的超市和农贸市场进行配送，这些物流节点比较集中，配送自然可以集中完成。农产品电商则需要在配送中对配送路线进行科学规划，再满足客户需求。

6. 对物流设备、技术要求高

农产品物流对设施的要求特别高，包括用于保鲜、冷藏和防疫等的物流设备。“新鲜”是生鲜农产品的生命和价值所在，大量生鲜农产品（如水果、蔬菜和动物性产品）含水量高、保鲜期短、极易腐烂变质，这大大提高了对仓储包装、运输等环节的技术要求，增加了物流难度。

7. 生鲜农产品增值幅度大

将生鲜农产品从生产基地运到配送中心后，企业一般都要对生鲜农产品进行加工处理，包括清洗、切割、包装及保鲜处理等，这就会增加生鲜农产品的附加值。

三、农产品物流的发展趋势

1. 整合配送资源

为完成跨时间跨地域的物流配送，应建立县级公共物流配送中心，对各乡镇和村级物流配送进行整合，建立农村物流生态体系，让所有的参与企业根据自身优势进行定位和分工。例如，由一家物流企业承担县域所有的物流配送，并向其他所有企业开放。这样的资源配置模式就会导致范围经济出现，从而实现规模经济，最终使进入该地区的企业实现盈利。

2. 采取差异化的物流模式

鉴于城乡企业面临的环境不同，首先，要针对不同县域的物流环境找到适合的物流模式，其次改善物流环境。例如，选择具有一定相关知识的物流人员作为代理人，或者根据相关人员所从事的岗位进行培训，提升他们对商务和物流的认知水平，并根据当地实际情况，创新性地采取不同于其他县域的物流模式。其次，从各县域的实际出发，在充分调查研究的基础上，在城乡之间、不同县域之间采取差异化的物流模式，使农村居民真正享受到“互联网＋”的红利。

3. 塑造双向物流信息化体系

整合农村物流资源，通过跨部门协作实现物流部门业务有效对接，有序打通交通、邮政、物流、质检等行业生产及物流包装标准，以“互联网＋农业”为技术支撑，推动农村物流管理统一化。

同时，建立县乡村三级物流信息服务平台，以信息流带动资金流、货物流、技术流、人才流等要素流动，破解农村物流信息的不对称问题，发挥“互联网＋物流”信息收集优势，建立农村电商物流数据服务信息库，及时将农产品供应、需求及物流交易信息推向市场，及时跟踪物流信息，提升物流服务管理水平及物流运输效率，以最快的速度将货物配送到消费者手中，最终实现“工业品下行、农产品上行”的双向信息化物流。

4. 构建第四方物流

由第四方公司专门做“最后一公里“物流配送，实行专业化分工，控制并管理特定的农村物流服务，对一个县域的整个物流过程提出策划方案，实现规模经济，降低物流成本，为农户或电商企业提供最佳增值服务。

小案例

中农网尝试了“第四方物流”，利用玉米、大豆等其他农副产品的互补物流资源和流量放空的回程物流降低成本和节省运输时间。

以白糖为例，传统贸易中，白糖流通周期为 7～15 天，物流平台则将白糖流通周期缩短至 1～3 天，平台交易每吨糖的购销成本即收取的佣金也从传统贸易的 25 元/吨降到 7 元/吨。2017 年，中农网平台上的白糖现货购销总量为 1246 万吨，约占全国总消费量的 1/3。按照 6 元/吨的佣金计算，仅这一个品类的营收就达到近 7476 万元。

任务二　农产品物流模式

民勤蜜瓜为何爆红？兄弟供应链从沙漠里蹚出农产品电商新模式

民勤县地处甘肃省腾格里沙漠边缘，荒漠化面积达到 90％以上。这里的日照时间长、昼夜温差大，还有独特的沙漠型气候和沙性土壤条件，因而产出的蜜瓜特别甘甜可口。

虽然如此，但民勤蜜瓜仅在一定区域内有名，还没有普及到全国。民勤蜜瓜真正爆红全国是在去年夏天，背后离不开一个叫兄弟供应链的农产品公司在耕耘和推动。

民勤数十年来一直遭受沙化侵袭，沙化严重将会导致农民的蜜瓜减产。2018 年 7 月 18 日，为了抵制沙化和保护耕地，兄弟供应链邀约数十家全国知名电商企业来到民勤，联合共同开展压沙治沙、种植梭梭树的活动。兄弟供应链承诺每卖一单蜜瓜就捐赠一颗梭梭树。达令家、贝店、环球捕手、每日优鲜、本来果坊、追梦自然、伍亩田、亚果会、有点儿田等电商企业纷纷在沙漠里种上了代表自己企业的沙漠防护林。

包销民勤 30%的蜜瓜产量　今年预计帮助农民增收 2 个亿

7 月 18 日上午 11 点，社交电商平台达令家上线了民勤沙漠蜜瓜的促销活动。2 个小时内，首批 40 吨沙漠蜜瓜销售一空，下单量超过 14 000 单。10 分钟后，达令家紧急增加备货 20 吨，再次销售一空，共计 30 000 单。同样，贝店当天销售 10 000 单，环球捕手销售 25 000 单。

7 月 18 日当天，兄弟供应链联合各大电商企业，共卖出了 8 万多件蜜瓜，总重达 300 多吨。本次发布会由民勤县委县政府主办，民勤商务局承办，兄弟供应链和甘肃中通速递共同举办。通过供应链驱动蜜瓜的种植和分级分拣标准，实现统一采购和物流配送，不仅增加了蜜瓜销量，也提高了农民收入，同时还推动民勤改善种植环境。

兄弟供应链于 2017 年开始销售民勤蜜瓜，全年销售达 90 多万件，单天最高达 3 万单。根据数据分析，2017 年累计为民勤农户增收达上亿元。“按照目前的销售状况与价格，2018 年农户比往年同期增收 2 个亿是没有问题的”，兄弟供应链创始人赵永秋告诉《新农说》记者。

今年，兄弟供应链收购的蜜瓜量占到了全县总产量的 30%。为什么销量有了质的飞跃呢？与去年不同的是，兄弟供应链开始深耕农产品 B2B 业务。赵永秋告诉记者，“我们是 OEM 的水果工厂，做一站式源头农产品供应商，联合各大电商平台的需求，反向去控管供应链，为合作伙伴提供一站式服务。从产品的采集、包装、物流、服务等四个环节去做深度优化，电商企业需要什么样的标准、需要什么类型的包装，无论是一件代发还是落地配送，都可以帮助企业快速实现。通过标准化、集约化、产业化的标准农产品供应链的打造，倒逼生产端的升级转型。”目前，兄弟供应链是民勤当地最大的农产品供应链平台，被县委县政府提名“民勤特别贡献奖”。

在地头一位大娘告诉《新农说》记者，去年瓜的价格是 0.4 元/斤，今年价格已经卖到 0.8 元/斤～1.3 元/斤。一亩地的产能在 4000 斤左右，普通农户家里会有十来亩地，这一茬瓜就能帮助农户直接增收几万元。赵永秋已经成了县里的红人，老百姓对他们非常热情和感谢。

兄弟供应链的昨天、今天和明天

2015 年，原来从事农业相关工作的赵永秋，因为家庭原因，他从城市回到陕西省周至县的老家。他们家有 5 亩猕猴桃地，赵永秋希望能把猕猴桃在网上卖掉，增加家中的收入。那时候，微商正是早期的红利期，他通过朋友圈、微博、开淘宝店的方式，从每天几单到几十单，再到几百单逐步地发展起来。

他精心的服务，豪爽的性格，得到了圈内朋友们的一致认可。这时候，他在网上遇到了两位做社群营销的贵人，需要他提供代发货服务，平均每天从他这里发 2000 单的猕猴桃。客户没有与赵永秋见过面，在只依靠网络和电话沟通的情况下，认定了赵永秋靠谱的性格，直接先打款20万元让赵永秋发货。为了不辜负这份信任，他开始为猕猴桃的发货奔走。随之而来的问题马上出现了：如何解决大批量发货？他开始没日没夜地催促印刷厂要包材，培训并安排分拣、包装，同时寻找靠谱的快递公司。

赵永秋形容那段焦灼的日子，“缺少包材的时候，我们连夜收集所有能生产包装的印刷厂，几乎是生产完一个就拿一个用。”到了旺季，快递爆仓，发不出货，当客户不断催促发货的时候，让他倍感焦虑。

这些经历，让赵永秋深刻地意识到供应链的重要性。要做好一件代发服务，供应链必须从品控、包装、物流等环节进行资源整合。那时，他遇见了他现在的兄弟，也是兄弟供应链的联合创始人李总。两人一见如故，拿出400万作为兄弟供应链的启动资金，一起成立了西安兄弟供应链管理有限公司。现在，兄弟供应链与陕西当地5家大型的包装厂、多家快递企业都有深度的战略合作，确保包装、物流成本的可控。“供应链只有追求更大的规模效应，才能把成本降低，让利给客户，最终才能让产业链上的各个环节受益。”赵永秋说。

最初做供应链，最难的工作在于规范工人操作，培养工人标准化的意识。最开始，他们喊来亲戚熟人帮忙分拣，亲戚们在挑选的时候，觉得烂了一点点的果实是可以吃的。而赵永秋却严格控制品质，确保发出去的猕猴桃没有任何瑕疵。两代人产生了认知差异，索性赵永秋不再让亲戚介入，随后引入了标准化的选果机，解决了最初的难题。

兄弟供应链公司已在周至、阎良、泾阳、民勤、天水、禹城、南宁、成都、福建等地区设立了2600 m^2～5800 m^2 的标准化产地仓，每个场地覆盖当地的几款特色产品，如周至的猕猴桃，礼泉的苹果，临潼的石榴，民勤的蜜瓜、南瓜，南宁的火龙果、芒果、百香果，等等，他开始用爆品的思维，深度打造每一款单品。

目前，兄弟供应链又与甘肃丝路优选电子商务公司建立了深度战略合作，目标是打通整个甘肃甚至全国农产品的产地供应链，并将现有的经验复制到更多地区，以形成农产品上行的大供应链体系。

●讨论：兄弟供应链通过哪些农产品物流模式帮助瓜农实现丰产又丰收？

一、农产品物流主要模式

农产品物流的主要模式有批发市场物流模式、流通企业物流模式、加工企业物流模式、农产品物流园区模式和农业流通枢纽港模式等。

1. 批发市场物流模式

批发市场物流模式是较常见的农产品物流模式。它依托一定规模的批发市场，由生产者或中间收购商将分散的产品集中到批发市场被批发商收购，再通过零售商销售，最终到达消费者手中。批发市场物流模式可以规避分散经营，实现规模化，降低物流成本。

2. 流通企业物流模式

流通企业物流模式一般是连锁超市与物流企业结盟运转的农产品电商物流模式，通过大型卖场、连锁超市、物流企业等来组织物流的运作，从而把农产品通过配送中心送到消费者手中。流通企业物流模式，其配送中心有两条配送途径：一条途径是“配送中心—批发商—零售商—消费者”；另一条途径是通过连锁店或者直接送达消费者手中。

随着农产品电商的快速发展，流通企业物流模式演化出垂直类 B2C 模式，如天天果园；门店辐射+线上服务，如盒马生鲜；O2O 社区服务平台，如叮咚到家；社交属性的团购模式，如拼多多。

3. 加工企业物流模式

加工企业物流模式以农产品加工企业为核心，它直接与农户或者通过合作社或生产基地和农户签订合作协议，自己来组织物流的运作，从而把农产品通过批发商、零售商或者直销网点送到消费者手上。

4. 农产品物流园区模式

农产品物流园区模式依托物流园区的物流基础设施，把农产品从供应方送达需求方；通过发布、查询农产品物流运输信息，可以提升农产品物流的效率。

目前，我国有很多农产品物流园区，物流园区具有运输集散、仓储、配送、流通加工、报关、检验检疫等多种功能。农产品物流园区模式可以为入驻园区的企业提供农产品展示和展销服务。

5. 农业流通枢纽港模式

农业流通枢纽港模式由农业流通枢纽港打造冷链物流中心，构建实体连锁网络，各个交易方可以通过枢纽港电商平台完成交易，也可通过实体店面完成交易。农业流通枢纽港模式，是升级版的农产品物流园，是线上线下结合的模式，“实体连锁+线上服务”，是农业流通产业链的整合升级，提高了农产品流通效率。

枢纽港连锁模式不仅减少了农产品交易环节，还可为农产品来源、运输和配送提供可查验的溯源体系；不但让农产品质量和食品安全得到了保证，还可以叠加农业品牌营销、人才培训、农机融资租赁、供应链金融等服务，为产业链上的中小企业提供全方位支持，促进区域农业供应链的健康发展。

6. 农产品企业自营物流模式

农产品企业自营物流模式是指涉农企业通过投资建设或租借农产品的仓储设备、运输工具等物流基础设施的方式，亲自从事本企业的农产品物流活动。

(1)农产品企业自营物流的特点

自营物流是物流业的基础。与传统的自营物流不同,电子商务下的农产品企业凭借电子商务的先进经验和优势,广泛采用网络平台、电子数据交换、准时化生产、快速反应等信息化和智能化的物流管理系统开展自营物流。

小案例

超大现代农业集团构建了一个生产、保鲜、深加工、仓储、运输和销售的农业电子商务物流平台,对物流运作实行全面信息化管理,实现基地一体化、市场一体化、信息一体化。在信息中心的统一管理下,配备冷藏设施的专业化运输队伍,对全国批发市场及销售网点进行农产品的调拨配送,为企业建立了核心的竞争优势。

(2)农产品企业自营物流的优势

农产品企业自营物流的优势在于企业对物流运作过程可以进行有效的控制,对市场变化能够做出灵活、快速的反应。

(3)农产品企业自营物流的劣势

农产品企业自营物流的劣势则是农产品自营物流对物流系统的一次性投资较大,占用资金较多;同时,对企业的物流管理能力要求较高。目前,采取这种模式的电子商务企业主要由实力雄厚的传统农产品公司发展而来。

这些企业在长期的传统商务中已经建立起初具规模的物流配送网络,开展电子商务只需在原有基础上进行信息平台和物流系统的增建及整合,即可基本满足电子商务下的农产品物流要求。

小案例

深圳市农产品股份有限公司旗下的中农网创建于2001年,作为农业电子商务的领头军,它为8000多家会员企业提供了网上农产品的交易平台,每年网上成交额达几亿元。支撑中农网快速发展的是其母公司庞大的物流网络,该物流网络覆盖了深港两地乃至泛珠三角地区,是华南地区规模较大、功能较完善、设施较齐全的农产品现代化物流中心。

7. 农产品企业物流联盟模式

农产品企业物流联盟模式是指两个或多个涉农企业之间,为了实现自己的物流战略目标,通过各种协议、契约而结成的优势互补、风险共担、利益共享的松散型网络组织。

单个企业自营物流对企业的资金和物流管理水平要求很高,实力较弱的企业一般无法承受,对于它们来说,整合物流资源、建立物流联盟不失为更好的物流运作方式。

企业物流联盟的特点如下。

(1)相互依赖。企业物流联盟的效益是建立在成员企业物流资源互补的基础上的,成员企业之间具有很强的依赖性,缺少任何一方的参与都难以获得预期的利益。

(2)分工明确。为获得良好的效果,物流联盟成员企业应明确自身在整个物流联盟中的优势所在及所担当的角色。这种明确的分工,使物流供应方能集中精力提供用户需要的物流服务,减少联盟内部的对抗和冲突。

(3)强调合作。物流联盟强调成员企业之间的密切合作。高度成功的物流联盟战略是建立一个信息化的合作平台。"不管要什么,随处可得"正是物流联盟的合作宗旨。对于开展电子商务的企业而言,物流联盟能够较好地满足它们跨地区配送及对时效性要求高的特点,帮助它们减少物资投资,降低物流成本,提高客户服务水平,取得竞争优势。

二、农产品供应链物流模式

近年来,供应链物流管理的思想日益深入人心。它主张以某个核心企业为中心,将供应商、生产商、分销商、零售商和客户等供应链的各个环节整合在统一的平台上,建立高效的物流和信息系统,使产品在有效的供应链内迅速移动,实现整体协调运作。农产品供应链物流模式主要有以下几种。

1.以批发连锁为核心的电子供应链物流模式

这种以批发连锁为核心的电子供应链物流模式一般是以商业流通企业为主的一体化物流系统。物流中心可由原来的批发市场发展而来,通过对批发市场的改造,采用先进的电子信息技术辅助,使物流中心成为联结生产、加工、零售的核心环节。另一种是连锁企业(如大型超市)的配送中心向上游延布,形成生鲜农产品加工配送中心。

2.以生产加工企业为核心的供应链物流模式

在农产品供应链系统中,生产者是最薄弱的一环。由于农户经营分散,组织化程度低,在供应链中处于弱势地位,因此可以建立以加工企业为中心的一体化供应链系统。

在该模式下,一方面,加工企业具有较强的市场力量,以加工企业为中心能够保证生产活动的稳定性,在资金、技术和生产资料等方面由公司为农户提供支持;另一方面,企业在加工原料的供应上获得了保障,通过对农户的组织,利用规模经济提高生产效率,降低生产成本。

3.供应链整合的管理平台模式

供应链整合的过程是通过加工企业内部整合和信息化水平的提高,带动上下游环节进行相应的协调与整合,最终形成统一的供应链管理平台。

供应链管理平台既包括电子信息系统、网络等硬件,也包括企业间的利益联结机制与统一的战略目标管理机制及供应链绩效评估机制。

在该模式下,加工企业的素质是供应链管理的主要任务,是供应链成功的关键。但供应链整合交给了加工企业，有可能使加工企业的管理成本提高，风险增加，如果不能有效地进行科学管理，很容易造成“规模不经济”。由此可见，信息技术和管理思想的引入是供应链整合的关键因素之一，加工企业必须根据供应链管理理论，进行业务流程重组，通过信息化建设逐步提高管理效率，降低管理成本。

4. 物流企业＋乡镇集散点＋村集散点（小卖店）＋农民合作运营模式

农业合作社主要指农户与政府企业之间建立合作关系，主要类型包括销售型、供应型、加工型、服务型、共同经营型，以此降低生产物流成本，使资源得到有效配置，提高生产效率和收益。

该模式通过加强与普及率高且体系完整的邮政及电商企业之间的合作，在互联网、大数据、物联网等信息技术作为撑持的背景下，创设数据分析库，随时进行信息交流、数据传递、数据存储等。通过在一些乡镇商店和村内卖店设立物流运输节点作为农产品及日用品的集散中心，这种模式能促进农村农产品销售以及农村生活用品需求的双向合理流通，在提高农村物流服务水平的同时，调节当地的经济态势。

5. 各物流公司合作形成共同配送模式

在农村物流配送成本过高的情况下，各物流公司之间可以通过合作，对资源进行整合，形成共同配送模式。在乡镇建立统一的配送点，对农村的物流订单进行处理配送，如通过与中国邮政合作，各物流公司在乡镇集散中心揽货配送；中国邮政则通过统一在乡镇集散点揽货或统一配送，突破“最后一公里”的难题，并通过创建数据库，进行各公司的信息交流、数据传递。

任务三　生鲜农产品物流

中国生鲜电商首个单元化冷链物流

中国生鲜电子商务市场发展迅猛，据中国电子商务研究中心监测数据显示，2014 年全国生鲜电商交易规模达到 260 亿元，相较于 2013 年的 130 亿元整整增长 100%。作为国内生鲜电商的佼佼者，天天果园通过自建冷库，冷链物流配送，精选全球鲜果美食，搭建了从产地到消费者之间的直供平台，赢得了中国消费者的信赖，但其在冷链物流方面也遇到了很多挑战。安华物流系统有限公司是可循环包装方案及智能物流系统服务的专业提供商，在中国已经有 18 年的成功经验；2015 年 10 月，携手天天果园，在中国首次利用单元化物流技术，将 2700 吨冰糖橙从昆明农产品基地全程冷链配送至北京、上海、广州、成都四大城市，降低了天天果园 50%以上的物流成本，并通过信息系统对周转设备进行了管控，显著提升了周转设备的管理透明化，增加了天天果园在冷链物流方面的竞争力。

1. 农产品基地橙子生产加工部分

此次项目所用生产设备采购自新西兰的一家公司。冰糖橙先经过自动清洗设备、自动烘干设备进行初步加工处理；随后通过自动光谱监测系统，橙子的甜度、糖度可以得到自动检测，从而筛选出甜度只在11～16的橙子，满足每一个消费者的要求。

2. 单元化冷链物流配送部分

橙子经过精细筛选完毕后，物流配送服务由安华物流系统有限公司来提供完成；同时，安华物流系统有限公司不仅向天天果园提供周转设备循环利用，也向其提供信息化服务。

3. RFID的资产管理系统

每个托盘上都会装上安华物流系统有限公司提供的RFID（Radio Frequency Identification，射频识别）标签，每个栈板都会获得一个唯一ID编号。在进行出库发货操作时，系统先用RFID手持扫描终端扫描托盘上的RFID标签，然后在信息系统录入托盘上面周转筐所放层数，实现托盘信息和周转筐信息的绑定。同时，在信息系统上录入此次发货相关信息，当栈板到达目的仓库后，在系统内录入出库编号，通过RFID手持扫描终端来核对入库信息，检验无误后完成入库操作。

4. 温度全程监测系统

在发出的每车产品中，都会放置一个由安华物流系统开发的Smartcool温度监测终端，用来实时记录产品运输过程中的每一刻温度信息。当配送车辆到达目的仓库后，将温度记录终端插入电脑，通过Smartcool系统显示其在途温度信息，把控车辆在运输途中的在要求的范围内。

5. GPS全程监控系统

（Global Positioning System，全球定位系统）车辆位置管理系统由安华物流系统的中国物流信息系统合作方G7物联公司提供，通过可拆卸的GPS装置完成对合作车辆的管控，便捷且高效。

中国的生鲜电子商务发展还在起步阶段，虽然有很快的增长速度，但是冷链物流是制约其发展的关键因素，配送加仓储成本一般占运营成本的20%～25%。此次安华物流与天天果园携手打造的基地到消费者单元化冷链模式，必将给中国的生鲜电商发展注入新的活力。艾瑞咨询公布的数据显示，在未来五年的生鲜农产品市场上，生鲜农产品的交易量将达到万亿件以上。生鲜农产品市场这块大蛋糕，对于物流配送来说是不小的挑战。因为生鲜农产品电商对物流配送服务质量要求很高，尤其是在物流配送的冷链和速度要求上。物流配送服务不但会对电商的业绩产生影响，也会对消费者的网上购买忠诚度产生影响。

资料来源：安华物流系统有限公司吴勐俊

●思考：中国的生鲜单元化冷链物流包括哪几部分？

一、生鲜农产品物流概述

1. 生鲜农产品物流的定义

生鲜农产品是农产品中的一个重要分支，一般指水果、蔬菜、肉蛋禽等一类的产品，因为都未经加工或只经过简单的初加工，在储存条件上有很多局限性，如需要冷冻存储等；一些通过简单加工后的生鲜农产品，如水果类、蔬菜类，可以进行直接使用或出售，但这一切操作活动都是基于良好的存储环境进行的。

生鲜农产品物流就是利用电子商务技术，实现生鲜产品保值增值及满足消费需求而进行的对生鲜产品产后加工、包装、储存、运输、配送等物流作业过程。

2. 生鲜农产品物流的特点

(1)对温度等技术要求较高。生鲜农产品具有季节性、易损性、地域性和鲜活性的特征。为保证生鲜产品的质量，物流配送的温度必须控制在一定的范围之内。为保证生鲜农产品品质和新鲜度，在生鲜农产品流通的开端到末端的过程中，可能要使其一直处在低温状态下，这就需要物流企业具有一定的冷链设施、冷链技术等。

(2)成本较高。生鲜农产品因其自身的特性，要维持其品质不受损，就要其在从田地采摘下到送到消费者手中的整个过程都要全程保鲜，最好的解决办法就是全程采用冷链物流和配送。但全程冷链物流和配送的成本非常高，无论是冷链运输车辆采购成本和运输成本，还是冷冻库等冷藏点建设、运营成本，或是冷链物流的人力管理成本都非常高。同时，消费者把收到的生鲜农产品进行退货，由于时间原因，农产品新鲜度大大下降，无法进行二次销售，还会产生高额的逆流成本。我国生鲜农产品除顺丰优选、拼多多等外，还有许多企业都没有自建冷链物流，就是因为自建冷链物流的投资巨大，成本太高。在销售时，消费者的分散性更加剧了成本的增加。

(3)产品损耗率高。生鲜农产品的物流配送因自建冷链物流的建设成本和运营成本都太高，电商企业大部分通过委托第三方物流企业进行物流配送。从目前的整个物流企业的冷链物流流通率来看，其发展较慢，流通率严重不足。研究表明，目前我国的综合冷链流通率仅为19%，其中果蔬的冷链流通率为5%，肉类的冷链流通率为15%，水产品冷链流通率为23%。大部分第三方物流企业为了降低成本，在配送时采取全程冷链的非常少，甚至不少还存在常温配送，这样就导致了大部分生鲜产品是通过非冷链物流或半冷链物流来进行的，产品损耗率非常高。

(4)风险性高。生鲜农产品在物流配送过程中易受到磕碰，从而对产品质量产生安全影响，降低生鲜农产品价值。从消费者角度来讲，消费者相对于其他商品更加重视生鲜农产品的安全性；对于物流配送而言，配送过程对生鲜农产品产生的安全质量影响也要比其他商品大。在电子商务背景下，为保证生鲜农产品的安全性，必须严格把控生鲜农产品的来源，优化物流配送网络，最大限度地减少物流配送过程中造成生鲜农产品的损伤。

(5)对配送时间要求及时。一方面，生鲜农产品因其易腐的特征，为保证生鲜农产品的新鲜度，就要求物流配送必须快速及时地送到消费者手中，配送时间越短，生鲜农产品的新鲜度就越高。另一方面，当获取生鲜农产品的渠道变得成本低且易获取时，如果消费者能够及时得到想要的生鲜农产品，愿意反复尝试这种购买途径；而如果本来通过电商途径获取某种想吃的水果，但由于物流配送时间过长，消费者可能转而去超市、水果店或者集市购买，这就对生鲜农产品物流配送的及时性提出了要求。

(6)多样性。生鲜农产品自身性质也影响电商企业对其运输方式的选择。生鲜农产品物流配送具有多样性特征。针对不同种类的生鲜产品，企业需要灵活运用物流运输模式来提高服务效率，满足消费者多元化的需求。

二、生鲜农产品物流配送模式

根据生鲜产品的特性，生鲜农产品物流配送模式可以大致归类为自营物流配送、一站式物流、第三方物流、社区物流、众包物流和 O2O 模式下的物流宅配六种类型。

1. 自营物流配送

自营物流配送是企业根据自身生鲜配送需求，组建产品生产、仓储、运输、配送一体化管理团队进行配送。此模式适用于配送产品种类多、数量大的企业，便于自身生产经营与配送时间的控制。消费者网上下单到企业，企业通过系统传送信息至自由配送中心，仓库根据接收到的信息进行分拣配送，企业实时监管整个运输过程。

自营物流配送模式可监控整个生鲜产品配送的过程，及时响应消费者的投诉与建议，在客户维护与业务扩展上优于其他配送模式。其劣势在于前期需要投入大量资金建设物流体系，配送范围小，具有很大局限性。

小案例

沱沱工社自建物流比较成熟。沱沱工社的经营范围包括有机水果蔬菜、海鲜、零食饮料、鲜肉等 16 个品类共 3000 多种产品。与中国绝大多数的产品垂直 B2C 企业不同，沱沱工社拥有自己的有机农场，自建了专业冷链物流配送队伍，解决了物流及时配送的问题，确保生鲜食品能够新鲜到家，做到了“按需采购、按需配送、新鲜直达”的行业新模式。从一开始，沱沱工社就准备打造“生产＋B2C＋冷链配送”的全产业链，并在北京、上海、深圳三地开设农场与冷链配送，但因为订单量不足以支持整个网站的运营，加上冷链配送需要投入上亿元资全，最终上海和深圳的业务被关掉，只保留了北京地区的冷链配送。

2. 一站式物流

一站式物流是消费者网上下单直接到企业，然后企业整合信息通过自营物流配送到消费者所在区域代收点，最后代收点将货直接送到消费者手中。此模式节约了时间、人力、物力，提高了配送效率。一站式物流配送降低了自营物流体系中的仓储、分拣、配送中心成本，但代收点分布不均，盲区较多，导致部分资源的浪费和派送时效的不稳定。

3. 第三方物流

第三方物流是通过承包合同制代替企业自营物流配送的一种模式。由于业务量的增加，服务范围扩展使自营物流配送无法满足现有的经营条件，需第三方物流来协助完成整个过程。第三方物流配送的介入在一定程度上减少了企业压力。

第三方物流配送可减少电商企业前期投资，且具有针对生鲜农产品的冷链运输，较自营配送模式更加专业化，派送范围更广。但由于整个配送业务被承包，企业无法对产品实时监控，且运输过程中无法保证生鲜产品不发生破损、变质、污染等现象，这会影响消费者的体验感，导致消费者对电商企业评价降低。

4. 社区物流

社区物流模式是指消费者网上下单，企业以社区为单位集中进行物流配送的一种新物流模式，它将分散的物流网络集中化，节省人力，节省时间。

小案例

武汉家事易是采取社区配送模式中比较典型的企业。武汉市民只要在计算机前轻轻一点，选择自己喜欢的菜，第二天其就会定时出现在小区的“电子菜箱”，消费者只需凭借会员卡，打开电子菜箱，就能拿到商品。该公司与小区进行协商，上缴管理费，安装电子菜箱，形成终端网络。配置了电子菜箱的小区居民可以在家事易网站上下单，分拣员根据订单进行分拣，并按照消费者所在的区域分区码放。最后，按照具体区域，派专人专车将商品按时送到其所在小区的电子菜箱，全程冷链运送。

5. 众包物流

众包物流与第三方物流的形式相似，但是其利用的是社会闲散资源，因此配送的质量难以保证，配送人员的素质和安全性难以把控，往往导致消费者满意度不高。

6. O2O 模式下的物流宅配

线上线下结合(O2O)是企业结合电子商务合作来完成线上与线下贸易交易的往来。近年来，大型电商企业和线下商超巨头已开始在北上广等一线城市试水生鲜 O2O，如阿里巴巴的盒马鲜生、京东的 7FRESH、永辉超市的超级物种等，通过“餐饮＋超市”、线上线下融合的服务模式都取得了可喜成绩。

O2O 模式下的物流配送为消费者下单后，企业利用网络平台与线下自提柜、便利店、代收点等合作，通过自建物流配送或者第三方物流中心将产品配送到指定代收点或者便利店，让消费者通过手机验证码或二维码等有效信息提取物品，让消费者独立完成配送中的最后一环节。此模式以代收点或便利店取缔传统模式中的仓储与配送中心，常见的 O2O 宅配模式如表 11－1 所示。

表 11－1　**O2O 的宅配模式**

模式名称	代表应用企业	优缺点分析
泡沫箱＋低温冰袋	沱沱工社	优点：一定时间保鲜，成本较低。 缺点：时间短，材料难重复使用，难以批量化运作
配送到指定区域自提点，客户自提	京东（自营生鲜）	优点：快速，批量化配送。 缺点：中间有时间差，常温保存，质量存在隐患
配送到社区客户自提	武汉家事易优菜网	优点：解决配送企业与消费者存在配送时间冲突问题，统一集中配送，降低成本。 缺点：存在风险，过程监管难，需要协调社区点利益分配等

O2O 物流模式的特点在于移动化、数据化、体验化、共享化，既能解决生鲜产品派送时效，又能提升消费者的体验感，为企业节省人力、物力，为消费者节约时间。社区 O2O 模式还可以实现本地化的生鲜产品定制服务，方便体验，易于配送。

但此模式需要代收业务点的配合，且受取货地点及消费者取货时间的限制，致使消费者投诉、退货率居高不下，电商企业对产品质量与售后问题难以掌控。

三、生鲜农产品物流模式的应用

1. 生鲜农产品物流的发展趋势

（1）冷链物流在生鲜农产品物流中的广泛应用。

冷链物流，也被称为“低温物流”，指蔬菜、水果、肉禽、蛋奶等生鲜农产品，在从生产、采购、加工、贮藏、运输、销售到消费者手中的各个环节中始终处于规定的低温环境下，以保证上述农产品质量，减少腐烂或变质带来的损耗。相关数据显示，随着生鲜农产品市场规模的不断扩大，生鲜农产品冷链物流设备和设施的应用也形成了 4 种常见的组合形式，如表 11－2 所示。

表 11－2　我国生鲜农产品冷链物流设备组合形式

序号	组合形式	占比/%
1	运输、仓储、包装相结合	72
2	运输、仓储、销售设施	19
3	仓储、销售、包装设施	6
4	运输、销售、包装设施	3

小案例

武汉家事易在"全程冷链非当面交付"的全新物流模式下，配送员投递一个区域的所有订单只需要几分钟的时间，比传统投递模式配送一单所需的时间少，较传统配送方式的效率提高了10倍以上，配送成本可控制在每单1.5元以下。此外，家事易还研发出基于物联网技术的具有制冷隔热保鲜功能的配送终端储物柜，让"电商＋冷链快递物流＋智能终端取货"的先进商业模式得以实现。电子菜箱具有制冷保鲜功能，不仅有效满足了生鲜商品配送的存储运输条件，存放在内的蔬菜瓜果也不会打蔫儿、变坏、变质，保证新鲜，很好地解决了生鲜的鲜度问题。

现阶段，我国多数的物流企业都可以在农产品的冷藏及冷冻运输上提供良好的服务。相关数据显示，我国冷链运输行业的需求量在以每年30%持续增长量上升。

目前，中外运、中粮等第三方物流企业积极拓展冷链物流业务，双汇、光明等食品生产厂家组建冷链物流公司，完善冷链物流网络；大型连锁商业加快发展生鲜食品冷链配送。但是，专做电商的全程冷链第三方物流企业较少，且区域性较明显。

小案例

天津海吉星国际农产品物流园打造了冷链物流全程标准化模式。冷库管理系统的仓储功能为租仓用户提供包括仓储、装卸、配送、信息处理在内的全过程信息化仓储服务。仓库库位精细化管理、动态库位概念的引入将极大提高库位利用率与上架流程响应效率。

冷库管理系统的使用也缩短了订单处理时间，提升了现场作业效率，降低了分拣作业出错率，提升了订单流转效率。订单批次管理通过对多份订单进行合并管理，节省人力与物力资源。

库区内引用无线射频识别(RFID)技术，提高库内操作人员的工作效率。仓储费用计算自动化管理，有效避免计费人员误操作与违规行为。冷库管理系统实现了业务系统间的信息共享，实现了园区业务系统的集中部署和管控。

(2)生鲜农产品与物流快递企业的深度资源整合。

生鲜农产品与物流快递企业既相互支持又相互制约。生鲜农产品企业为了降低成本,需整合各方资源,强化与第三方物流公司或者快递公司的深度合作。生鲜农产品企业的优势在于进行线上营销运作,生鲜农产品充分利用平台优势,深度挖掘消费者数据资源,引导其消费需求。物流或者快递公司的优势在干线下配送,在配送时高度响应消费者需求,为消费者提供及时准确高效的配送服务。生鲜农产品与物流快递企业可以发挥各自领域的优势,开展深度对接,打通流通领域各环节,提升运作速度和效率,降低运营成本。

例如,天猫与顺丰强强联手,使南美的车厘子在 30 个小时内就到达中国消费者手中,成为电商平台与快递企业深度合作的典范。

2. 生鲜农产品物流的应用要求

(1)完善生鲜农产品预处理环节。

从原产地采摘、获取生鲜农产品时,生鲜农产品企业就要保证农产品的质量安全,对易发生腐变的产品进行预冷技术处理,从源头上保证农产品的新鲜度。

(2)完善生鲜农产品物流标准体系。

生鲜农产品要关注生鲜产品物流的操作规范和技术标准,建立起完善的全程质量控制体系,推动质量安全认证和市场准入制度,以确保生鲜产品质量和物流效率。其还要对生鲜产品物流链上下游进行间接管理,制订生鲜产品采摘、分选、包装、冷冻、冷藏、包装标志、冷链运输、配送等各环节的保鲜技术、制冷保温技术操作标准,并加以监控执行。围绕生鲜产品质量全程监控和质量追溯制度,生鲜农产品企业需要建立数据采集与交换、信息管理等标准,确保生鲜产品全程冷链物流的效率和质量安全。

(3)推动生鲜农产品全程物流信息化。

信息化和数据化是电商的特点,在推动生鲜农产品物流发展时,需要进行信息化建设。针对生鲜农产品分布的区域化、品类的复杂化,消费者的分散化、需求个性化,生鲜农产品企业需要建立区域性的各类生鲜农产品物流公共信息平台,实现上下游的数据交换和信息共享,建立物流监控和产品质量安全追溯系统的信息基础。生鲜农产品企业需要在物流链的上下游加强市场信息、消费者服务、库存控制、仓储管理、运输管理和市场管理等系统软件的应用,建立健全的全程物流作业的信息收集、处理、发布系统,确保冷链物流的效率和生鲜产品的质量安全。

(4)推动多模式、组合式生鲜产品物流体系。

生鲜农产品物流的高成本、复杂性等特点,增加了生鲜农产品物流配送的难度。一些生鲜农产品企业虽然自建了冷链物流体系,但是基于各种原因,也无法满足需求,且无法进行市场的全方位辐射。有的生鲜农产品企业将物流外包给第三方物流企业,但是对物流配送速度和产品质量安全无法实时监控。所以，企业可将自建生鲜物流体系和第三方物流资源结合，干线冷链与城市冷链配送组合，生鲜产区冷链物流网络和消费区食品冷链网络无缝对接，推动多模式、组合式生鲜物流体系，通过多模式的冷链物流系统，配以全程冷链技术化、信息化、标准化建设，在满足物流配送的效率、降低物流成本的同时，确保生鲜产品质量安全。

拓展阅读

国外农产品物流发展状况

1. 美国农产品物流发展

美国农业生产和贸易居于世界领先地位，拥有一个庞大、通畅、高效的农产品物流体系，表现在以下几方面。

(1)农产品物流的基础设施和设备发达。美国的交通运输设施十分完备，公路、铁路、水运四通八达，高速公路遍布城乡，公路能够直接通往乡村的每家每户。美国的通信设施和网络发达，储运设备的机械化水平高。

(2)拥有发达的农业信息流基础。美国有85%的农民上网，农业电子商务占总电子商务的比例在各行业中列第5位。芝加哥期货交易所是农产品各市场主体了解市场行情、获取价格变化信息的直接窗口。

(3)农产品物流服务的社会化程度高。美国连接农产品供需的物流主体主要是农场主参加的销售合作社、政府的农产品信贷公司、农商联合体、产地市场或中央市场的批发商、零售商、代理商、加工商、储运商和期货投机商等。据统计，全美近1/3的农场主通过合作社出售谷物。各种行业协会为农民提供有力支持，代表农民与政府交涉，在农产品产销中发挥着积极作用。

(4)政府发挥积极的调控作用。农业部有10万人分布于全国各地，农业统计系统对各农场每一块耕地上所种植的作物品种、面积、长势、产量都了如指掌，所获取的信息经过汇总处理，由政府定期发布，指导农户生产经营。

2. 日本农产品物流发展

日本农产品主要以小单位生产为主，虽然资源有限，但是在农产品物流方面非常先进。

(1)完善的物流基础设施。日本在大中城市、港口、主要公路枢纽都对物流设施用地进行了合理规划，高速公路网、新干线铁路运输网、沿海港湾设施、航空枢纽港、流通聚集地等基础设施完善。

(2)完备的农产品市场硬件设施。日本农产品批发市场的开设实行严格的审批制度，中央批发市场、地方批发市场及其他批发市场须根据《批发市场法》和各种条例进行建设。批发市场配备有完善的保管设施、冷风冷藏设施、配送设施、加工设施等，并灵活运用计算机信息处理技术，已演化成农产品物流中心。

(3)农业合作组织发挥着积极作用。日本各大中小城市都有由农协直接参加或组织的农产品批发市场，农产品生产总量的80%～90%是经由批发市场后与消费者见面的。农协利用自己的组织系统，将农民生产的农产品集中起来，统一销售，担当着生产者与批发商之间的中介。

3. 荷兰农产品物流发展

荷兰位于欧洲的中心地区，荷兰公路上飞驰的货运车中大约1/3的车辆是载运农产品和食品，向世界各地提供及时的物流服务。

(1)先进的电子虚拟农产品物流供应链。通过网络连接农业生产资料供应商、生产商、种植主、批发商、零售商，形成农业供应链。荷兰的花卉和园艺中心已经建立电子信息订货系统，电子化农业产品交易市场向全球的广大客户和消费者提供服务。

(2)先进的农产品物流中心，成熟的冷冻行业。荷兰的冷冻行业非常发达，具有现代化的制冷和冷冻技术设备，且工作效率高，充分保证高质量的农产品的运输、储存和配送服务。

一、选择题

1. 以下有关农村电商物流特点的说法中，不正确的是(　　)。

A. 农村电商规模不断扩大，物流需求不断扩大

B. 农村电商网站平台日益多样化，电商企业的物流布局发展迅速

C. 农村物流基础设施与物流技术相对落后

D. 物流信息化水平较高，能够对目标货物实现全程跟踪

2. 采用物流一体化模式，在乡或县成立当地O2O购物中心的代表有(　　)。

A. 村村乐　　B. 天猫　　C. 智慧乡村

D. 村掌柜　　E. 苏宁易购

3. 要摒除人力成本高和农村本身地理因素制约，农村物流可利用(　　)等智能化手段解决农村快递的“最后一公里”问题。

A. 招聘兼职快递人员　　B. 自助寄存柜　　C. 智能车货匹配

D. 无人机投送　　E. 构建村邮站

二、简答题

1. 农产品物流的主要模式有哪些？

2. 简述农村电商物流的发展趋势。

模块十二 休闲农业营销

学习目标

●知识目标

1. 掌握休闲农业的概念、功能、分类及特点。

2. 掌握休闲农业发展原则、要点。

●能力目标

能够对某种休闲农业类型进行识别。

●素养目标

1. 形成对休闲农业的基本认识，树立重视休闲农业信息的意识。

2. 能够对某个类型休闲农业进行营销策划。

任务一　休闲农业内涵

案例导入

荷兰休闲农业的理念——以风车村为例

荷兰，也是世界上众多的农业强国之一，被誉为“欧洲的花园”。荷兰的休闲农业也别有一番成就，能达成荷兰现在休闲农业优势的主要原因就在于荷兰农业的环境＋特色。荷兰的农舍前后都有花园，有好看的花木，清澈的河流，这些营造出了荷兰休闲农业的先决条件。荷兰的风车村就是一个有代表性的休闲农业的村庄，这里不收门票，却吸引了不少世界各地来的游客。在这里，你能感受到与众不同的传统文化和特色，风车是他们的标志性符号。

1. 特色体验项目

这里之所以被各国旅游路线推崇，除了有标志性风车，还有纯正的乡村工艺体验，如有著名的荷兰木鞋制作加工表演和销售，在村口就有大大的木鞋作为展示，有荷兰奶酪的加工表演和销售；并且你还可以到各种百年老店去参观，木鞋制造厂、白蜡制造厂、面包房、奶酪和乳制品作坊，还有古老的杂货店。

2. 文化的沉淀和渲染

荷兰的木鞋制造工艺世界闻名。在当地的木鞋制造厂，你能深刻地了解木鞋的制作工艺和发展历程，还有早期的用途，这些沉淀像是文化因子沉浸在乡村的空气里。这里也曾受到过冲击，但依靠着社会精英的倡导、政府的扶持，还有乡村工匠们的坚守，而形成了这里特有的文化。目前村子里仍然有五座风车还在以传统方式运作，在五座风车中，只有三座向游人开放。这些风车分别用于锯木、榨油料、磨染料、磨芥末粉和排水。

3. 建筑与环境的相得益彰

风车村的房屋非常有当地特色，基本上是尖顶的小木屋。屋顶有红色的，也有绿色的，屋墙全部刷上了深蓝色或深绿色的油漆，这些特色正与村中的景色呼应。农舍一般临水而建，乡村旅游建筑格外让人安心。

荷兰的农民非常清楚他们生活方式的珍贵与难得。荷兰农妇会说："我希望孩子们像我小时候一样，放学后有足够大的活动空间，呼吸着乡间新鲜的空气，这才是真正的童年。"

风车村的经营理念非常值得我们的都市休闲农业学习和借鉴，其特征主要表现在以下几个方面。

(1)注重自然环境的塑造，用优美的风光圈住人们向往童话的心。

(2)古建筑保护得当，房屋、建筑等自成风格，独具特色。

(3)重视乡村文化的传承，表现在环境、工艺、生活等各方面。

(4)淳朴的乡村气息得到了保留，当地人的热情与微笑给游客提供了良好的游览氛围。

(5)特色项目众多，有表演、展示、参与、销售等形式的项目，增强了游览体验性。

(6)有实际的产业作为支撑，不管是特色食品、物品、工艺品售卖等，都是经济收入的来源，是地区发展的产业支撑。

●思考：荷兰风车村有哪些经营理念？

一、休闲农业的概念

休闲农业是以农业生产、农村风貌、农家生活、乡村文化为基础，开发农业与农村多种功能，提供休闲观光、农事参与和农家体验等服务的新型农业产业形态。休闲农业包括农家乐、休闲农园、休闲农庄和休闲乡村 4 种基本形态。

休闲农业是利用农业景观资源和农业生产条件，发展观光、休闲、旅游的一种新型农业生产经营形态。可以深度开发农业资源潜力，调整农业结构，改善农业环境，增加农民收入的新途径。在综合性的休闲农业区，游客不仅可观光、采果、体验农作、了解农民生活、享受乡土情趣，而且可住宿和度假。

关于其概念，休闲农业一词来源于英文的 Agritourism，是由农业(agriculture)和旅游

(tourism)两个词组合起来翻译的。因而对休闲农业有都市农业和乡村旅游的说法。休闲农业是指利用田园景观、自然生态及环境资源,结合农林渔牧生产、农业经营活动、农村文化及农家生活,提供民众休闲、增进民众对农业及农村之生活体验为目的之农业经营。

生态休闲农业起于19世纪30年代。由于城市化进程加快,人口急剧增加,为了缓解都市生活的压力,人们渴望到农村享受暂时的悠闲与宁静,体验乡村生活。于是,生态休闲农业逐渐在意大利、奥地利等地兴起,随后迅速在欧美国家发展起来。日本、美国等发达国家的休闲农业已经进入其发展的最高阶段——租赁。我国的休闲农业,作为一个新兴的产业,虽然发展前景较好,但是经过20多年的建设,其发展仍处于起步阶段,在产品、经营、管理等方面存在的问题较多,在一定程度上阻碍了产业竞争力,与新农村建设的要求也不相适应。

二、休闲农业的功能

无论是传统农业还是休闲农业,生产是主要的基本功能。休闲农业企业的开发和运行都不能脱离农业生产这一主要功能,在这个基础上,休闲农业与乡村旅游还具有其他一些重要功能。

1. 经济功能

休闲农业可以为游客提供优质、绿色、生态、安全、健康的农产品,是农民就业增收的重要途径,有利于农村剩余劳动力的就地就近转移;是调整农村产业结构的重要方式,有利于农村经济的快速发展。

2. 游憩功能

休闲农业与乡村旅游可以为游客提供观光、休闲、体验、娱乐、度假等各种活动的场所和服务。

3. 社会功能

休闲农业为都市居民与农村居民提供交流平台,有利于农村经济的发展和农村面貌的改善;有利于促进农村社会的进步,缩小城乡差距。

4. 教育功能

休闲农业可以为游客提供了解农业文化、学习农业知识、参与农业生产活动、感受农业景观的条件,是融知识性、科学性、趣味性为一体的农业生态科普园地。

5. 生态功能

休闲农业可以保护和改善生态环境,维护自然景观生态,提升环境品质,并为游客进行现场的生态环保教育。

6. 养生功能

休闲农业园区景点具有优美的自然环境、新鲜的空气、宁静的空间、生生不息的动植物、遍地绿色的草木及随处的鸟语花香，是最适合调剂身心及养生保健的场所。

7. 文化功能

休闲农业、农村民俗文化、生活文化和产业文化相结合，可以为游客提供各种农村文化活动，促进农村文化发展。

三、休闲农业的特点

传统农业以直接服务于人类的第一物质生活需要为目的，为城市居民提供粮、菜、果、肉、蛋、奶及木材、日用品等物质产品。休闲农业的最大特点就是在不影响正常耕种的情况下向居民提供旅游、休闲功能。与传统农业比较，休闲农业主要体现出以下几个特点。

1. 具有农业和旅游业的产业兼容性

从产业划分上来说，农业属于第一产业，旅游业属于第三产业，休闲农业把它们结为一体。从项目设置、自然生态、设施装备、环境条件和经营管理等方面把二者结合、兼容。

2. 具有高新技术和传统农业的融合性

高密度的资金投入，高新技术的集中采用，是生产高品位、高效益产品的必备条件，这是现代农业的基本内涵。休闲农业对高新技术的要求更高，因为它不仅要生产人们喜欢的直接产品，而且要造就人们喜欢的生产休闲与观赏产品的环境。

3. 具有物质和文化价值互补性

休闲农业一方面以其可观赏性和可参与性使农业附加值提高，另一方面又以其生产性和文化性使旅游业价值获得支撑和延伸，实现物质和文化价值互补。

4. 具有田园风光和旅游景点的呼应性

休闲农业充分发挥一般农业田园风光优势，因地制宜加以艺术化改造，并适当设置雅致、简朴、自然的景点和实用、配套的设施，使田园风光得到点缀而增辉，旅游功能也因此而强化。

5. 具有生产和旅游活动的统一性

农业是以种植业为主的物质生产活动，旅游业是以观光、休闲为主的精神文化活动。这两种活动过程，过去一般都是分别在不同场所展开的，休闲农业则使两种活动过程同时在同一场所协调一致，互补增色。

6. 具有生产和旅游功能的耦合性

休闲农业既具有生产功能，又具有旅游功能，是两种功能的耦合。即向社会提供物质产品的同时，又以其特有的田园风光、民俗风情，让人们感受返朴归真、回归自然的乐趣，并达到体验生活、增长见识和怡情益智、陶冶情操的效果。

四、休闲农业的分类

（一）按发展模式分类

1. 连片开发模式

以政府投入为主建设基础设施，带动农民集中连片开发现代观光农业。政府投入主要用于基础设施，通过水、电、气、路、卫生等基础设施的配套和完善，引导农民根据市场需求结合当地优势开发各种农业休闲观光项目，供城市居民到农业观光园区参观、休闲与娱乐。该模式依托自然优美的乡野风景、舒适怡人的清新气候、独特的地热温泉、环保生态的绿色空间，结合周围的田园景观和民俗文化，兴建一些休闲、娱乐设施，为游客提供休憩、度假、娱乐、餐饮、健身等服务。主要类型包括休闲度假村、休闲农庄、乡村酒店。该模式在全国各地尤为常见，大城市郊区等基本上采用该开发模式。

2. “农家乐”模式

“农家乐”模式是指农民利用自家庭院、自己生产的农产品及周围的田园风光、自然景观，以低廉的价格吸引游客前来吃、住、玩、游、娱、购等。主要类型有农业观光农家乐、民俗文化农家乐、民居型农家乐、休闲娱乐农家乐、食宿接待农家乐、农事参与农家乐。成都近郊郫县友爱镇农科村就是该经营模式的典型代表。该村原有农户 310 户，总人口 650 人，总耕地面积 45 km^2，在农业观光旅游发展鼎盛时期，村旅游接待点共 128 个，年均接待游客量达 50 万次以上，旅游年经营收入达 2000 余万元。“农家乐”模式主要提供餐饮服务，在浙江绍兴，以娱乐（如垂钓）、农家特色餐为主的休闲农庄，占调查总数的 41.3%。

3. 农民与市民合作模式

在农民承包地合理流转集中后，建立休闲农园，以“认种”方式让城市居民委托农民代种或亲自种植花草、蔬菜、果树或经营家庭农艺，使消费者共同参与农业投资、生产、管理和营销等各环节，与农民结成紧密联结关系，体验和参与农业经营和农事活动。该模式最早出现在 20 世纪 90 年代的苏州未来农林大世界，当时称为“市民农园”，将土地分割为 50 m^2 一块，向城市居民招租；后来在不同地区演变成多种类型的经营方式，如市民种植纪念树、纪念林、市民租赁农舍经营农家乐等。根据 2016 年调查，在苏州旺山休闲农庄，农户将自家住宅的一楼租给城市人来经营餐饮农家乐，租金年收入能达到 50 万元。

4. 产业带动模式

休闲农园先生产特色农产品，形成自己的品牌；然后通过休闲农业这个平台，吸引城市消费者来购买，从而拉动产业的发展。在这类园区，游客除了餐饮旅游，还带回土特产品。浙江绍兴市稽东镇的山娃子农庄，100 元门票，除 50 元中餐费，游客在离开农庄时还可带回价值 50 元的一只土鸡和特色高山蔬菜。园区经营者在该基础上，注册自己的品牌，在自己的种养基地自种蔬菜，自养家禽，并在城里设定销点，或与一些企事业单位挂钩，直销时鲜产品。该模式深受城市市民的欢迎。在浙江绍兴县的调查中，采用该模式的园区占总数的37%。

5. 村镇旅游模式

许多地区在建设新农村的新形势下，将休闲农业开发与小城镇建设结合在一起。以古村镇宅院建筑和新农村格局为旅游吸引物，开发观光旅游。主要类型有古民居和古宅院型、民族村寨型、古镇建筑型、新村风貌型。衢州市先后重点建设了13处中心镇和30个重点镇，充分利用小城镇周围的风景名胜和人文景观，大力发展休闲农业。其中，江山市峡口镇、龙游县团石乡等一批近郊小城镇，已成为城市居民观光、娱乐、度假的休闲农业基地。南京市金桂园农庄开发公司也正在南京郊区桥林镇结合新农村建设而发展休闲农业。他们试图先将农村居民迁移到集中居住点，以提高农民生活品质和卫生条件，然后利用空出的宅基地开发休闲农庄和庭院经济，发展休闲农业。

（二）按休闲主题分类

1. 休闲农场或观光农园模式

随着我国城市化进程的加快和居民生活水平的提高，城市居民已不满足于简单的逛公园休闲方式，而是寻求一些回归自然、返璞归真的生活方式。利用节假日到郊区去体验现代农业的风貌、参与农业劳作和进行垂钓、休闲娱乐等现实需求，对农业观光和休闲的社会需求日益上升，使我国众多农业科技园区由单一的生产示范功能，逐渐转变为兼有休闲和观光等多项功能的农业园区。主要类型有田园农业型、园林观光型、农业科技型、务农体验型。例如，北戴河"集发农业观光园"、北京"朝来农艺园"、上海"孙桥现代农业开发区"、苏州"未来园林大世界"、珠海农科中心示范基地等，也都吸收了国外休闲农场或观光农园的很多经验和设计理念。

2. 科普教育模式

利用农业观光园、农业科技生态园、农业产品展览馆、农业博览园或博物馆，为游客提供了解农业历史、学习农业技术、增长农业知识的教育场地。农业园主要类型有农业科技教育基地、观光休闲教育、少儿教育农业基地、农业博览园。农业科技园区作为联结科教单位科研成果与生产实际的重要纽带，为农业科技成果的展示和产业孵化提供了实现的舞台。我国的一些大学或科教单位建立的农业高新技术园区，与国外的农业科技园区模式极为相似。园区的建立为科教单位和入园企业科技产业的"孵化"和"后熟"提供了重要的基础平台，大大促进了农业科技成果的转化和辐射推广，如衢州柯城万田乡智慧农业产业园。

3. 民俗风情旅游模式

民俗风情旅游模式，即以农村风土人情、民俗文化为旅游吸引物，充分突出农耕文化、乡土文化和民俗文化特色，开发农耕展示、民间技艺、时令民俗、节庆活动、民间歌舞等休闲旅游活动，增加乡村旅游的文化内涵。主要类型有农耕文化型、民俗文化型、乡土文化型、民族文化型。2019 年 12 月 25 日，江山市耕读村被国家林业和草原局评价认定为国家森林乡村。

4. 休闲度假模式

选择旅游景点所在地，结合新农村建设，利用农家庭院、民俗风情、农家生活和乡村文化，开展以"吃农家饭、住农家屋、干农家活"为主题的休闲、娱乐、体验、旅游活动，着力建设与乡村旅游度假相结合的"农家乐"休闲旅游特色村，推进农村第一、二、三产业联动发展。

（三）按经营模式分类

1. 个体农户经营模式

个体农民经营模式是最简单的一种模式。它主要以农民为经营主体。农民自主经营，通过对自己经营的农牧果场进行改造和旅游项目建设，使之成为一个完整意义的旅游景区（景点），能完成旅游接待和服务工作。通常呈现规模小、功能单一、产品初级等特点。通过个体农庄的发展，吸纳附近闲散劳动力，通过手工艺、表演、服务、生产等形式加入到服务业中，形成以点带面的发展模式。在全国各地迅速发展的"农家乐"就是这一经营模式的典型代表，通过旅游个体户自身的发展带动了同村的农牧民参与乡村旅游的开发，走上共同致富的道路。

2. "农户＋农户"模式

"农户＋农户"模式是由农户带动农户，农户之间自由组合，共同参与乡村旅游的开发经营。这也是一种初级的早期模式，只是通过农户间的合作，可以达到资源共享的目的。在远离市场的乡村，农民对企业介入乡村旅游开发有一定的顾虑，大多农户不愿把资金或土地交给公司来经营，他们更信任那些"示范户"。在这些山村里，通常是"开拓户"先开发乡村旅游并获得了成功，在他们的示范带动下，农户们纷纷加入旅游接待的行列，并从示范户学习经验和技术，在短暂的磨合后，就形成了"农户＋农户"的乡村旅游开发模式。这种模式通常投入较少，接待量有限，但乡村文化保留最真实，游客花费少还能体验最真的本地习俗和文化，是最受欢迎的乡村旅游形式。但受管理水平和资金投入的影响，通常旅游的带动效应有限。

在湖南汉寿县的"鹿溪农家"，从 2001 年 7 月起开发乡村旅游，最初只有两户村民参与，在不到一年的旅游接待中，"开拓户"获纯利 8000 元，产生了巨大的示范效应。到 2003 年，全村 30 多户中有 14 户条件较好的农户参与旅游接待服务，还有不少农户为旅游提供特种家禽、绿色蔬菜、山里野菜、生态河鱼等农产品和参与民俗表演，逐渐形成了"家禽养殖户""绿色蔬菜户""水产养殖户""民俗表演队"等专业户和旅游服务组织，吸纳了大量富余劳动力，形成了"一户一特色"的规模化产业。通过乡村旅游的开发，顺利调整了农村产业结构，实现了农村经济的良性发展。

3."公司+农户"模式

"公司+农户"模式的主要特点是公司开发,经营与管理,农户参与,公司直接与农户联系与合作。这种模式的形成通常是以公司买断农户的土地经营权,通过分红的形式让农户受益。它是在发展乡村经济的实践中,由高科技种养业推出的经营模式,因其充分地考虑了农户利益,在社区全方位的参与中带动了乡村经济的发展。它通过吸纳社区农户参与到乡村旅游的开发,在开发浓厚的乡村旅游资源时,充分利用了社区农户闲置的资产、富余的劳动力、丰富的农事活动,增加了农户的收入,丰富了旅游活动,向游客展示了真实的乡村文化。同时,通过引进旅游公司的管理,对农户的接待服务进行规范,避免不良竞争损害游客的利益。

拓展阅读

休闲农业的七大模式30种类型

生态休闲农业起于19世纪30年代。由于城市化进程加快,人口急剧增加,为了缓解都市生活的压力,人们渴望到农村享受暂时的悠闲与宁静,体验乡村生活。于是,生态休闲农业逐渐在意大利、奥地利等地兴起,随后迅速在欧美国家发展起来。目前,我国休闲农业发展主要有以下七种模式30种类型。

1.田园农业旅游模式

以农村田园景观、农业生产活动和特色农产品为旅游吸引物,开发农业游、林果游、花卉游、渔业游、牧业游等不同特色的主题旅游活动,满足游客体验农业、回归自然的心理需求,主要类型有:

(1)田园农业游。以大田农业为重点,开发欣赏田园风光、观看农业生产活动、品尝和购置绿色食品、学习农业技术知识等旅游活动,以达到了解和体验农业的目的,如上海孙桥现代农业观光园,北京顺义"三高"农业观光园。

(2)园林观光游。以果林和园林为重点,开发采摘、观景、赏花、踏青、购置果品等旅游活动,让游客观看绿色景观,亲近美好自然,如四川泸州张坝桂园林。

(3)农业科技游。以现代农业科技园区为重点,开发观看园区高新农业技术和品种、温室大棚内设施农业和生态农业,使游客增长现代农业知识,如北京小汤山现代农业科技园。

(4)务农体验游。通过参加农业生产活动,与农民同吃、同住、同劳动,让游客接触实际的农业生产、农耕文化和特殊的乡土气息,如广东高要广新农业生态园。

2.民俗风情旅游模式

以农村风土人情、民俗文化为旅游吸引物,充分突出农耕文化、乡土文化和民俗文化特色,开发农耕展示、民间技艺、时令民俗、节庆活动、民间歌舞等旅游活动,增加乡村旅游的文化内涵。主要类型有:

(5)农耕文化游。利用农耕技艺、农耕用具、农耕节气、农产品加工活动等,开展农业文化旅游，如新疆吐鲁番坎儿井民俗园。

(6)民俗文化游。利用居住民俗、服饰民俗、饮食民俗、礼仪民俗、节令民俗、游艺民俗等，开展民俗文化游，如山东日照任家台民俗村。

(7)乡土文化游。利用民俗歌舞、民间技艺、民间戏剧、民间表演等，开展乡土文化游，如湖南怀化荆坪古文化村。

(8)民族文化游。利用民族风俗、民族习惯、民族村落、民族歌舞、民族节日、民族宗教等，开展民族文化游，如西藏拉萨娘热民俗风情园。

3. 农家乐旅游模式

指农民利用自家庭院、自己生产的农产品及周围的田园风光、自然景点，以低廉的价格吸引游客前来吃、住、玩、游、娱、购等旅游活动。主要类型有：

(9)农业观光农家乐。利用田园农业生产及农家生活等，吸引游客前来观光、休闲和体验，如四川成都龙泉驿红砂村农家乐、湖南益阳花乡农家乐等。

(10)民俗文化农家乐。利用当地民俗文化，吸引游客前来观赏、娱乐、休闲，如贵州郎德上寨的民俗风情农家乐。

(11)民居型农家乐。利用当地古村落和民居住宅，吸引游客前来观光旅游，如广西阳朔特色民居农家乐。

(12)休闲娱乐农家乐。以优美的环境、齐全的设施，舒适的服务，为游客提供吃、住、玩等旅游活动，如四川成都郫县农科村农家乐。

(13)食宿接待农家乐。以舒适、卫生、安全的居住环境和可口的特色食品，吸引游客前来休闲旅游，如江西景德镇的农家旅馆、四川成都乡林酒店等。

(14)农事参与农家乐。以农业生产活动和农业工艺技术，吸引游客前来休闲旅游。

4. 村落乡镇旅游模式

以古村镇宅院建筑和新农村格局为旅游吸引物，开发观光旅游。主要类型有：

(15)古民居和古宅院游。大多数是利用明、清两代村镇建筑来发展观光旅游，如山西王家大院和乔家大院、福建闽南土楼等。

(16)民族村寨游。利用民族特色的村寨发展观光旅游，如云南瑞丽傣族自然村、红河哈尼族民俗村。

(17)古镇建筑游。利用古镇房屋建筑、民居、街道、店铺、古寺庙、园林来发展观光旅游，如山西平遥、云南丽江、浙江南浔、安徽徽州镇。

(18)新村风貌游。利用现代农村建筑、民居庭院、街道格局、村庄绿化、工农企业来发展观光旅游，如北京韩村河、江苏华西村、河南南街村。

5. 休闲度假旅游模式

依托自然优美的乡野风景、舒适怡人的清新气候、独特的地热温泉、环保生态的绿色空间，结合周围的田园景观和民俗文化，兴建一些休闲、娱乐设施，为游客提供休憩、度假、娱乐、餐饮、健身等服务。主要类型有：

(19)休闲度假村。以山水、森林、温泉为依托，以齐全、高档的设施和优质的服务，为游客提供休闲、度假旅游，如广东梅州雁南飞茶田度假村。

(20)休闲农庄。以优越的自然环境、独特的田园景观、丰富的农业产品、优惠的餐饮和住宿，为游客提供休闲、观光旅游，如湖北武汉谦森岛庄园。

(21)乡村酒店。以餐饮、住宿为主，配合周围自然景观和人文景观，为游客提供休闲旅游，如四川郫县友爱镇农科村乡村酒店。

6.科普教育旅游模式

利用农业观光园、农业科技生态园、农业产品展览馆、农业博览园或博物馆，为游客提供了解农业历史、学习农业技术、增长农业知识的旅游活动。主要类型有：

(22)农业科技教育基地。是在农业科研基地的基础上，利用科研设施作景点，以高新农业技术为教材，向农业工作者和中、小学生进行农业技术教育，形成集农业生产、科技示范、科研教育为一体的新型科教农业园，如北京昌平区小汤山现代农业科技园、陕西杨凌全国农业科技农业观光园。

(23)观光休闲教育农业园。利用当地农业园区的资源环境，现代农业设施、农业经营活动、农业生产过程、优质农产品等，开展农业观光、参与体验，DIY 教育活动，如广东高明蔼雯教育农庄。

(24)少儿教育农业基地。利用当地农业种植、畜牧、饲养、农耕文化、农业技术等，让中、小学生参与休闲农业活动，接受农业技术知识的教育。

(25)农业博览园。利用当地农业技术、农业生产过程、农业产品、农业文化进行展示，让游客参观，如沈阳市农业博览园、山东寿光生态农业博览园。

7.回归自然旅游模式

利用农村优美的自然景观、奇异的山水、绿色森林、静荡的湖水，发展观山、赏景、登山、森林浴、滑雪、滑水等旅游活动，让游客感悟大自然、亲近大自然、回归大自然。主要类型有：

(26)森林公园。以大面积人工林或天然林为主体而建设的公园。森林公园除保护森林景色自然特征外，并根据造园要求适当加以整顿布置。公园内的森林，普通只采用抚育采伐和林分改造等措施，不进行主伐。具有一定规模和质量的森林风景资源与环境条件。可以开展森林旅游与喜悦休闲，并按法定程序申报批准的森林地域，森林公园是经过修整可供短期自由休假的森林，或是经过逐渐改造使它形成一定的景观系统的森林。森林公园是一个综合体，它具有建筑、疗养、林木经营等多种功能，也是一种以保护为前提利用森林的多种功能为人们提供各种形式的旅游服务的可进行科学文化活动的经营管理区域。在森林公园里可以自由休息，也可以进行森林浴等。一是地文资源，包括典型地质构造、标准地层剖面、生物化石点、自然灾变遗迹、名山、火山熔岩景观、蚀余景观、奇特与象形山石、沙(砾石)地、沙(砾石)滩、岛屿、洞穴及其他地文景观。二是水文资源,包括风景河段、漂流河段、湖泊、瀑布、温泉、小溪、冰川及其他水文景观。三是生物资源,包括各种自然或人工栽植的森林、草原、草甸、古树名木、奇花异草、大众花木等植物景观;野生或人工培育的动物及其他生物资源及景观。四是人文资源,包括历史古迹、古今建筑、社会风情、地方产品、光辉人物、历史成就及其他人文景观。五是天象资源,包括雪景、雨景、云海、朝晖、夕阳、佛光、蜃景、极光、雾凇、彩霞及其他天象景观。

(27)湿地公园。是指以水为主题的公园。以湿地良好生态环境和多样化湿地景观资源为基础,以湿地的科普宣教、湿地功能利用、弘扬湿地文化等为主题,并建有一定规模的旅游休闲设施,可供人们旅游观光、休闲娱乐的生态型主题公园。湿地公园是具有湿地保护与利用、科普教育、湿地研究、生态观光、休闲娱乐等多种功能的社会公益性生态公园。自然湿地生态系统对人类具有重要的意义。城市湿地公园建设,强调的是湿地生态系统特性和基本功能的保护、展示,突出湿地特有的科普教育功能和自然文化属性。

(28)水上乐园。水上乐园是一处大型旅游场地,是主题公园的其中一种,多数娱乐设施与水有关,属于娱乐性的人工旅游景点。有游泳池,人工冲浪,水上橡皮筏等。

(29)露宿营地。

(30)自然保护区。自然保护区是指对有代表性的自然生态系统、珍稀濒危野生动植物物种的天然集中分布、有特殊意义的自然遗迹等保护对象所在的陆地、陆地水域或海域,依法划出一定面积予以特殊保护和管理的区域。自然保护区是一个泛称,实际上,由于建立的目的、要求和本身所具备的条件不同,而有多种类型。按照保护的主要对象来划分,自然保护区可以分为生态系统类型保护区、生物物种保护区和自然遗迹保护区三类;按照保护区的性质来划分,自然保护区可以分为科研保护区、国家公园(即风景名胜区)、管理区和资源管理保护区四类。不管保护区的类型如何,其总体要求是以保护为主,在不影响保护的前提下,把科学研究、教育、生产和旅游等活动有机地结合起来,使它的生态、社会和经济效益都得到充分展示。

任务二　休闲农业发展原则、要点和营销策划

国内休闲农业经典案例

1. 中国台湾总体特征

众所周知,台湾休闲农业相对起步较早,主要为分享型经济模式,经营形态多元,大致可分

为休闲农场、休闲渔业、展示中心、观光农园、农村民宿及森林旅游等。在经营上结合了农业产销、技工和休闲服务等三级产业，生产、生活与生态三位一体，具有经济、社会、教育、环保、游憩、文化传承等多方面的功能。

台湾省南投县埔里乡桃米村拥有29种台湾原生青蛙，台湾岛共143种蜻蜓，在桃米发现56种。于是，村民不断宣传当地种类丰富的青蛙和蜻蜓，用纸、布、石头等制作相关手工艺品。当地还建成了全球唯一一座纸教堂，把地震造成的洼地改成人工湖，湖边设有弹簧，托起一只小船，人在船上可以体验模拟地震的情景，村民将小船命名为“摇晃的记忆”。周末和节假日，桃米村日接待游客近1500人，每年门票收入有200多万人民币。

可借鉴之处：台湾休闲农业成功的原因，很重要的一条就是“情景消费”，创造出大量的奇观、风景和主题。注重定位、强调特色，在“体验经济”理念之外，还出现了“分享经济”理念，即休闲农业经营者与游客分享乡村生活，变“消费者为上帝”为“与客人成为志同道合的朋友”。

2. 成都“五朵金花”

以花卉产业为载体发展乡村休闲旅游的“五朵金花”是成都锦江区三圣乡的五个村的雅称。采取自主经营、合作联营、出租经营等方式，该区域的农户依托特色农居，推出休闲观光、赏花品果、农事体验等多样化的休闲农业项目，现已形成了红砂村的“花乡农居”、幸福村的“幸福梅林”、驸马村的“东篱花园”、万福村的“荷塘月色”、江家村的“江家菜地”等著名休闲农业景点，吸引着众多游客前往，成为休闲农业开发的典范。

可借鉴之处：发挥区域合作优势，突出主题产业载体。乡村旅游发展中的瓶颈之一就是力量单薄，无论是资金、基础设施还是所依托的景区资源，基本上每个乡村旅游发展过程中都会遇到相关问题。在“五朵金花”的案例中，将五个村子联合起来，以花卉产业为载体的发展模式为乡村旅游的区域合作发展，增加项目发展的凝聚力提供了突破口。

3. 嘉善休闲农业

浙江省嘉善县通过积极培育发展休闲观光农业，形成了以碧云花园为代表的农业园区型，以浙北桃花岛为代表的基地拓展型，以汾湖休闲观光农业带为代表的资源景观型，以祥盛休闲农业园、龙洲休闲渔业园为代表的特色产品型，以西塘荷池村、陶庄渔民公园为代表的“农家乐”型等休闲观光农业和乡村旅游。2011年3月，嘉善县获得了原农业部和国家旅游局联合授予的首批“全国休闲农业与乡村旅游示范县”称号。

可借鉴之处：休闲农业的休闲化，随着观光旅游逐渐向休闲产业转换的过程中，嘉善休闲农业将观光业和休闲业很好地结合起来，为乡村旅游的与时俱进开辟了一条道路。

4. 贵州余庆白泥坝区现代农业旅游规划

余庆地处黔北南陲，系遵义、铜仁、黔东南、黔南市(州)的结合部。北与湄潭，东与石阡、凤冈，南与黄平、施秉，西与瓮安接壤。北部、中部为乌江河谷阶地，县城所在的白泥盆地，是贵州省著名的万亩大坝之一。规划区紧靠余庆县县城，白泥万亩大坝是贵州省19个万亩大坝和全国100个万亩大坝之一，是余庆县粮食生产的主要地区，具有良好的区位发展优势。

可借鉴之处：水资源是开展休闲农业不或缺的资源之一，流动的水能有效地带活乡村旅游，让乡村充满活力；亲水性的旅游项目，更容易让游客体验最为原始的乡村生活场景。充分依托余庆县自身的山、水景观特色，充分挖掘和提炼地段中的自然环境要素，通过有机的设计使人在规划区中充分感受到山、水，突出山、城、水、绿交融的生态格局，从而形成深刻的旅游印象。

●思考：目前我国休闲农业营销策划最需要那几点？

一、休闲农业发展基本原则

1. 政府引导，市场运作

充分发挥政府在经济调节、社会管理和公共服务方面的作用，通过制定发展规划和扶持政策，引导休闲农业发展方向；通过强化管理服务，促进休闲农业规范发展。以市场为导向，以农民为主体，动员社会广泛参与，引导人才、资金、土地等要素流向休闲农业，实现持续发展。

2. 科学规划，合理布局

正确处理设施完善与耕地保护、经济效益与生态效益、点上创建与面上推进等关系，结合新农村建设、土地利用、农业产业发展、旅游业发展和生态区建设总体规划，制定全市观光休闲农业发展规划。

3. 量力而行，适度开发

利用现有农业空间、农业自然资源和农村人文资源，因地制宜，分类指导；有条件的先发展，有优势的快发展，边投入边建设，边建设边收益，循序渐进，梯度推进。坚持开发利用与资源保护并重，把项目开发与保护文物古迹、保护自然生态环境、注重当地文化艺术、民俗风情结合起来，深度挖掘和展示乡土文化内涵，确保休闲观光农业的生命力和可持续性。

4. 体现特色，示范推进

以农业为基础、农民为主体、农村为特色，主导产业为依托，自觉做到农中有游、以游促农、农游结合、强游兴农。坚持发展与规范并举，在发展中求规范，以规范促进发展，通过引导支持、典型示范、以点带面，高标准、高质量稳步推进。

二、休闲农业发展要点

1. 科学规划，合理布局

加强自然资源条件和农业特色优势，从市场需求入手，把休闲观光农业规划与现代农业发展、城市休闲旅游相结合，把工业化，市场化和生态、绿色、高效理念融入休闲观光农业的发展中，注重挖掘亮点，把握重点、突破难点。

2. 强化扶持，正确引导

积极依托政府农业产业化扶持政策平台，进行重点立项补助，予以适当倾斜。探索市场化的运作机制，调动社会力量发展休闲观光农业的积极性吸引外资和工商资本的投入形成政府引导、市场化运作，多元化投入的机制，引进新的理念，采用新的模式，为农业发展注入新的活力。

3. 整合资源，形成合力

积极引进先进的休闲观光理念，加强自主创新，探索形成特色休闲观光农业发展模式。远景设计研究院休闲农业规划专家提醒，注重农业结构多元化，从农业产业发展的全面性和协调性出发，加快畜牧业、种子种苗、农产品加工业的发展，提升农业产业层次，提高休闲观光农业整体素质和综合效益。加强部门间的联系和协调，为休闲观光农业的健康发展提供积极有效的指导和服务。探索制订休闲观光农业管理办法，严格审批程序，强化前期论证，规范经营行为，形成发展合力。

4. 广泛宣传，打造品牌

休闲观光农业是一项新兴农业产业，涉及领域多、覆盖面广。不断总结和挖掘典型经验，进行大力宣传，坚持点面结合，以典型示范带动休闲观光农业的发展，调动各类农业经济主体的积极性和创造性，形成全社会关心、支持休闲观光农业发展的良好氛围。注重休闲观光农业品牌的打造，大力引进适合休闲观光农业发展的名、特、优、新、奇农产品新品种，推广高效种养模式、高新农业科技及先进农业设施，提高休闲观光农业的科技含量和特色内涵。

拓展阅读

浙江衢州盛世莲花休闲农业观光园

1. 区位分析

衢江现代农业休闲观光园位于衢州市莲花镇西部，规划设计范围约 22 平方千米，包括月山村、涧峰村、石岗山村、华垄村、杜村，下山沿村、西山下村等村落。核心规划面积 9.96 平方千米，核心范围东起芝溪，西至杜村、铜山源溪、大坞垄村连线，南邻西山下村铺里自然村、云丰路，北靠东干渠。

2. 场地分析

衢江现代农业休闲观光园（以下称“园区”）位于衢州市衢江区莲花镇，前身是衢江台湾农民创业园。园区自然资源丰富，生态环境良好，主要开展水果、蔬菜、花卉的生产经营活动。经过多年的开发建设，园区温室大棚林立，农业科技水平较高，反季节农产品种类繁多，质量上乘，园区内四季瓜果飘香、蔬菜常绿。园区内已经入驻九九玫瑰园、现代宝岛生物科技公司、强荣龟鳖生态养殖园、一加一葡萄园、林氏西瓜、红艳草莓产销班、龙海蔬菜等 18 家现代农业龙头企业，这些产业基地中多个已获无公害农产品产地认定证书，多个产品获得无公害农产品认定证书。目前，园区以农业生产为主，旅游项目仅限于休闲采摘等。

园区地理位置优越，旅游集散便利；农业资源丰富，生态环境良好；政策导向明显，产业定位明确；农业基础较好，产业化整体水平较高；园区内农业旅游资源丰富。

3. 项目定性、定位

(1)定性。生产加工，休闲观光，乡村度假，科普示范，文化体验。

(2)定位。依托衢江现代农业休闲观光园的现代农业产业优势，结合相关上位规划要求，是农业产业发展和休闲旅游需求的紧密结合，以创建AAAA级休闲农业景区为战略目标，通过创意策划完善园区"吃住行游购娱育美"一体化综合旅游体系，大幅提升农业旅游品质和品位，把衢江现代农业休闲观光园打造成浙西地区高端现代农业休闲旅游首选、浙江省现代农业向休闲农业转型升级的典范、"浙闽赣皖"四省边际现代农业旅游标杆、长三角地区高品质现代农业休闲旅游精品、国家级现代农业休闲旅游示范区。

4. 规划设计理念

规划理念：以"农业为旅游服务，旅游促农业发展"为规划理念，始终秉承以"农"为主的原则，依托现有农业资源，通过创意开发、优化产业机制、挖掘农业资源文化，变传统农业为健康农业、卓越农业、乐活农业；引入旅游机制发展休闲农业产业，以地产地销理念提升农业价值，促进现代农业发展，为解决本地"三农"问题探索新的发展道路。

5. 总体布局与功能分区

总体布局：空间布局充分考虑园区产业现状，结合现实建设条件和未来休闲农业旅游发展需要，提出"一轴三核六区"的规划布局。

一轴——玫瑰大道，三核——入口集散中心(莲农广场)、农家乐一条街、涧峰广场，六区——休闲采摘区、风情度假区、花样村庄农家乐、渔业精品区、农事体验区、芝溪亲水观光带。

功能分区：结合园区产业布局、道路现状、绿地及旅游服务设施要求，尊重休闲农业发展规律，将整个园区划分为六个各具特色的功能区。

三、休闲农业营销策划

休闲农业产品是综合性很强的农业与休闲旅游的结晶，休闲农业现已成为城里人周边旅游休闲的好去处，也有许多人已经开始加入休闲农业的项目建设。想要更好地经营休闲农业项目，必须要有合适的营销策略。

1. 营销策略

(1)打破分散经营状态，进行联合开发促销。由于分散经营并不利于其发展，因此很难进行统一的管理和促销。以互惠互利、共同受益的原则集中人力、物力、财力进行统一管理，并通过各种促销方式的大力宣传,提高其知名度。

(2)发挥行业组织的作用。要对其资源进行仔细调研和划分,对其消费特性进行深入的分析,从而根据市场的需求,结合资源特性,进行产品设计与规划。利用一些崭新的促销方式来加大宣传力度,塑造整体旅游形象,强化休闲农业的产品品牌。

(3)深入开拓市场潜力,开发其特色产品与服务。充分考虑市场群体,结合乡村特色资源,开发具有其特色的观光产品,组织各种参与性的活动项目,提高服务质量,增加服务项目,从而打造良好的旅游品牌。

(4)目标市场层次化。根据市场定位锁定主要的几个细分市场作为目标市场重点推介,如大众休闲度假旅游、青少年素质拓展基地、商务会议等形式。

(5)促销形式多样化。要强调多样化的促销手段,应对目标市场综合运用广告、营销推广、公共关系、人员推销等方式,或与主要客源市场的旅行社、旅游企业或本地区传统景区积极开展合作。

(6)市场营销品牌化。应摆脱小农意识,树立长远的战略眼光,通过园区建设的精品化、旅游服务的优质化及旅游形象的鲜明化,逐渐在市场上确立自身良好的品牌。

2. 营销渠道

在经营主体与游客间会存在一群营销中介,将产品或服务销售到消费者手中,此旅游中介者组成旅游业的配售管路,叫作营销渠道。

在一定程度上,旅行社、网络、社交媒体及旅游目的地组织所采取的各项营销活动,使个别游客或团体易于取得产品信息或相关服务。这些营销渠道的不同,就需要有不同的营销考虑,来吸引游客消费。

休闲农业项目的发展,在游客需求的不断增长中也得到了较快的成长。其多变的发展形式,以及各种各样的休闲农业产品、服务产品在时代的潮流当中应运而生。我们不可忽略休闲农业的发展前景,只有选择对了营销策略,休闲农业的发展也才能发挥出其最大的魅力。

拓展阅读

休闲农业如何玩转新媒体?

现代休闲农业与文化、科技、生态、旅游相融合,向婚庆、保健、养生、科普多个领域拓展,把第一、二、三产业连接起来,大大提升了农业附加值。在新媒体时代,现代休闲农业如何利用这些现代传播手段来为自己的发展铺路呢?

休闲农业如何进行新媒体传播,如何玩转新媒体呢?现在分别谈谈休闲农业如何做好互动营销、三屏营销、网络营销、微营销、话题营销等。

1. 背民谣的互动传播

“平谷桃花节”吸引了大量的游客,为了强化公众对桃花节的传播,丛海逸园在园区内开展

“桃符大集”的“背民谣得仙桃”互动活动。这里的民谣是经过精心策划的平谷谣，通过朗朗上口的民谣，介绍平谷历史文化、景观特产。现场背民谣，先背诵者能够充分记忆，听众又能二次吸收，这种有亮点的活动又会成为新闻，被更多媒体所报道。这就是通过创意互动激发的一种公众对公众的传播。

2.休闲农业如何利用三屏新媒体

当前，“三屏合一”和互动逐渐成为一种趋势，即电脑屏、手机屏、电视屏“三屏合一”。就休闲农业而言，园区要做到品牌特色、服务项目、自有产品等相关信息进入顾客的电脑、手机、电视，并形成互动，即是“三屏合一”。

举例来讲，北京金福艺农有一个“番茄联合国”。

首先，他们每次发起一些活动，并在网络平台发布相关信息，这就进入消费者的电脑屏。

其次，金福艺农通过打造微信公众号，将二维码有效植入到线下环节，进而引起消费者关注。同时以一定的频率发布有价值的图文内容，从而吸引更多人关注。

最后，金福艺农通过举办番茄文化节，成为被各大媒体关注和报道的焦点，这就进入消费者的客厅。

樱桃幽谷的网络营销

北京的樱桃幽谷位于北京市顺义区龙湾屯镇山里辛庄村东北部，总占地1000亩，又称“千亩樱桃园”。樱桃幽谷特别善于利用新媒体营销，在互联网上，到处可以看到他们的身影，网站、各种平台的博客和微博、贴吧、图片、播客等，樱桃幽谷把相关信息通过多元渠道发布出去，形成比较大的信息覆盖，从而提升了樱桃幽谷的知名度。

意大利农场的微营销

意大利农场是北京首家全面体现意大利文化的度假农场，因为独特的意大利风格和差异化的特色活动，所以农场人气一直很旺。为了进一步开展针对性的营销和有效沉淀客户资源，意大利农场在微信平台上进行了全新升级，通过设计自助菜单功能，意大利农场的微信就演变成销售人员，能够与目标对象进行交互，为顾客提供自助化操作的平台，既降低了人工成本，又便于沉淀客户资源。

休闲农业要善于利用话题开展网络营销

新媒体时代，信息扁平化。网络营销要做好两个关键，一个是内容，一个是渠道。内容里面重要的是话题和创意，渠道里面重要的是阵营和平台。

说到话题和创意，关键要构思巧妙，能够吸引眼球，引发关注，激发公众的讨论热情。说到阵地和平台，关键要形成自己的阵地，比如微博阵地、微信阵地。休闲农庄要懂得在这些平台建立自己的阵营，创造可供传播的内容、开展话题营销或创意营销，让更多人分享你的产品、服务等。

比如，在瑞士有个默默无名的小山村Obermutten，在2011年时，它只有79个居民。村长在社交媒体上注册了一个账号Obermutten，并承诺只要你加入这个粉丝页点赞，你的大头贴会被印出来，贴在村子的布告栏上。从此，这个超迷你小村因一个社交媒体活动而吸引了全世界！现在，他们又专门收藏来自世界各地粉丝寄来的信件跟礼物，成立了实体的友谊博物馆，这些来自顾客的内容又变成了吸引顾客的关键。

在市场竞争激烈的今天，营销手段在逐步精细，功能分工越来越细，消费群体的区隔越来越细，应用的手段越来越细，达成的效果也越来越细。休闲农业应该及时适应营销大趋势的变化，用更细更精巧的手段来获得更好更明显的效果。

在竞争越来越激烈的、各种新工具层出不穷的今天，休闲农业仅靠着面朝黄土背朝天的一份勤勉，很难再取悦挑剔的消费者。拥抱变化，敢于尝试，才是新农人的自我修养。新媒体、新营销，只要能为我所用的，都要积极学习、应用，让网络成为营销新的发力点。

国外休闲农业经典案例

1. 美国总体特征

美国市民农园采用农场与社区互助的组织形式，参与市民农园的居民与农园的农民共同分担成本、风险和赢利。农园尽最大努力为市民提供安全、新鲜、高品质且低于市场零售价格的农产品，市民为农园提供固定的销售渠道，双方互利共赢，在农产品生产与消费之间架起一座连通的桥梁。

美国 Fresno 农业旅游区由 Fresnocity 东南部的农业生产区及休闲观光农业区构成。旅游区内有美国重要的葡萄种植园、产业基地，以及广受都市家庭欢迎的赏花径、水果集市、薰衣草种植园等。采用“综合服务镇＋农业特色镇＋主题游线”的立体架构，综合服务镇交通区位优势突出，商业配套完善；农业特色镇打造优势农业的规模化种植平台，产旅销相互促进；重要景点类型全面，功能各有侧重。

可借鉴之处：采用资源导向型的片区发展模式——产业强者重在生产销售，交通优者重在综合服务，生态佳者重在度假；要做足体验性，同时把握重点人群需求——针对青少年家庭市场做足农业体验，针对会议人群做强硬件设施与配套娱乐等；另外，通过丰富的节庆活动提升品牌影响力。

2. 德国总体特征

德国的休闲农业大致可分为度假农场、乡村博物馆及市民农园等三种类型，其中比较有代表性的是市民农园。其主旨是向市民提供体验农家生活的机会，使久居都市的市民享受田园之乐，经营方向也由生产导向转向以农业耕作体验与休闲度假为主，生产、生活及生态“三生一体”的经营方式。

德国人首创的生活生态型市民田园——施雷伯田园，独门独院，各具风格，充满了大自然情趣和文化气息，如同微缩的露天民居博物馆。每户小田园里，主题建筑是童话世界般的“小木屋”，院子里有过去的辘轳井或泵水井，地上摆放着精美可爱的小风车和各种家禽模型。小木屋门前有长满奇花异草的蔬菜园。田园里的菜只许种不许收。秋后枯萎的蔬菜和花草覆盖住潮湿的土地，保护地里的水分，既避免秋冬刮风带起沙尘，第二年春天又可以翻到土里作肥料。

可借鉴之处：市民农园土地来源于两大部分。一部分是镇、县政府提供的公有土地，一部分是居民提供的私有土地。每个市民农园的规模约 2 公顷。大约 50 户市民组成一个集团，共同承租市民农园。租赁者与政府签订为期 25～30 年的使用合同，自行决定如何经营，但其产品不能出售。

3. 意大利总体特征

意大利农业旅游区的管理者们利用乡村特有的丰富自然资源，将乡村变成具有教育、游憩、文化等多种功能的生活空间。这种“绿色农业旅游”的经营类型多种多样，使乡村成为一个“寓教于农”的“生态教育农业园”，人们不仅可以从事现代的健身运动，还可以体验农业原始耕作时采用的牛拉车，甚至还可以手持猎枪当一回猎人，或是模仿手工艺人亲手制作陶瓷等。

意大利现有 1.15 万家专门从事“绿色农业旅游”的管理企业，它们管辖的景区主要分布在中部的托斯卡纳、翁布里亚、马尔凯大区，南部的坎帕尼亚大区及北部的威尼托、特伦蒂诺和利古里亚大区。据意大利环境联盟执委会官员鲁杰罗介绍，这些景区为不同的游客提供了类型不同的个性化服务。目前，这些景区中 70%以上都配有运动与休闲器械，供那些喜欢健身运动的游客使用；55%的景区为游客提供外语服务，为外国游客解决语言不通的困难；50%以上的景区提供包括领养家庭宠物在内的多种服务项目。

可借鉴之处：意大利人喜爱“绿色农业旅游”，这与该国政府重视环保，发展生态农业不无关系。尤其是近几年间，意大利的生态农业发展很快，生态农业耕地面积也在不断扩大。

4. 韩国总体特征

韩国发展休闲农业的经典形式为“周末农场”和“观光农园”；注重资源整合，海滩、山泉、小溪、瓜果、民俗等都成为乡村游的主题；注重创意项目开发，深度挖掘农村的传统文化和民俗历史等并使其商品化；注重政策支持与资金扶持，注重乡村旅游严格管理。

江原道旌善郡大酱村抓住游客好奇心，出奇制胜地由和尚与大提琴家共同经营，利用当地原生材料，采用韩国传统手艺制作养生食品的方式制作大酱，既符合现代人的养生观念，还可以让游客亲临原初生活状态下的大酱村，传承民俗文化特色。此外，休闲农业的经营者还特别准备了 3000 个大酱缸为背景的大提琴演奏会、绿茶冥想体验、赤脚漫步树林及美味健康的大酱拌饭，增加了游客的体验性。

可借鉴之处：以“奇”为突破口，突出乡土气息。

5. 日本总体特征

日本政府积极倡导和扶持绿色观光产业；法律法规和财政预算齐头并进，并科学制定绿色观光农业经济发展规划;同时重视民间组织的作用,适时对其进行财政支持。在绿色观光旅游产品开发中,日本注重环境保护和当地居民的主体性,尊重农村居民和地方特点,不过度关注经济利益;另外,日本不断拓展绿色观光农业的内涵,在观光农园、民俗农园和教育农园等方面进行创新。

典型代表是日本的大王山葵农场,该农场以黑泽明的电影《梦》的拍摄地点而闻名。这种以农场为依托,以媒体传播为宣传手段也是乡村旅游发展的方向之一。

可借鉴之处:有完善的制度保障机制和政府激励措施,并能充分发挥民间组织(非盈利组织等)的参与促进作用,生产手段也逐渐向自动化、设施化、智能化,生产经营管理向网络化发展。

能力转化

一、选择题

1. 休闲农业可以为游客提供优质、绿色、生态、安全、健康的农产品,是农民就业增收的重要途径,有利于农村剩余劳动力的就地就近转移,是调整农村产业结构的重要方式,有利于农村经济的快速发展。这体现了休闲农业(　　)功能。

A. 经济　　B. 教育　　C. 生态　　D. 娱乐

2. 休闲农业按照经营模式分类,可以分为(　　)。

A. 个体农户　　B. 农户+农户　　C. 公司+农户　　D. 公司+公司

3. 根据市场定位锁定主要的几个细分市场作为目标市场重点推介。例如,大众休闲度假旅游、青少年素质拓展基地、商务会议等形式,这体现了休闲农业(　　)营销策略。

A. 特色产品服务化　　B. 目标市场层次化

C. 促销形式多样化　　D. 市场营销品牌化

二、判断题

1. 注重休闲观光农业品牌的打造,大力引进适合休闲观光农业发展的名、特、优、新、奇农产品新品种,推广高效种养模式,提高休闲观光农业的科技含量和特色内涵。(　　)

2. 休闲农业应该及时适应营销大趋势的变化,用更细更精巧的手段来获得更好更明显的效果。(　　)

3. 积极引进先进的休闲观光理念,加强自主创新,探索形成特色休闲观光农业发展模式。(　　)

三、案例分析题

发展休闲观光农业音坑乡打造开化"后花园"

"下淤村正在创建 3A 景区村庄。去年,该村投资 300 多万元,用于美化村域环境。"8 月 27 日,在山清水秀的浙江省衢州市开化县音坑乡下淤村,乡干部王解忠指着一片盛开的向日葵告诉记者,村里的向日葵公园有 142 亩,其中第一批的向日葵已经于 7 月上旬开花,这些天第二批的 60 亩向日葵也开花了。“现在，每天有三五百人，观光向日葵公园、乘竹筏戏水、到溪摊烧烤。”

7 月 19 日，在音坑乡首届“葵花节”里，吸引了 6000 人次的游客到下淤赏花。溪滩上的户外烧烤摊，光租赁费就为村集体带来 20 万元的收入。

王解忠说，借着乡村旅游的“东风”，下淤村已经有 30 多户村民着手“乡村民宿”的拓展，可提供住宿 205 个标间。为提升接待能力，村里正投资 100 多万元建设农家乐接待中心，等工程建成，一次可接待游客用餐 800 人。村民叶佐成新装修了 5 间客房，几天时间就收入了 1000 多元。

“音坑是个城郊农业大乡，我们正积极发展休闲观光农业，串点成线，打响采摘乐园、休闲音坑的品牌。”音坑乡政府负责人介绍说，为了打造“国家东部公园”，音坑乡凭着地处城郊和交通优势，一心建设“县城后花园”，积极培育美丽经济，让更多的农户增收。如今到音坑，春天可赏油菜花、采草莓；夏天可观光向日葵公园和亲水游，摘西瓜；秋天可到柑橘园采“底本红”和葡萄；冬天到明廉村采草莓，等等。

在音坑乡城畈村，公路边搭建了一个个钢架大棚，棚内是时令蔬菜。相邻的田块，却是避雨设施栽培的葡萄。“福仙家庭农场”的程福军与妻子谢满仙正在给游客包装刚采摘的葡萄。

“我种植了 10 年葡萄，以前要拉到县城卖，成本高收入少。从去年开始，到农场来采摘的游客特别多，有五六千人，农场七八成的葡萄是靠上门采摘销售了。”程福军告诉记者，农场种植了 20 亩葡萄，有夏黑、巨峰、美人指等品种，去年毛收入 20 多万元。“现在，每天有 100 来人采葡萄，双休日更多，一天 160 人，每斤卖 12 元。”

发展休闲观光农业，让程福军尝到了甜头。利用葡萄园优势，他还在果园放养土鸡和番鸭。他说，今年养了 50 多只土鸡，1 千克卖 100 元，已经被游客买去十几只，“这些正宗的土鸡和番鸭根本不够卖”。

●思考：本案例运用了哪些休闲农业营销策划方法？

参考文献

[1] 陈国胜. 农产品营销[M]. 3 版. 北京:清华大学出版社,2020.

[2] 宋芬,陈画. 农产品电子商务[M]. 北京:中国人民大学出版社,2018.

[3] 张小平. 市场农产品营销[M]. 北京:中国农业出版社,2017.

[4] 马骏. 农产品营销案例解读[M]. 北京:高等教育出版社,2011.

[5] 陈俊杰. 农产品电商营销与运营[M]. 北京:人民邮电出版社,2021.

[6] 毛利,叶惠娟. 农村电商运营[M]. 北京:人民邮电出版社,2021.

[7] 刘如东. 农产品网络营销[M]. 成都:四川科技出版社,2019.

[8] 王宝童,冯金祥. 市场营销知识[M]. 4 版. 北京:高等教育出版社,2021.

[9] 臧日宏,陶益清. 农产品市场营销[M]. 北京:中国农业出版社,2009.

[10] 李季圣. 农产品营销理论与实务[M]. 北京:中国农业大学出版社,2007.